思想的・睿智的・獨見的

經典名著文庫

學術評議

丘為君　吳惠林　宋鎮照　林玉体　邱燮友
洪漢鼎　孫效智　秦夢群　高明士　高宣揚
張光宇　張炳陽　陳秀蓉　陳思賢　陳清秀
陳鼓應　曾永義　黃光國　黃光雄　黃昆輝
黃政傑　楊維哲　葉海煙　葉國良　廖達琪
劉滄龍　黎建球　盧美貴　薛化元　謝宗林
簡成熙　顏厥安（以姓氏筆畫排序）

策劃　楊榮川

五南圖書出版公司 印行

經典名著文庫

學術評議者簡介（依姓氏筆畫排序）

經典名著文庫178

社會世界的意義構成

Der sinnhafte Aufbau der sozialen Welt

舒茨（Alfred Schütz）著
游淙祺 譯

經典永恆・名著常在

五十週年的獻禮・「經典名著文庫」出版緣起

總策劃 楊榮川

五南，五十年了。半個世紀，人生旅程的一大半，我們走過來了。不敢說有多大成就，至少沒有凋零。

五南忝爲學術出版的一員，在大專教材、學術專著、知識讀本出版已逾壹萬參仟種之後，面對著當今圖書界媚俗的追逐、淺碟化的內容以及碎片化的資訊圖景當中，我們思索著：邁向百年的未來歷程裡，我們能爲知識界、文化學術界做些什麼？在速食文化的生態下，有什麼值得讓人雋永品味的？

歷代經典・當今名著，經過時間的洗禮，千錘百鍊，流傳至今，光芒耀人；不僅使我們能領悟前人的智慧，同時也增深加廣我們思考的深度與視野。十九世紀唯意志論開創者叔本華，在其〈論閱讀和書籍〉文中指出：「對任何時代所謂的暢銷書要持謹慎的態度。」他覺得讀書應該精挑細選，把時間用來閱讀那些「古今中外的偉大人物的著作」，閱讀那些「站在人類之巔的著作及享受不朽聲譽的人們的作品」。閱讀就要「讀原著」，是他的體悟。他甚至認爲，閱讀經典原著，勝過於親炙教誨。他說：

「一個人的著作是這個人的思想菁華。所以，儘管一個人具有偉大的思想能力，但閱讀這個人的著作總會比與這個人的交往獲得更多的內容。就最重要的方面而言，閱讀這些著作的確可以取代，甚至遠遠超過與這個人的近身交往。」

爲什麼？原因正在於這些著作正是他思想的完整呈現，是他所有的思考、研究和學習的結果；而與這個人的交往卻是片斷的、支離的、隨機的。何況，想與之交談，如今時空，只能徒呼負負，空留神往而已。

三十歲就當芝加哥大學校長、四十六歲榮任名譽校長的赫欽斯（Robert M. Hutchins, 1899-1977），是力倡人文教育的大師。「教育要教眞理」，是其名言，強調「經典就是人文教育最佳的方式」。他認爲：

「西方學術思想傳遞下來的永恆學識，即那些不因時代變遷而有所減損其價值的古代經典及現代名著，乃是眞正的文化菁華所在。」

這些經典在一定程度上代表西方文明發展的軌跡，故而他爲大學擬訂了從柏拉圖的《理想國》，以至愛因斯坦的《相對論》，構成著名的「大學百本經典名著課程」。成爲大學通識教育課程的典範。

歷代經典．當今名著，超越了時空，價值永恆。五南跟業界一樣，過去已偶有引進，但都未系統化的完整舖陳。我們決心投入巨資，有計畫的系統梳選，成立「經典名著文庫」，希望收入古今中外思想性的、充滿睿智與獨見的經典、名著，包括：

- 歷經千百年的時間洗禮，依然耀明的著作。遠溯二千三百年前，亞里斯多德的《尼各馬科倫理學》、柏拉圖的《理想國》，還有奧古斯丁的《懺悔錄》。
- 聲震寰宇、澤流遐裔的著作。西方哲學不用說，東方哲學中，我國的孔孟、老莊哲學，古印度毗耶娑（Vyāsa）的《薄伽梵歌》、日本鈴木大拙的《禪與心理分析》，都不缺漏。
- 成就一家之言，獨領風騷之名著。諸如伽森狄（Pierre Gassendi）與笛卡兒論戰的《對笛卡兒沉思錄的詰難》、達爾文（Darwin）的《物種起源》、米塞斯（Mises）的《人的行爲》，以至當今印度獲得諾貝爾經濟學獎阿馬蒂亞·

森（Amartya Sen）的《貧困與饑荒》，及法國當代的哲學家及漢學家余蓮（François Jullien）的《功效論》。

梳選的書目已超過七百種，初期計劃首爲三百種。先從思想性的經典開始，漸次及於專業性的論著。「江山代有才人出，各領風騷數百年」，這是一項理想性的、永續性的巨大出版工程。不在意讀者的眾寡，只考慮它的學術價值，力求完整展現先哲思想的軌跡。雖然不符合商業經營模式的考量，但只要能爲知識界開啓一片智慧之窗，營造一座百花綻放的世界文明公園，任君遨遊、取菁吸蜜、嘉惠學子，於願足矣！

最後，要感謝學界的支持與熱心參與。擔任「學術評議」的專家，義務的提供建言；各書「導讀」的撰寫者，不計代價地導引讀者進入堂奧；而著譯者日以繼夜，伏案疾書，更是辛苦，感謝你們。也期待熱心文化傳承的智者參與耕耘，共同經營這座「世界文明公園」。如能得到廣大讀者的共鳴與滋潤，那麼經典永恆，名著常在。就不是夢想了！

二〇一七年八月一日 於

五南圖書出版公司

導讀

國立中山大學哲學研究所教授　游淙祺

在《社會世界的意義構成》一書中，舒茨追隨韋伯（Max Weber, 1864-1920）的腳步，將社會學當作奠定在行動理論上的一門學問，也就是，重點在於有意義的社會行動究竟該如何被理解或詮釋。但是舒茨更進一步追問，我們能否構造一個有關於社會行動的方法論與普遍理論，以便爲社會科學（包含社會學）奠定穩固的基礎。

舒茨在《社會世界的意義構成》的第四十三節提到：「所有關於社會世界的科學都是有關主觀意義脈絡的客觀意義脈絡。」（SA, 341）這段話是理解該書主要思想的關鍵所在。何謂「主觀意義脈絡」？又何謂「客觀意義脈絡」？爲什麼社會世界的問題跟這兩個概念有關？爲了回答這些問題，我們必須回到最根本的問題去，什麼是「意義」？

意義的問題在《社會世界的意義構成》這本書當中是緊緊環繞著行動的問題展開的。而舒茨之所以關注這個問題，則是因爲他想要釐清韋伯所謂的「賦予行動以意義」之涵義。舒茨體認到韋伯「只有在被迫以及明顯可見的勉強情況下才致力於他所謂科學基礎的工作……只有在具體的專業科學問題的活動中有必要時，他才會去處理科學理論的問題」（SA, 7），而且「一旦他覺得夠用，便無意繼續分析下去了」（SA, 7）。這樣的基本態度使得韋伯在理論上的成就受到限制，所以在有關理解他人行動的問題上，韋伯留下了許多說明不清楚的概念，例如「意義脈絡」、「主觀意義」、「客觀意義」、「動機」等等，這一切都促使舒茨動念，想要進一步分析相關的問題。爲韋伯的這些概念做哲學上的釐清，便促成了《社會世界的意義構成》這本書的誕生。

舒茨指出，「有意義的行動」作爲韋伯社會學思想的核心概念，本身就是「一個高度分歧、有待進一步分析的標記」（SA, 8）。而韋伯在處理這個概念時不盡周延之處在於：

首先，韋伯不曾釐清行動本身的不同涵義，他既未曾指出「作爲過程中的行動」與「作爲已經結束的行動」之間的不同，也未曾區分「作爲產生過程中的意義」，以及「作爲產生結果的意義」。

其次，韋伯雖然區別行動的主觀意義與客觀意義，卻無法進一步區分以及探討個別的詮釋者基於立場的不同所帶來的改變，也就是他沒有區別行動對於自我的意義與對他人的意義之不同，沒有區別「自我的經驗歷程」和「他人的經驗歷程」之間的差異，更未能針對「自我理解」與「理解他人」作區分。

再者，韋伯未能區別對社會世界的鄰人（Mitmensch）與同時代人（Nebenmensch）不同的理解角度，也就是未能對於社會世界複雜多樣的、具有不同程度的匿名性及體驗親近性的他人做明確之區分。

最後，韋伯不曾探討行動者不同的形成意義的方式，還有此一意義對於參與社會世界活動的他人或者置外於社會世界活動的觀察者所具有的不同模態，也就是沒有充分說明從日常生活的角度與從社會科學的角度所進行的理解如何不同。（SA, 5-8）

針對韋伯上述的缺失，舒茨分別在《社會世界的意義構成》第二章分析「意義的構成」，在第三章處理「在日常生活層次的理解他人」，第四章探討「社會世界的不同結構」，第五章則解析「社會科學的理解方式」。底下分別解說各章內容。

一、自我時間流程當中的有意義體驗之構成（第二章）

(一) 體驗、行動與意義構成

舒茨從「體驗」（Erlebnis）著手進行意義的分析。體驗乃是意識的體驗，而意識則是一股綿延不絕的時間流程。舒茨一方面採用柏格森（H. Bergson, 1859-1941）的說法，將體驗之流稱為「時間流程」（durée），後來又引入胡塞爾（Husserl）的用語，稱之為意識流程（Bewußtseinsstrom）。意識既然是流動的、延續的，也就不可分割，因此我們很難說我們有著「一項」體驗。意識之流不是從一項體驗到另一項體驗的過渡，反倒是，如果我們硬要說有一項體驗的話，也無非是人為加工的結果。但是對於這個綿延之流，我們不僅僅是體驗它而已，還會擁有關於它的知識，知道它「一分一秒的過去」。這種認識性的時間經驗，在舒茨看來，透過「反省」活動就可以輕易達成。綿延不絕的體驗之流與獨立分開的個別體驗這項對比，對於舒茨有什麼特別的重要性呢？這涉及了「意義」概念。簡單地說，意識體驗區分成兩種，有意義的跟沒有意義的。凡是經由反省活動被重新捕捉的體驗就是有意義的，反之則是沒有意義的。「意義」既然是形成於「注意力的專注」，則我們不能說進行中的意識活動本身已經是具有意義的，意義是反省的產物，當反省活動「專注」在某一項意識體驗時，它才是有意義的。在此，我們有必要澄清一點，之前我們說過，意識之流是連續不斷的，所以我們不能說反省活動「專注」在某一項體驗上，反而應該說，因為反省活動的介入，才使得某一項意識活動被凸顯出來，而可以區別於其他的體驗。而就在這個當下，被凸顯的體驗就是「有意義的」。

相對於這個可被反省的體驗，是一些不可被反省活動所觸及的體驗，因此也是無意義的體驗，究竟有哪一些體驗不可能被反省活動所觸及呢？一些屬於生理反應的不自覺反射動作，例如：瞳孔收縮、眨眼便是屬於這一類，在它們發生的當下固然都可以被經驗到，卻沒在記憶中留下任何痕跡，它們不能夠被清楚的描述或者回憶，亦即不能夠在反省活動之中被掌握。舒茨將這一類體驗稱為「基本上當下的」，它是一個絕對私密的領域，它的「存在」不容被懷疑，但是對這個領域的體驗卻是記憶所無法觸及的。記憶頂多只能掌握這些體驗的「如此存在」（daß），而掌握不到它們是「如何」（wie）存在的。舒茨指出：「我們可以肯定地說，越是接近個人內在核心的體驗，對它的再造就越不適切。而適切性的減低必然使再造的內容越加模糊。」（SA, 72）所謂「再造」（Reproduktion）就是透過反省再次地呈現原初的體驗。那些「絕對私己」的體驗，基本上都是無法被反省所觸及的，如果非掌握它不可，則我們所得到的往往只是模糊不清的內容。

凡是可被反省活動所掌握者，就是有意義的（sinnhaft）體驗，而舒茨將具有意義的體驗稱爲「行爲」（Verhalten）。行爲可以是內在的或外在的，舒茨稱前者爲「只是思考」（blosses Denken），後者爲「只是動作」（blosses Tun），所謂的「只是」意味著它不是計畫或期望的產物，亦即它不跟任何的意圖有關，它也許只是習慣性的、情緒性的或受到文化傳統所影響的，有如機械般的動作罷了。行爲的重要性在於它可以成爲反省的對象，當它成爲已完成的動作時，可以在回憶中凸顯爲個別的經驗。簡言之，凡是行爲都是可回憶的，因而也都是有意義的。

前面提及，行爲並不是計畫或期待下的結果，一旦透過計畫而被有意地產生出來的，舒茨便稱爲「行動」（Handeln）。計畫構成「行動」的主要特質。

首先，計畫是一種對未來的預期，人們預期某個透過行動所實現的結果，此結果舒茨稱爲「已然行動」（Handlung）。換言之，在預期中被勾勒出來的並非行動本身，而是「已然行動」。這個預期中的「已然行動」處於未實現的狀態，它和眞正已完成的「已然行動」仍有一段距離，亦即它本身帶有「模糊性」，而非「明確性」。舒茨認爲，只有「已然行動」才能夠被計畫或是被期待，因爲只有完整的「已然行動」才可以在幻想中被描繪出來，行動則不可能。就時態而言，完整的行動乃是以「未來完成式」（modo praeterito）的方式被想像著。被預期的「已然行動」畢竟還只是被構想而已，仍然未被實現。實現計畫或是構想的意圖「將只是事前計畫轉爲具體目標，將構想轉爲具體目的」。在這種情況下，乃有所謂的「實現」（Verrichtung）。

舒茨指出，行動可能只是內在的，例如，一個科學家可以進行嚴肅的思考，先想好要思考哪個問題，然後眞的如此去實行，此時他所從事的乃是內在的行動；與此相對的則是包含身體與外在世界有關的行動，這也就是舒茨所謂的「實質行動」（Wirken）。「實質行動」這個概念是舒茨行動理論的核心。[1]他強調，在實質行動當中，行動者對於自己爲何行動以及將如何行動有相當清楚的掌握，因爲他完全是處於清醒的狀態。此時，外在世界與內在意識扮演著同等重要的角色。他不僅明白他正以世界爲背景採取某個具體行動（因此而局部的改變了這個世界），而且他也知道這個行動是他原先所構想的行動的具體實現，或者一種內在意向的外顯化。由於它具有這兩個面向，在所有的自發活動之中，實質行動可說是最爲特殊的一種。基於它的外顯性，它可以被他人所接觸到，可以在客觀的時空中被記錄，而使它成爲不可逆轉的（unwiderruflich），也就是一旦發生了，便不可能被當作好像從未發生過一般。相對於此，內在行動，如：科學思考、構想小說劇情等等便非如此，因爲它們在客觀時空中未曾留下記錄，別人未能直接經驗到它們。

以上所作的說明有兩個重點，一是行動的意義在於它事先被構想，也就是由行動者本身所賦予的，二是這項構想構成了行動的統整性（Einheit），而這個統整性則是別人理解該行動意義的依據。關於這一點，舒茨用「經驗基模」（Schemata der Erfahrung）等概念做進一步的解釋。

(二) 意義脈絡與經驗基模

本質上，「經驗基模」是一種「意義脈絡」（Sinnzusammenhang）。「意義脈絡」是各個單獨的有意義體驗之間的關係，這項關係假如是緊密的，則彼此可以被整合到更高階的單元中，讓我們可以「在單一視線中」掌握其意義，彷彿它本身又形成了一項特定的單獨體驗。這個情況可以理解成任何一個「已然行動」與行動過程的任何獨立片段之間的關係，但是每一個已然行動又可以再一次地被整合到更高階的意義脈絡裡，而後者又可以單獨地被當作獨立的個別意識活動被理解。如此在各個單獨的「意義脈絡」之間不斷地可以整合出新的、更高階的意義脈絡，最爲高階的意義脈絡，舒茨就稱爲「經驗脈絡」。

舒茨藉此要表達的是，沒有任何一項經驗是單獨存在的，沒有一項體驗是沒有背景的。我們的經驗往往都是在特定的框架底下發生，或者我們會以既有的架構去迎接新的經驗，將新接觸的經驗轉換成我們已經熟知的模樣去加以理解，或是用胡塞爾話來說，用「再認的綜合」（Synthesis der Rekognition）之方式來處理新的經驗，這使得我們每一個當下的經驗，雖然就時間上來說是「全新」的經驗，但是我們卻將這個獨一無二的新經驗轉換成可理解的，也因此對它不感到陌生。舒茨指出，我們向來是藉由「總是一再如此之理想性」（in einer Idealität des Immer Wieder）來接觸新的經驗。藉由經驗脈絡，人們對於新發生的經驗不感到陌生，而且也使得「整個外在世界對他而言也是有秩序的」（SA, 111），這個讓世界顯得井然有序的內在模式，就是所謂的「經驗基模」。基於經驗基模，我們一方面統攝了自己的不同體驗，讓這些體驗成爲有意義的，另一方面也讓自己的行爲或行動可以被別人所理解。別人需要透過這些具有統整性的意義脈絡或是經驗基模來掌握自己的體驗，它可以說是人與人之間相互理解的重要媒介。

從經驗基模可以進一步的延伸出「詮釋基模」（Deutungsschemata）來，當我們想要解釋自己的經驗時，我們會援引過去經驗所沉澱下來的知識架構（舒茨稱之爲「知識儲存」〔Wissensvorrat〕）來詮釋自己的經驗，而這個知識架構正是由經驗基模所轉化而來的。有關知識儲存的相關問題稍後再作補充。

二、理解他人之理論的基本特質（第三章）

舒茨對社會世界所作的描述不是基於胡塞爾的超驗現象學（Transzendentale phänomenologie）去進行的，所以他刻意略過在超驗現象學中所討論的核心問題，諸如「你如何在自我之內形成？自我觀察的可能性是否優先於觀察他人的可能性？」、「作爲身心主體的『人』的概念是否回頭指涉（rückverweisen）了超驗自我？」或是「在什麼情況下，互爲主體的普遍有效的認識，如何能夠藉由超驗自我對於超驗他我的構成而成爲可能？」等等。（SA, 145）

舒茨所研究的對象乃是自然態度中的人所經歷到的社會世界，要對他們的意識進行描述。這種自然態度的意識往往帶著一些不被質疑的想法，舒茨所謂的「一般設定」（Generalthesis），譬如「世界上除了我之外還存在著他人」、「這些人跟自己一樣都是有意識的，而且也具有意識流程」（SA, 145），更重要的是，「他人也會對自己的行動賦予特定意義，而使得該行動成爲可理解的對象」（SA, 145）。這些不被質疑的想法總是在未經反省的情況下就素樸地被接受了，人們理所當然地認爲這些都是千眞萬確的。

他人是具有意識流程的存在，這意味著，他不是純然客體的存在，如同物理對象一般。他人的時間流程和我的一樣，都是具有時間流程性質的過程。這個時間流程就性質上來說，和我的內在意識之流沒有差別。假設我和某個人一同度過一段時間，則我們甚至於可以說我們擁有「共同的時間流」，一種同步的狀態。這一點對於舒茨在分析社會世界的結構時十分重要，特別是面對面關係，這點我們稍後會再提及。當我們說，他人的時間流程與我們的時間流程具有同步性的時候，只是表示兩個人一同度過一段時間，都因爲如此而經歷了歲月的增長，舒茨所謂「一同成長或是老去」（Altern）的現象。兩個人會不會因爲如此而不分彼此的融爲一體呢？當然是不可能的，畢竟你還是你，我還是我，就算我們的時間流程是一致的，就算我們的經驗內容大同小異（舒茨曾經舉過「一同看到小鳥飛過爲例」），你還是在你的意識中經驗這件事，而且用你的理解方式（舒茨所謂的「詮釋基模」）去詮釋這個經驗。如此一來，兩個人的經驗基本上還是具有不同意義的。我所能夠掌握到的他人經驗內容永遠只是片斷的。更重要的是，我從來只能夠從自己的角度去理解你的經驗內容。於是，你對於你的經驗之體認和我對你的經驗之體認往往存在相當大的落差。但這並不等於說，我們從來只能夠理解自己，而不能夠突破藩籬，進入他人的思想去。我們可以換個方式提出問題：我們是否可能從他人的角度去理解他人？爲了回答這個問題，姑且讓我們先思考這個問題：被我所知覺的身體除了具有我所賦予的意義之外，是否還有其他的意義？舒茨說，基於「他我的一般設定」我有可能把「他人的身體及活動」看成是屬於他人意識活動（思想內容）的一種外在表現。雖然這個表現還是免不了要透過我去加以詮釋，但是舒茨強調，詮釋還是可以分爲兩種，一種是僅僅從我的角度去看，另一種則是從他人的角度去看，或者說，前者的意義產生於我的詮釋基模，而後者則是他人的經驗基模或是詮釋基模。用舒茨的區分就是「主觀意義」與「客觀意義」的區分。[2]只有後者才算是眞正在進行「理解他人」的活動。理解他人可以區分爲適當的與不適當的。關鍵在於我所使用的詮釋基模能不能夠吻合被理解者的經驗基模，就是說，兩個意義脈絡能不能夠適當的相對應。一旦對應得起來，那麼對他人的理解就是適當的了。

舒茨強調，他的說法與一般強調設身處地的「擬情」（Einfühlung）說法全然不同。在與擬情理論的對比中，我們可以確認意義脈絡的重要性，我們所理解的他人（行動意義等）是就他的意義脈絡（經驗基模）來說的。我們對於他人的理解，即便僅僅是特定經驗，也免不了涉及對背後脈絡的理解。假如我們所理解的意義就是他人所賦予自己行動的意義，則這項理解是恰當的。當然值得注意的還有另外一點——他人的表達方式不會僅限於身體動作或是臉部的表情，而是還涉及了記號的使用。舒茨因此也對記號理解的問題作了分析。

首先，記號都是由特定符號所構成的，它是典型的人文精神世界的產物。記號雖然是人所設定的，但並不是任意的。記號必須被放入記號的體系當中才能夠獲得一定的意義。這是記號本身所具有的客觀意義。這個意義是每一個使用該記號的人都會認可的，它不能夠隨意更換，而是具有一定的穩定性。熟悉記號體系的人總能夠領會該體系的記號所表徵的意義，不論這個記號是由誰使用或在何種情況下被使用。舒茨說：「在記號體系裡，記號具有『總是再一次』（Immer wieder）的理想性質。」（SA, 181）這個理想特質使得記號的意義超越了使用者在特定情境下所造成的偶然性。

然而記號如果只能表達這種客觀的意義，則記號的功能將大爲降低。事實上，人們使用記號是爲了表達或是傳遞某些意識活動的內容。記號是人們進行表達活動時少不了的媒介，我們透過記號對表達者進行詮釋性的理解，記號的客觀意義固然重要，但是往往比較不受到重視。因爲人們所在意的仍然是透過記號指向表達者所想要表達的內容，就是舒茨所指的「主觀意義」。

這項偶加的主觀意義往往在言說過程當中有脈絡可尋，所以爲了能夠理解它，我們必須將它放置到整個言說的脈絡裡才行。記號設定者所附加的主觀意義必須被放在言說的意義脈絡（也就是以未來完成式所勾勒出來的）之中去呈現。說明完了記號理解的相關問題之後，舒茨又指出：

> 「在理解主觀意義以及理解純粹客觀意義之間，有一系列的中間階段，這是以社會世界的獨特結構爲基礎，這個結構包括周遭世界、前人世界、共同世界與後人世界。」（SA, 199）

接著就讓我們看舒茨如何分析社會世界的結構。

三、社會世界的結構分析：社會的周遭世界、共同世界、前人世界（第四章）

「社會的周遭世界」與「社會的共同世界」是舒茨社會理論中十分重要的一項區分。前者就是所謂「面對面的關係」（face-to-face relationship），後者則是藉由「類型化」（Typisierung）所建立起來的社會關係。在「周遭世界」中，他人以具有明見性的方式自我呈現，他與我共享同一個空間時間，他人的表情、語言和溝通意向都直接展現在我的眼前，反之亦然。在「共同世界」之中，他人只是以類型化的方式出現，我只是根據我在周遭世界中對他人的經驗來推斷「共同世界」中的他人之可能經驗。基本上我們可以說，我所能直接經驗到的人非常有限，大部分的人都是以類型化的方式被我所經驗的。

「社會的周遭世界」與「社會的共同世界」之區分對舒茨的意義主要在於說明社會科學思考的特質。社會科學家以所謂「共同世界之觀察」（mitweltliche Beobachtung）的方式面對社會世界，它既不同於「周遭世界的觀察」(umweltliche Beobachtung)，更不是周遭世界當中的社會互動經驗，因爲社會科學家與被觀察的人彼此之間完全沒有互動的關係，前者只是以置身事外的方式去面對後者，而且是以概念建構的方式來進行，正如韋伯（Max Weber, 1864-1920）藉由理念型（Idealtypus）來面對對象那般。社會科學家的觀察當然可以回溯到「周遭世界之觀察」而被修正，因爲後者的對象是活生生的呈現在眼前，而非只是藉由理念型概念間接的被認識而已。舒茨在此所要強調的乃是社會科學的概念不是憑空出現，而是以具有明證性的生活世界經驗爲基礎的。

「社會的周遭世界」有以下這些特點：

首先，周遭世界中的他人都是以活生生的方式（leibhaftig）自我呈現的，亦即，他的表情和肢體動作都表現爲具體鮮明的樣態。當我經驗眼前的人時，把以前對這個人的認識盡可能的派上用場，而這種認知有可能在眼前的經驗中再度得到證實，當然也可能被修正或補充。換言之，在周遭世界經驗中，我總是帶著知識儲存（Wissensvorrat）在經驗著對方，無論是一般性的知識或是針對特定他人的以及對特定他人的知識儲存。周遭世界中的你和我有著眼神的交換，而這對於掌握彼此的意識流程與意識內容是有幫助的。因此，雙方都有機會參與另一人行動構想的實現過程。而且，我總是可以檢驗我對他人的意識經驗之詮釋是否恰當。在周遭世界關係中，人們有著實質的互動關係（Wirkensbeziehung），我可以預知他的行動構想，並依據此一了解調整我自己的實質行動。在此一互動當中，我的意識流和你的意識流處於同步狀態。

再者，我的周遭世界與你的周遭世界是相同的；我們有著相同的周遭世界。因此在周遭世界裡我的詮釋基模與你的表達基模容易達成一致，尤其是針對共同環境當中的特定對象（如一張桌子）來說。舒茨正是從這一點去說明互爲主體世界或是「我們」世界的涵義的。舒茨認爲，社會關係是從「你注意到我」開始的。每一位行動者都會以他人的原因動機或是目的動機爲導向。在此一關係中，我將自己的經驗看成是你的目的動機之所在或是原因動機之結果。根據以上這些描述，舒茨強調，「只有從社會的周遭世界關係，從我們對於世界的共同經驗開始，所謂的『交互主體性』才被建構起來」（SA, 253）。然而舒茨說這是一個「充滿內容的我們關係」（inhalterfüllte Wirbeziehung），它不同於「純粹的我們關係」（reine Wirbeziehung）。所謂的「純粹」指的是不具有任何內容，因此不出現在任何具體的經驗中，如同舒茨所說的「你的存在」（Dasein von Du）是不存在於任何經驗當中的，因爲在具體經驗中總是已經有著某種存在特質（Sosein）。「純粹的我們關係」可以說是一種極端狀況，舒茨把它稱爲「極限概念」（Limesbegriff）。在現實經驗中最爲接近這種極端狀況的乃是他所舉的例子——兩個人一起看著一隻鳥從眼前飛過。他說：

「假定我和你一起注視著一隻小鳥在天空飛翔。『小鳥飛翔』的思想在我們每個人的意識當中，並被我們用來詮釋自己的觀察。我們無法指出在那個情況中我們的經驗是否相同。事實上，嘗試回答這個問題無異於緣木求魚，因爲一個人自己的主觀意義不可能與他人的主觀意義放在一起比較。然而小鳥飛翔的時候，我已經與你一同老化，對我來說你的時間流程與我的同步前進著，正如對你來說我的時間流程與你的同時前進一般。也許在我注視著小

> 鳥飛翔之際，我從眼角瞥見你的頭轉向與我相同的方向，因而我可以說我們兩人看到小鳥飛翔。在這個例子中，我是在時間層面上整合了我的經驗與你的經驗。據此我可以說，我和你，我們兩個已經看到一隻小鳥飛過。因爲在小鳥的飛翔過程中，我將我的意識流程與你的意識流程加以並列，但此時我只不過是假設，在你的意識中有著一般體驗（Erlebnisse überhaupt）在進行著，它和我所知覺到的小鳥飛翔是『對應』的。至於你的體驗內容，或它們的特殊建構方式等任何知識，我都不予置喙。對我來說，我只要知道你是注視相同事物的另一個人就足夠了。而如果你也以類似的方式來整合我和你的經驗，那麼就可以說我們兩人一同看到了小鳥在飛翔。」（SA, 245）

這個時候的「我們關係」幾乎沒有任何內容，但還是有著「小鳥飛行」的意識。因此它仍然不等於「純粹的我們關係」。「純粹的我們關係」是由兩個純粹的「朝向你態度」（Dueinstellung）所構成的。後者意味著「我對你做好準備，將注意力朝向你」，此時它沒有任何的內容，只是純粹的形式，它也是「極限概念」。如果「朝向你態度」是相對應的，即對方也是對我有著「朝向你態度」，那麼這時候「社會關係」便形成了，這也就是「純粹的我們關係」。「純粹的我們關係」可說是「社會的周遭世界」的根本基礎。這意味著，生活世界中活生生的社會關係預設了純形式的「我們關係」及「朝向你態度」。

㈠周遭世界的觀察

觀察活動與處在社會關係之中的活動是不同的，前者只具有單向的「朝向你態度」，後者則是雙向的。例如，當我觀察他人的行動時，他人並不知道正被我觀察著或未對我的觀察加以注意，這便是典型的觀察活動。現在所出現的問題是，我如何能夠知道他的意識內容？關鍵在於身體，他的身體可說是他內在意識的表達領域。我把他人的身體知覺爲他的意識體驗之記號，把他的動作、談話等當作他的意識體驗之證明。這時候，我將注意力指向所知覺到之指標的主觀而非客觀意義脈絡。身爲一位直接觀察者，我可以掌握到意識體驗的構成過程。而這之所以爲可能，舒茨強調，「乃是因爲他人的經驗與我客觀地詮釋他的談話及姿態同時進行著」（SA, 244）。

換句話說，周遭世界的觀察是一種直接的觀察，我們對他人的身體、姿態、語言表達有直接的經驗，更根本的是，由於他的身體表達行動與我的觀察是同步進行的，因此他的活動的前後階段都可以被我直接經驗到。這一點正是「社會共同世界的觀察」所缺乏的。

㈡社會的共同世界

相對於社會周遭世界所具有的人與人之間的直接經驗，共同世界的特質乃在於間接性。

在這個領域中所呈現的對象不限於具體存在的個人，因爲制度性的存在如政府、公司、乃至於記號規則、法律規章、行爲規範等等也都包含在裡面。舒茨將它們分爲四種類型，分別是：

1. 我認識的他人，但當下不在眼前。
2. 我不認識的他人，而是我的親戚朋友所認識的人。
3. 具有特定功能或社會角色的他人，他不會以具體的個人現身，而是以特定的類型出現。就算他以個體化的型態出現，也是被我當作該類型的具體化。總之，抽象的類型是優先的，具體的個人則是次要的。例如：郵差、交通警察等等。
4. 社會集合體（soziale Kollektiva），不再是可以個別化的個人存在，而是一些組織機構，甚至於是一些規範或是規章，例如：政府、工會組織、憲法、交通規則等等。

共同世界之構成的前兩種方式：一是我曾經有過親身經驗的人，只是目前不在眼前；二是我沒有任何親身經驗的人，我只是透過他人的描述知道他。這兩種方式都仍然奠定在周遭世界的基礎上。舒茨在描述第一種類型的人時，指出他具有「從周遭世界過渡到共同世界」這個特性。例如，當我和朋友結束聚會要分手告別時，「隨著身體與空間上的直接性逐步遞減，我們也由周遭世界的社會經驗漸漸轉移到共同世界的社會經驗去」（SA, 263）。共同世界與周遭世界之間存在著聯繫的中間階段，「其特色在於身體徵兆的減少」（SA, 263）。假定我有機會看著他漸次走遠，則在什麼時間點上他離開我的周遭世界而進入共同世界，很難清楚確認，因爲總是存在著中間的模糊地帶。在以後的時間裡，由於我們無法面對面接觸，所以只能藉著電話或是透過信件保持聯繫，傳遞彼此的訊息，有時候甚至於要經由第三者傳來彼此的消息。經由類似的例子，舒茨對於由周遭世界轉移到共同世界的漸進過程作了清楚的說明。在此情況下，共同世界只能說是周遭世界情境的一個變異與轉折，兩者不是截然對立的關係。

由於每個人的意識體驗不斷地變化著，所以隨著經驗的增長，我的朋友很有可能會採用新的角度去看事情。嚴格說來，隨著經驗與看法的改變，他已經變成一個不同的人了。但是在日常生活中，我往往忽略這個事實，而緊抱著過去的影像不放，以爲他還是不變的老樣子。但是從我的角度來看，在下一次跟他面對面的接觸之前，他是不折不扣的「同時代人」。這位朋友在此情況下，不可能以「前描述方式」被經驗爲一個自我，而是只能被「描述性」（prädikativ）地經驗到。（SA, 271）共同世界的他人從來都只能夠間接的藉由描述的方式顯現出來，那個在周遭世界才有的「前描述經驗」在共同世界裡是不存在的。

其次，就「我不認識的他人，而是我的友人所認識的人」這種類型而言，是來自於「別人對自己過去的周遭世界之說明有關，也就是與所有從朋友、老師，還有從書本以及從不知名人士的報導所得知的共同世界有關」（SA, 272）。雖然他不是我曾經親身經驗過的人，但他畢竟是某些人（例如，我的朋友）的周遭世界中的其他人，所以對這種類型的人的經驗基礎仍然是在於周遭世界。

第三種類型乃是具有特定功能或社會角色的他人，這種類型的他人從來不會以具體的個人出現，而只能是特定的類型。就算他以個體化的型態出現，也被我當作是該類型的具體化。換句話說，抽象的類型是優先的，具體的個人則是次要的。這一種類型的人不是沒有意識，只不過作爲類型的存在，他不指涉特定的個人，所以這種意識不像是周遭世界中的人那樣具有鮮活的流動歷程，這個意識反而是被「總是再一次」的理想化所掌握，而成爲特定理念型的存在。接著舒茨對適用於這類型的他人的理念型作了解釋。他區分了「人的理念型」與「行動理念型」兩個概念。（SA, 275）

基本上，「人的理念型」是以「行動過程類型」爲基礎的。（SA, 276）這是因爲在社會的共同世界裡，個人的實質存在不重要，個人的存在特質，亦即他是個會採取什麼樣行動的人才重要。例如，我們對郵務人員的界定是「處理信件的人」，這時候究竟是哪一位郵務人員在執行這個活動並不重要，重要的是只要能夠把信件送達目的地就行了。其次，在這個情況下，執行工作的這位郵務人員究竟爲什麼要從事這項工作，也就是說他當時的主觀經驗是什麼，對我們來說一點也不重要。「郵務人員」作爲人的理念型只具有典型的行爲模式與行爲動機，而他的行爲則被認定爲是可重複的。

舒茨強調：「把人的理念型當成眞實的人是一種幻覺，事實上它只是一個幻影。它『生活』在虛幻的時間向度裡，沒有人能夠經驗到它。它只具有極少的主觀體驗而且只是既存行爲的主人。」（SA, 280）這等於說，雖然原則上共同世界中的他人也都是活生生的個人，但是在我們的認知裡，他們卻只是類型化的存在而已。

最後是關於「社會集合體」的問題。「社會集合體」不可以被個別化爲個人的存在，因爲它們是一些組織機構，甚至於是一些規範或是規章，例如：政府、工會組織、憲法、交通規則等等。雖然，政府的每個「行動」都可轉化成政府工作人員的行動，我們可用人的理念型來理解他們，並以「朝向你們態度」（Ihreinstellung）來面對他們，把他們當成是同時代人。也就是說，從社會學的角度來看，「『國家』一詞只是一些共同世界之人的理念型的高度複雜網絡的一個縮影」（SA, 298）。但這時，我們忽略了類型化個人的意識體驗是可以認識，而集合體的意識體驗則否這項差別。集合體「行動」概念中缺少可接觸的主觀意義脈絡。

以上是對於社會的共同世界四種存在類型之說明，我們接著要進一步闡釋共同世界的基本特質。

首先，「朝向你們態度」是共同世界的基本特質（相對於「朝向你態度」之於周遭世界）；另外，共同世界的「存在特質」（Sosein）則相對於周遭世界的「定在」（Dasein）。我們基於共同世界中的人的理念型所面對的對象並不是具體直接的他人，而是他與其他人共同具備的特質。詮釋同時代人的典型行爲，就是說明這個行爲是「他們其中之一」的行爲，以及「這種人」的行爲。

純粹的「朝向你態度」僅僅是由覺察他人的存在所構成的，至於他人特質的問題則比較不重要。相對而言，純粹的「朝向你們態度」是以他人的「存在特質」爲基礎。由於「存在特質」是類型化的，因而可以一再地被設定。一旦我設定這樣的類型化特質，便假定了這些特質是眞實存在或曾經存在過，只不過這不等於說他們是存在於特定時空的特殊個人，因爲同時代的他人存在只是某個類型的個體化而已。

共同世界中的人，由於彼此相互採取「朝向你們態度」，因此彼此認爲對方是「他們其中的一個」。如此一來，我也不被共同世界的社會關係的另一方視爲眞實的人，並且我只能期待對方對我的行動有類型化的理解。

所以在共同世界的社會關係中，每一方都是以理念型來理解另一方的，每一方都覺察到這種相互理解，並且都期待他人的詮釋基模和自己的相一致。總之，共同世界的社會關係與周遭世界情境完全不同，在周遭世界關係中，我和對方都能覺察到彼此意識體驗的細節。但是在共同世界的社會關係中，這些細節則被一個假定的共享詮釋基模所取代。再者，類型化的問題與關涉性的問題（Problem der Relevanz）有關。所謂「關涉性」就是興趣的相關性。社會的共同世界所經驗到的他人會以怎麼樣的面貌出現，取決於我對他的興趣。興趣架構（Interessenlage）會決定問題的結構（Problemstellung），而且也決定我會採取哪一些

理念型來面對他人。「隨著每一次興趣架構以及問題的改變，理念型也會隨著改變。」（SA, 304）

最後，舒茨提到了「共同世界的觀察」。在直接的周遭世界，參與者與觀察者大不相同。然而在共同世界，這項差別便消失不見了。因爲在共同世界中我們根本不可能接觸到眞實的人。在這樣的世界中，不管我們是參與者或觀察者，我們所處理的只是理念型。我們的經驗全部都是屬於「你們」形式，而不是「你」的形式。

㈢ 前人世界與後人世界

我們對於前人世界與後人世界的經驗乃是以共同世界的經驗作爲基礎的，也就是說都是基於類型化經驗的知識。前人是屬於過去的人，他的經驗和我的經驗沒有時間上的重疊。前人世界就是完全由這種人所組成的。前人世界存在於我出生之前，它的特質因此早已確定。所以，對於前人世界我們只能夠採取單向的「朝向他人態度」去面對。祖先崇拜儀式可以說就是這種朝向前人世界的典型例子。如果前人世界是全然固定的與決定的、周遭世界中的鄰人是自由的、共同世界中的他人是依賴於類型而被決定的，那麼後人世界便是完全未規定（unbestimmt），並且無法規定的（unbestimmbar）。

雖然，我們的某些鄰人與同時代人會比我們活得更久，而我們也假定他們會繼續以目前的方式去行爲。如此我們就能在兩個世界之間設定一個過渡領域。不過舒茨強調：「這個

後來才形成的世界，越是遠離此時此地，則對它的詮釋也就越不可信。」（SA, 315）

四、關於理解社會學的一些基本問題（第五章）

(一)社會科學知識與共同世界中的觀察之異同

社會科學與它的研究對象之間的關係，和共同世界的觀察與它的觀察對象之間的關係，兩者十分類似，都是以理念型作爲理解或是觀察的媒介。當然差異還是存在的。首先，前者畢竟是一種科學活動，這意味著它是脫離生活的，原則上跟研究對象之間不存在任何的互動關係。互動關係只能夠存在於社會的周遭世界之中，所以社會科學家是脫離他所研究對象的周遭世界的，他不參與這個周遭世界的任何運作，而是超然地以客觀觀察者的身分面對其研究對象。共同世界的觀察則有所不同，雖然共同世界的構成是基於「朝向他人態度」，人與人彼此之間互相把對方當作是「他們」之中的一個人，而不是面對面當下的活生生個體，而共同世界的觀察更進一步地把這個間接經驗到的他人當作理念型的存在，去界定其行動的基本模式。但是共同世界的觀察基本上還是「生活」當中的一種活動，這項活動不具有科學所要求的嚴謹性，它不必去在意他所建構的理念型也好、行動類型也好，能否得到其他人的認可，或是否能夠適用於其他的脈絡。換句話說，這種觀察以及觀察的結果或多或少還是具有一定程度的任意性。

科學的活動就不一樣。科學在探討活動的過程中所使用的理念型概念必須具有科學性的知識脈絡作爲背景。它除了在建立過程中必須滿足科學的形式要求之外，還必須與到目前爲止的知識成果相容。換句話說，科學的研究必須以「客觀的意義脈絡」爲基準。於此基礎上再進一步去探索行動者（也就是被探討的對象）他的主觀意義脈絡。如此一來，我們便能夠明白舒茨底下這兩段話的涵義：

> 「科學永遠是一種客觀的意義脈絡，所有關於社會世界的科學論題（das Thema aller Wissenschaften von der Sozialwelt）都是針對一般的或特定的主觀意義脈絡去構作客觀的意義脈絡。」（SA, 340）

> 「作爲類型化經驗的社會科學的經驗依舊是客觀意義脈絡，縱使它以類型化方式所掌握的對象乃是主觀意義脈絡（也就是在人的理念型中所進行的意識流程）。」（SA, 341）

而社會科學問題的本質，對他來說，更是可以用「關於主觀意義脈絡的科學是如何可能的？」（SA, 341）這個問題來加以表述。

㈡社會科學的知識建構：有關主觀意義脈絡的客觀意義脈絡

被建構出來的理念型所涉及的個人，所謂的「人的理念型」和在眞實生活中活動的個人是有明顯差別的。後者的行動具有開放性，存在有被改變的可能性，也就是一般所說「自由的」。然而作爲理念型的個人便非如此。舒茨說：「社會科學對日常生活中的人之理解，絕不是具有獨特意識的活生生個體，而是欠缺時間流程或自發性的人的理念型。」（SA, 364）這樣的「個人」具有「明確不變的動機」，依據這個動機我們又可以引導出固定模式的行動來。例如，如果我們建立了「官僚」這樣的理念型，則種種典型的官僚式行爲便附加在這個理念型之上。

科學所研究的「個人」因爲不是眞正活生生的人，而是被建構出來的，所以我們很難說這個「個人」具有怎麼樣的「主觀意義」。因爲再怎麼說也只是社會科學家所建構出來的客觀意義罷了。正如舒茨所說的「在理念型的建構過程中，主觀意義脈絡已漸由一系列客觀意義脈絡的系統所取代」（SA, 364）。不過，就像我們在第三章所說的，「從自己的意義脈絡去理解他人」和「從他人的意義脈絡去理解他人」兩者仍然是有區別的。社會科學家的目的在於揭示社會的眞實面貌，能不能對社會世界做適當的闡述才是重點所在。假如社會科學家所提出來的都是脫離社會眞實現象的揣測或一廂情願的見解的話，是不可能滿足科學的客觀性要求的。因此，關鍵在於，究竟社會科學，特別是韋伯的「理解社會學」（verstehende Soziologie）所說的「主觀意義脈絡」該如何加以解釋？

關於這個問題，我們必須強調，這個被社會科學家所建構出來的「主觀意義脈絡」，目的在於能夠適當解釋社會現象，所以絕不是被任意建構出來的，而是有其一定的脈絡可尋。這個被建構出來的個人主觀意識所具有的內容是固定不變的。這個主觀意識被理解爲具有特定的目的動機，在特定機緣底下會有固定模式的行爲反應，彷彿機器人一般。所以它只是類型化的存在，不指涉任何特定的眞實個人。既然這只是被類型化的「個人」，其主觀意義也就不難被掌握。如此一來，在理解社會學中所說的「從客觀意義脈絡出發去掌握主觀意義脈絡」得以可能；而我們在一開始引用舒茨的那段話：「所有關於社會世界的科學都是有關主觀意義脈絡的客觀意義脈絡」也因此獲得了理解。

五、《社會世界的意義構成》的影響

就舒茨整個晚期研究來講，《社會世界的意義構成》的構成分析和理解社會學哲學奠基的宗旨一直是根本的課題。這一方面指向重建主觀和互爲主觀的意義設定過程的一般前提，另一方面也關涉到自我在社會文化的各個制度化層面上如何表現。建立在這些分析上，舒茨同時開發了生活世界理論以及社會科學方法奠基的基礎——這是他的著作的核心問題領域。在底下這幾個部分尤其特別深入：具有「多重實在」（mannigfaltige Wirklichkeiten）的生活世界理論，記號和符號在生活世界的主觀與互爲主觀的重要性、關涉性和行動理論以及社會科學概念構成理論等等。

自一九六〇年代中期開始，隨著西方社會危機現象的蔓延，主導了該學科理論討論的帕森思（Talcott Parsons）系統理論的典範，也日漸遭到批評；舒茨的第一代學生也就在這樣的背景之下進入了學界，而一九六七年也出現了《社會世界的意義構成》的英譯本，於是他的研究便逐漸成爲社會學行動理論轉向上新的出發點。今天，在《社會世界的意義構成》中所構想的生活世界理論已經形成了一個獨立的參考點，即多種以行動理論爲取向的社會學理論構成，以及以質爲重的經驗性社會研究都是以這部著作作爲參照點的。

歸結起來，舒茨的思想後續發展主要分三方面來看：首先是哲學方面的代表人物，那坦森（Maurice Natanson）與詹納（Richard Zaner）。前者跟隨舒茨撰寫題目跟沙特有關的博士論文，後來從事有關米德（George Herbert Mead）的象徵互動論的研究，除了曾經爲舒茨整理「關涉性」方面的遺稿（一九七〇年出版），主要興趣在於互爲主體性、身體與關涉性方面的研究，近年來則以從事醫療倫理的諮商聞名於世。第二方面的影響是社會學界的伯格（Peter Berger）與陸克曼（Thomas Luckmann），兩人合著的《實在的社會建構》（*The Social Construction of Reality*）融合了社會心理學、知識社會學與角色理論各個領域，探討平常人對實在的認知如何建立在社會文化的基礎上。第三方面的影響則是葛芬克（Harold Garfinkel），葛芬克在哈佛跟隨帕森思撰寫博士論文，但是跟舒茨過從甚密。一九六七年他出版了《俗民方法論研究》（*Studies in Ethnomethodology*），發展出重視類型化經驗在日常生活中意義的俗民方法論（Ethnomethodology）。

晚近社會學以批評舒茨爲取向的理論發展，特別見於哈伯瑪斯的社會理論、布赫迪厄（Pierre Bourdieu），以及埃瑟（Hartmut Esser）「合理的－選擇命題」等等。在現象學基礎上採用舒茨的觀點所進行的經驗性研究，則集中在知識社會學、宗教社會學、俗民方法論、民族誌以及傳記研究等。

【注釋】

① 儘管在《社會世界的意義構成》一書中，舒茨大量的使用了 Wirken 這個名詞，例如 Fremdwirken（實質影響他人，二〇八），soziales Wirken（社會的實質行動，二一一），Wirkensbeziehung（實質行動關係，二一三）等等，然而於此書中，舒茨並未正式的論述此概念，遑論將它視爲基本概念。一九四五年當他發表 On Multiple Realities 這篇論文時，已正式的將 working（舒茨所使用的 Wirken 英譯詞）界定爲「外顯的行動」（overt action）。德國學者 Srubar 指出，舒茨在一九三六年的文稿：Das Problem der Personalität in der Sozialwelt（社會世界中的人格問題）之中首次表達了這種看法。（見：Ilja Srubar, Kosmion, Frankfurt a. M.: Suhrkamp, 1988. p.18）

②這組概念有三個不同的涵義，見拙著：〈社會行動與理解：舒茨論主觀意義與客觀意義〉，《東吳哲學學報》，第十三期，二〇〇六年二月，頁六十七—八十七。

舒茨的生平與著作

舒茨出生於十九、二十世紀之交的維也納。這裡是當時稱爲奧匈帝國的政治經濟金融中心，當然也被視爲歐洲文化和學術傳統的堡壘之一。他的父親奧圖．舒茨（Otto Schütz, 1874-1942）任職於當地一家民間銀行，母親則是約翰娜．舒茨（Johanna Schütz, 1873-1955），本家姓費阿拉（Fiala）。他是個獨子，中學時期就讀於設有拉丁文、希臘文等古典語言訓練的艾斯特爾哈吉（Esterhazy）高級文科中學，一九一六年因爲戰況吃緊，「緊急畢業」入伍服役，直到世界大戰結束，隨後便進入維也納大學研讀法學暨社會科學。

舒茨就學期間，維也納在社會科學領域有三大主流學派，它們全都有新康德學派的傾向。首先是由維塞爾（Friedrich von Wieser, 1851-1926）所創立的奧國邊際效用學派，致力於發展出以精確方法進行量化研究的國民經濟學。舒茨從學於維塞爾的學生——米塞斯（Ludwig von Mises, 1881-1973）。第二個則是由凱爾森（Hans Kelsen）所倡導的純粹法學理論，凱爾森在維也納教到一九二九年，舒茨曾受教於他。維也納的第三大學派，則是後來一般所謂的「維也納學派」（Wiener Kreis）。該學派以馬赫（Ernst Mach）和龐加萊（Poincaré）的實證主義哲學爲取向，致力於把科學學說結合在嚴格的邏輯思考語言當中。

這個學派由石里克（Moritz Schlick, 1882-1936）和諾伊拉特（Otto Neurath, 1882-1945）所創立，而以後來被迫流亡美國的卡納普（Rudolf Carnap, 1891-1970）和萊亨巴赫（Hans Reichenbach, 1891-1953）爲最著名代表。

舒茨在一九二〇年畢業之後無意在學術界求發展，在通過考試之後，他於維也納一家銀行擔任財稅專員，直到五〇年代初爲止都在這個領域服務。對他而言，銀行專員的日常生活和學術是兩個截然分離的世界。舒茨平常在銀行裡工作，有時會到外地出差。起初是在維也納的銀行行會，一九三一年起在巴黎一家銀行（Gaston Dreyfus公司），一九三九年流亡之後則任職於紐約一家銀行。他的學術興趣起初屬於業餘性質，從一九五二年開始，也就是當他那已經有所消耗的精力不再容許這種雙重生活時，舒茨接受位於美國紐約的社會研究新校大學（New School for Social Research）的教授職務。他的學術研究以及跟學術研究緊密相關的通信往往都是在晚上完成的；而他大量的手稿也往往標示度假的地名，從（瑞士的）Flims和Interlaken到（美國緬因州）Placid或（賓州）Tannersville等等。草稿一般都是由他夫人伊爾莎．舒茨（Ilse Schütz）用筆記下的，期間則不斷進行修改。後來舒茨早逝，舒茨夫人整理其遺稿並加以正式出版。

這些論文在一九六〇年代集結成冊正式出版，首先出版三冊（一九六二、一九六三、一九六六），一九九六年與二〇一一年分別整理出第四冊以及第五冊。另外有些遺稿也陸續被整理出來，例如早年關於「生活形式」的未完成稿由蘇魯巴爾（Ilja Srubar）整理出版

（一九八一），晚年未能完成的「生活世界結構」由陸克曼（Thomas Luckmann）根據遺稿撰寫成兩冊正式出版（一九七五、一九八四），一九四七—一九五一關於「關涉性」問題的遺稿由詹納（Richard Zaner）整理出版（一九七〇），一九三六—一九三七「社會世界人格的問題」則在九〇年代末期開始編纂的《舒茨全集》（*Alfred Schütz-Werkausgabe*, ASW，共計十冊，由德國康士坦茨〔Konstanz〕大學出版社出版，UVK）[1]中出版。

舒茨的學術著作既然是在學術研究機構之外形成的，於是便和當時在維也納發展出來的經驗性社會學保持著某種距離。他在社會科學概念以及理論的建構中尋求某種較深層面的出發點。他在後來回顧自己的生平時說道：「從我最早的研究時期以來，我的興趣就一直在……社會科學，尤其是社會學的哲學奠基。在當時，我還是相當推崇韋伯……但不久之後便認識到，儘管韋伯已經打造了符合他的具體研究所需要的工具，然而他的首要問題——關於社會行動相對於行動者本身的主觀意義之理解——卻還有待哲學的證成。我的法哲學導師凱爾森曾經設法在新康德主義的學說中尋求相關的哲學依據；但不論是柯亨（Cohen）、那托普（Natorp）或是卡西勒（Ernst Cassirer）的早期著作，都未能爲我開啓必要的途徑。不過柏格森的哲學倒是令我印象深刻。」[2]在這樣的背景下，舒茨展開探索，尋求答案。

對於舒茨的探索過程產生影響的並不是學術界的討論，而是通信和對話。這是舒茨職業生活的研究型態使然。對其研究產生關鍵影響的人，是後來成爲終生學術伙伴的沃格林（Erich Vögelin，移民後爲沃格林[Eric Voegelin]）以及考夫曼（Felix Kaufmann）。沃格林讓舒茨認識柏格森的哲學，考夫曼由於對柏格森較持批判態度，而促使舒茨注意到胡塞爾的哲學。舒茨在與這些朋友的通信當中，藉由反覆討論與相互批評而釐清了自己研究的基本論題：社會科學藉由對他人體驗的經驗，或是藉由在「你」的體驗之中的「我們」來構造奠基的可能性；闡明體驗活動的交互主體性結構及其客體化問題。

舒茨在一九二七年夏季完成了第一份草稿《生活型態和意義結構》（*Lebensformen und Sinnstruktur*），但一直沒有發表。他後來承認，這個解答方案之所以不夠充分是因爲上述的問題並沒有回到胡塞爾，而僅僅是以柏格森爲依據來著手處理的。而且舒茨也一直不曾直接談到這些草稿。舒茨很晚才從柏格森進到胡塞爾，他寫道：直到胡塞爾的《內在時間意識現象學》（一九二八）出版以後，才爲他打開了「通往胡塞爾思想及其語言的直接途徑」，因爲經由這部作品，他才認識到「他的思想對於我所研究的一切問題之意義」。③

舒茨並不屬於早期現象學學圈的成員，這學圈主要先是在哥廷根（Göttingen）和慕尼黑，後來在弗萊堡（Freiburg）形成。在他熟悉了胡塞爾的論點之後，寫下了主要著作的手稿，書名爲《社會世界的意義構成》（*Der sinnhafte Aufbau der sozialen Welt*），這本書似乎在呼應卡納普在一九二八年出版的《世界的邏輯構造》（*Der logische Aufbau der Welt*），顯示出他對維也納學派的質疑如何相當程度地影響了他對問題的思考與解決。舒茨藉著《社會世界的意義構成》一書發展了極爲新穎獨立的研究領域，亦即有系統地把胡塞爾的現象學引入了韋伯的理解社會學。

直到舒茨把他自己的這本書寄給胡塞爾之後，才結交了這位大哲學家。從一九三二到一九三七年聖誕節期間，舒茨經常待在弗萊堡，他在此交往的人包括芬克（Eugen Fink）、蘭德格雷貝（Ludwig Landgrebe），以及後來促成他在社會研究新校大學教書的卡爾恩斯（Dorion Cairns）。他沒有採納胡塞爾的建議成爲其助理，畢竟他有自己的職業生活。除此之外，他也意識到納粹政權顯示的種種不祥徵兆。正如同胡塞爾在那些年所探索的「歐洲科學的危機」問題那般，對同樣是猶太人出身的舒茨來說，危機不僅僅關聯到學問的奠基問題，他更相信歐洲世界本身正面臨著崩潰的危機。

早在一九三七年，他便利用出差美國和加拿大數個月的時間準備移民，自從一九三八年三月奧地利遭兼併之後，他便再也不曾回到維也納，舉家搬遷巴黎。在居留巴黎一年多的期間他遇到後來在學問上互動最多的顧維奇（Aron Gurwitsch）。後者和妻子逃離柏林來到巴黎，在索邦（Sorbonne）大學講授一些課程：胡塞爾現象學的入門課以及現象學心理學，當中的學生有梅洛龐蒂（Maurice Merleau-Ponty），沙特也可能在內。從一九三九年開始，舒茨和顧維奇開始了一場有關於胡塞爾現象學的持續對話，直到舒茨過世才告結束。他們往往藉由通信表達關於自己或對方著作中各種論點的看法。

舒茨於一九三九年六月來到美國。雖然在職場上他已經擁有足夠的地位，但在學術場合他卻是全然陌生的。起初他設法接觸社會學學者，即他所認定最能代表韋伯學說的人，哈佛大學的帕森思（Talcott Parsons）。舒茨從巴黎時期開始便知道他的著作，並寫了篇專門談帕森思《社會行動之結構》（*Structure of Social Action*）的評論。他希望可以與帕森思對話，但沒有成功：帕森思雖然邀請舒茨去哈佛演講，但帕森思覺得自己遭到抨擊。在一場你來我往的通信當中（後來有公開），舒茨和帕森思兩人雖然就日常行動的分析這個課題互相交流，但基於彼此在現象學和系統理論的不同之處所造成的爭論，卻留下無法抹除的心結。

於是舒茨在美國的學術研究領域便朝另外的方向去發展。他成了「國際現象學學會」（International Society of Phenomenology）的主要成員，一九四一年擔任《哲學暨現象學研究》（*Philosophy and Phenomenological Research*）學刊的編輯成員，這是法爾伯（Marvin Farber）在紐約水牛城（Buffalo）大學所設立的。在這些美國社會學和哲學社團的各種會議當中，有好幾年舒茨並未發揮任何影響力。他在提交的論文裡討論了美國社會哲學，如：帕森思、墨頓（Robert K. Merton）和納格爾（Thomas Nagel）、詹姆斯（William James）和米德（George Herbert Mead）等人的學說。在以帕森思爲主流的年代裡，舒茨那類型的社會學還未廣爲人知。直到他在社會研究新校大學栽培了許多學生以後，局面才慢慢改觀。這些學生包括柏格（Peter Berger）、葛芬克（Harold Garfinkel）、陸克曼（Thomas Luckmann）、那坦森（Maurice Natanson）和詹納（Richard Zaner）等等。舒茨在新校大學起初擔任「通識課程」的客座講師，後來在一九五二年受聘爲社會學暨社會心理學教授，並於一九五七年開始負責在該校裡籌備一個獨立的哲學系。但天不假年，舒茨於一九五九年五月二十日在紐約過世。接任哲學系教席的就是他多年的好友顧維奇。舒茨著作的影響力要到下個十年才逐漸顯現出來。

從一九六〇年代中期開始，《社會世界的意義構成》這部著作成爲社會學理論和研究新取向的出發點之一。舒茨在這部作品中發揮了社會學的理解現象學奠基的研究宗旨及其對社會學職責的理解，亦即透過人與人的交互行動而形成的社會實在之意義構成來重建這個理解。只要日常生活的行動領域仍然是核心，該領域在研究社會實在的發生和變化上便具有重大意義。《社會世界的意義構成》的基本論題是：歸結在實在的人及其行動上的意義，形成自該行動本身，亦即得自與對象和互動伙伴之間的交往，即從中得以形成表達之關涉性，於是任何「社會世界的意義詮釋都是『實用取向的（pragmatisch bedingt）』」（第五節）。

舒茨的研究興趣在於釐清人類行動和實在的意義結構之間的關聯。所以社會學不能單單預設成社會實在在交互主體之間一致的意義詮釋，而是必須注意到使這種意義設定得以建立的構成過程。舒茨把這種研究理解成「自然態度的構成現象學」（第六節）。但他還是同意韋伯的觀念，把社會學界定成這樣的科學，即致力於「以詮釋的方式理解社會行動」，並這樣來揭示「行動」（Handeln）的特徵：「把主觀意義及其行動者聯繫起來」。但要闡明韋伯所使用的「理解」、「意義」和「行動」等概念，卻需要理解社會學的哲學奠基才行（第六節），這時便能澄清行動中的意義設定在主觀及互爲主觀方面意味著什麼。假使社會學是從事意義理解之經驗科學，便必須闡明，它如何能夠把在日常事件的連續過程中「主觀的」意義設定，以方法學所得出的形式加以科學地、「客觀地」掌握（第四十三節）。簡言之，關於主觀意義脈絡的客觀科學是如何可能？該問題的提出與闡述正是《社會世界的意義構成》一書的核心要義所在。

【注釋】

①Endreß, Martin, *Die Afred Schütz-Werkausgabe: Konzeption und editorisches Profil*, in *Jahrbuch für Soziologie*, Opladen: Leske+Budrich, 1999, 281-310.

②Schütz, Afred, *Collected Papers V: Phenomenology and the Social Sciences*, Lester Embree ed., Dordrecht/Heidelberg/London/New York: Springer, 2011, p.1.

③Ibid., p.2.

目次

第一章 導論

一、前言：問題之提出

德國人文思想史近五十年來最令人矚目的現象之一，就是爲了社會學的科學性格所展開的論爭。自從個體和社會整體兩者的關係被有系統的研究以來，方法和目的的相關問題就一直爭論不休。跟其他學科領域不同的是，這些論爭不單圍繞在某些理論和方法的證明上，而是連社會科學的研究對象與範圍本身，以及它乃是先於科學經驗之實在的既存事實都成了問題。有些學者認爲，探討社會現象可類比於探討自然界的現象，社會現象可以被看成受到因果法則所決定的外在世界變化。有些學者則主張這兩種現象迥然不同，社會現象乃是客觀精神世界的對象，雖然可以被理解，卻不能採用法則的形式。未明示的或明示的形上學前提，價值判斷以及倫理—政治的設準，往往會決定社會科學家面對其研究對象的態度。他在處理底下的問題時，如果找不到解決的辦法會感到困窘，彷彿他的所有努力毫無意義與用處，例如：到底社會科學所關切的，是人的存有本身，或只是人類的社會行爲方式？社會整體是否先於個體的存有而被給予，因此個人只是作爲社會的一分子而存在？或是相反地，被我們稱爲社會整體和社會的部分組織，都只不過是唯一可被稱爲眞實存有的個人的功能綜合體罷了？究竟是人的社會性存有（das gesellschaftliche Sein des Menschen）決定了人的意識，還是人的意識決定了他的社會性存有？人類與文化發展的歷史是否能夠透過法則被掌握？或相反地，即使是被最進步的社會科學視爲「法則」的所有詮釋嘗試，例如：國民經濟學的法則，都只不過是受到歷史條件限制而產生的抽象結果而已？這些問題都不容易回答，無怪乎許多人在面對這一類深刻的問題時，難免急就章地提出解決方法，並且透過情緒的、價值的、政治的態度，甚至受到形上學的直覺本能左右的觀點去處理個別的事實。

這種態度跟科學活動的基本設定是無法相容的，因爲科學要求簡要地掌握和描述既存的事實世界。不帶偏見地去觀察社會世界的事實，以謹守分際、合乎邏輯的概念歸類，最後將所獲得的資料加以精確分析，這些無論如何都是對社會世界進行觀察的首要任務，只有這樣才能滿足科學性（Wissenschaftlichkeit）稱號的要求。

這個有關社會科學的眞正任務的觀點，導致了對人類社會提出形式學說（Formenlehre）的要求。毫無疑問地，齊美爾（G. Simmel）是第一個發現這個問題，並加以處理的人。當然，從許多方面來看，齊美爾在方法論的基本觀點上顯得既混亂又無系統性，之所以如此，原因在於，他在許多試探性的努力中，只是用心讓他自己對社會本質的理論觀點，能一再地被證實適用於社會領域的個別現象上。齊美爾固然在這些個別的分析中提出不少具有永久性與持續價值的研究成果，然而他所提出來的一些基本概念（包括他的社會學主要概念「交互影響」〔Wechselwirkung〕）卻往往經不起批判性分析的考驗。當然，不容否認地，他底下這項主要理念依然備受肯定並且持續擁有影響力：我們必須讓所有實質性的社會現象回到個體的行爲方式去，並對這些個體行爲方式的特殊社會形式作描述性的掌握。①

韋伯（M. Weber）的「理解社會學」（verstehende Soziologie），也是同樣環繞著這個基本思想而展開的。我們不去質疑韋伯卓越的成就具有原創性，也不主張韋伯的論述依賴齊美爾的概念。韋伯的著作雖然融合了當時的各種思潮而成，但他的著作完全是其個人令人驚嘆的秉賦所造就出來的。他授予當代德國社會學的特質，使社會學以科學而非治療學（Heilslehre）的角色出現，並且提供了社會學在解決特定問題時所需要的邏輯－方法工具。如果不是韋伯所做的奠基工作，那麼當代德國社會學的一些重要研究，譬如謝勒（M. Scheler）、維塞（L. Wiese）、弗雷耶（H. Freyer）、山德（F. Sander）等人的著作就不可能出現。

韋伯的成就究竟有多大呢？首先，他是最早挺身捍衛社會科學價值中立，對抗政治或道德－意識形態的人，因爲後者總是有意無意地影響了社會科學研究者的思想成果。基於這個緣故，他所認定的社會學，任務在於對社會存有進行精確的描述而不是形上學的思辨。「社會學對他來說不再是人類存有的哲學，而是關於人類行爲及其後果的個別科學。」[2]

他的堪稱著名的社會學結構也是相應於這項基本立場的。[3]他以社會行動和社會關係兩個概念作爲起點，藉由新的描述方式與類型化方法，導出「共同體」關係（Vergemeinshaftung）和「結合體」關係（Vergesellshaftung）兩個範疇，由此再藉由引入「秩序」概念而進一步導出「組織（或團體）」（Verband）與「機構」（Anstalt）這兩種類型來。在這裡我們無法詳細說明韋伯以此類機制來處理經濟、支配（Herrschaft）、法律與宗教等社會現象的情形。我們所在意的乃是，韋伯將所有社會關係、構作物，所有文化表現④與客觀精神領域的類型都回溯到個體的社會行爲這個最初的起始元素去。社會世界中所有複雜的現象固然都有意義，但這些意義都是社會世界中的行動者連結於其行動之上者。只有個體的行爲及意向意義是可理解的，只有從對個體行動的詮釋入手，社會科學才能夠獲得詮釋那個社會關係與社會構作物的管道，而後者正是在社會世界的個別行動者之行動中所建構出來的。

在韋伯將理解社會學當作一門科學，確定它的研究對象是對社會行爲方式的**主觀意義**（也就是行動者所意味的意義）進行解釋之前，還未曾有人把「客觀的精神世界」這個原則還原爲澈底的個體的行爲。爲了要對社會世界的全體人員（das Personal der Sozialwelt）進行解釋，也爲了解釋他賦予社會現象以意義的方式，僅僅憑著對**某些**個體（Individuum）行爲進行觀察，或者藉由未經解釋的經驗主義方法、額外加上的一些技術以及確認某些規則或頻率而確定**許多**人的相同類型行爲，都是不夠的。社會學的特殊任務主張採取某種特殊方法，以便能夠篩選出與特定研究問題相關的材料，而這種篩選，只有藉著構作某種特別的概念，也就是經由建立**理念型**（*Idealtypen*），才能達到目的。理念型不同於統計歸結出來的平均類型：因爲作爲平均類型基礎的篩選原則，本身就依賴當時所提問題的特定種類，針對某些問題才被建構出來的。理念類型也不是空洞的思想基模（Schemen），不是熱情洋溢的幻想任意編造的結果：因爲理念類型必然要經過具體歷史材料的檢證，而作爲歷史材料的社會世界對於社會科學家而言正是既存的。透過這般理念化的過程，我們才能層層地理解人類行動的主觀意向意義的特定社會現象意義，如此一來，社會世界的結構才會以可理解的意義內容結構（Aufbau verstehbarer Sinngehalte）之樣貌出現。

韋伯的「理解社會學」儘管構想很好，卻是奠定在許多未經說明的預設（Voraussetzung）上面，釐清這些預設可說是迫切的要求，因爲對於社會行動的眞正起始元素進行澈底的分析，將使得未來的社會科學發展具有更堅實的基礎。韋伯往往只有在被迫以及明顯可見的勉強情況下，才會致力於他所謂科學基礎的工作，在他看來，相對於專業研究領域中的具體問題，這類活動只是次要的。只有在對於具體的專業科學問題活動有必要時，他才會去處理科學理論的問題，而他透過知識論的方式所進行的探索，目的只是要獲得有用的研究工具；一旦他獲得該項工具，分析的活動就會終止。[5]作爲方法學家韋伯確實有重要的貢獻，他在建立社會科學概念的問題上具有獨到而準確的眼光，他那令人佩服的哲學本能也使他具有正確的認識論批判態度，儘管如此，他卻很少讓他的研究成果奠定在堅實的哲學基礎上，同樣也很少去釐清自己所提出的基本概念之底層。

由此可看出韋伯在理論成就上所受到的侷限。他對社會世界所進行的分析終止於這一層次：只要求達到社會現象的看似基本而不能再化約的元素，或不需要繼續化約的型態。一個體的富有意義的，因此也是可理解的行動的概念——理解社會學的眞正基本概念——

點也不能被當作社會發生現象（soziales Geschehen）的眞正元素之清楚表白（eindeutige Fixierung），而只是一個極富歧義的稱號，而且是有待進一步釐清之問題的稱號（Titel）。韋伯並未指出「過程中的行動」（Handeln）和「已然行動」（Handlung）兩者之間的差別，也未曾對「產生過程的意義」與「被產生的結果之意義」加以區分。除此之外，他未作過區分的概念還有：「自我行動的意義」與「他人行動的意義」；「自我的經驗歷程」和「他人的經驗歷程」；「自我理解」與「理解他人」。韋伯不曾探討行動者的意義特定構成方式，還有此一意義對於身處社會世界的伙伴或者外在於社會世界的觀察者所經歷的不同樣態，也沒有追問自我心理與他人心理之間的特有的奠基關係，事實上釐清這個關係對於掌握「理解他人」（Femdverstehen）現象是不可或缺的。韋伯雖區別行動上的主觀意味意義與客觀上可被認識的意義內容。但他卻沒有進一步區分與探討一個意義脈絡若從不同的詮釋立場出發會經歷哪一些特定的改變，同樣也幾乎不去提對於生活在社會世界的人來說，鄰人（Mitmensch）與同時代人（Nebenmensch）是分別在何種理解觀點中被給予的。如此一來自身行爲、周遭世界被自身體驗的行爲以及共同世界與前人世界那些只能間接被知道的行爲，這些都分別顯現出極爲不同的意義結構。社會世界可以說一點也不是同質的，而是複雜多樣的，「他人」或伙伴對社會行動者及觀察者來說，都是以不同程度的匿名性、體驗鄰近程度（Erlebnisnähe）和內容豐富性被給予的。在意義確認與意義詮釋的動作當中，個人會將社會世界得以顯現在他面前的角度性化約（perspektivische Verkürzungen）納入考量，所以說這些角度性化約也成爲社會科學研究的對象。因爲我們所談的並非每一個個體出於偶發觀點而造成的經驗差別，而是原則上自然而然之根本差異——**要區別自己的我**（*das eigene Ich*）**對體驗所進行的自我詮釋**（*Selbstinterpretation*）**，與身爲解釋者的他我**（*alter ego*）**對於他人體驗**（*fremde Erlebnisse*）**所作的詮釋兩者的根本差異**。就採取行動的自我與進行解釋的觀察者而言，不僅只有單一的有意義行動與其意義脈絡會展現出來，社會世界的整體也會展現在全然不同的觀點中。只有基於這種洞見，我們才能說明作爲理念類型他我的那些特殊的掌握方式，如同上面所說的那般。

毫無疑問，韋伯確實是看到了這些問題，但他卻似乎只有在跟自己研究的目的不可免除情況下才會對它們進行分析。他滿足於，將世界一般（die Welt überhaupt）及社會世界的有意義現象未經反思地預設爲具有**互爲主體的一致性**（*intersubjective konform*），其方式猶存在特質日常生活中，我們會假定存在著一個均質且與自己所理解的概念並行不悖的外在世界一樣。在素樸的生活態度中，我們直接體會到自己的行爲是有意義的（sinnvoll），活在自然的世界觀中（in natürlicher Weltanschauung），我們「深信」他人也會以類似我們的方式體會到自己的行動是有意義的，而且正如同我們對該行爲所體驗的那般有意義。此外，我們一般會深信不疑，自己對他人行動意義所進行的解釋，大體上是適切的。但是科學的概念機制如果毫無批判地接受這些常識性假定，難免會給研究帶來困擾，例如，可能會夾雜基本概念的模糊性，對往後的研究造成困擾，又如本質上相互隸屬的現象被視爲不同，只因爲潛藏在更深一層的共同根源還沒有被挖掘出來。假如以上所說的適用於任何科學，那麼日常生活中一些未經檢驗就予以接受的「理所當然」概念，就會對社會學形成不小的威脅。因爲日常生活的社會世界本身，其表象（Vorstellung）爲社會現象的流程所吸收，應該被社會學轉化成科學研究的對象，社會學的職責就在於對這些「理所當然」（das "Selbstverständliche"）概念提出質疑。

社會科學與研究對象之間的複雜結構關係在此表露無遺。對生活於社會世界的人們來說，社會世界的構成富有意義，同樣地，對社會科學來說也是如此，而後者正是對事先給予的社會世界進行解釋。在世界裡生活就是和他人共同生活並且也爲他人而活，我們的日常行動都是指向他人的。當我們把他們體驗爲他人，同時代人或鄰人，前人或後人，而與他們一同採取行動或一起工作，引發他人表明立場或被他人引發表明立場之時，我們就已經在**理解**（verstehen）這個他人的行爲，並且也假定他人理解我們的行爲。就在這些意義設定與意義解釋的活動當中，就在不同程度的匿名性、或近或遠的體驗距離與種種交叉錯置的觀點中，社會世界的意義結構（Sinngefüge）就建立起來了，此一世界既屬於我們（嚴格來說是「我」的），也屬於他人。

這個被我們以有意義的方式體驗到的世界，也是**社會科學所詮釋的**對象。只不過，社會科學家解釋世界時所使用的意義脈絡，是有條理的觀察之意義脈絡，而非鮮活的體驗之意義脈絡。在日常生活中我們與他人一同構成的社會世界，就它作爲科學家的研究對象而言，**乃**

是已經構成的。因此，所有關於社會世界意義的科學，無不回頭指涉社會世界生活的有意義行動，回到日常**生活**裡指向其他人的經驗，回到我們對既有意義的理解，也回到我們對新的、有意義行爲的設定。因爲，我們所有的理解與意義設定的活動，還有我們自己的與他人的行爲與所有人爲製造品（最廣義地說，包含所謂的文化製造品），無不屬於社會世界，它們富有意義，也是社會科學研究的對象。對所有的社會科學而言，事先給予的材料總是已經存在著，在前科學的階段它已包含了意義與理解的成分，這些成分在科學解釋裡藉由範疇有效性的要求或多或少明確的展露出來。

在日常生活中直接被掌握的人類行爲，因爲有意義所以可以被理解，儘管這些行爲的意義還是模糊不清的。每一次對於社會世界不清楚但卻有意義的體驗所進行的解說，都將導致意義結構的重組，它是藉由對每次解說內容所獲得的清楚領域所建立的體驗根基（Erlebnissubstrat）的重新解釋來進行的。基本上，釐清過程的每一個階段都是如此。單純的生活中（schlichtes Dahinlaeben）曖昧不明的「意義擁有」（Haben von Sinn），和藉由一個複雜的，如同理解社會學所談的理念型系統所完成的意義解釋，可以說只是兩個任意（willkürlich）產生的掌握意義的明確階段而已。

對先前提到的社會世界的意義構成之結構在方法論上進行討論，闡明它們的基礎脈絡，以及劃定不同層級的界限等，更是社會科學理論當前最迫切的工作，尤其是當有關社會學的眞正對象領域，與其方法學基礎的爭論，乃是因爲全然不同的社會世界意義結構，被不同的研究者與學派當作出發點而產生，而這些出發點其實是需要特定的方法學去加以研究的。這些被視爲「毫無疑問被給予」的意義結構，往往被界定爲社會學唯一或至少是核心的研究領域，而那些有助於說明這些問題的方法，則被當成這門科學唯一可能或首要的方法。

回顧當代德國社會學的龐大體系（就如弗雷耶〔Freyer〕所提供的精彩解說），[6]可發現各學派對社會學研究主題的看法頗爲分歧：有的主張是客觀精神的世界（狄爾泰；Dilthey），[7]有的認爲是作爲精神總概念，被事先給予的社會整體（史班；Spann），[8]有人則堅持是相互作用的形式概念（齊美爾；Simmel）。[9]有人則以文化整體脈絡的基本概念爲起點，以歷史上既有文化的意義內容爲依據，探討文明和文化的過程（阿弗烈．韋伯；Alfred Weber），[10]也有人從個體間的社會關係出發，去描述團體與團體之上的社會體系的性質（維塞；Wiesel），[11]更有人將整個社會過程視爲群體行動，並由此發展出「進步」的理念（die Idee des Fortschrittes）（歐本海默；Oppenheimer），[12]也有人認爲，意識形態在歷史過程中的發展以及與社會性存有的連結才是社會學的主題（曼海姆；Mannheim）。[13]除了上述各種立場，謝勒（Max Scheler）[14]所創的知識社會學（Soziologie des Wissens），也因其只表現出謝勒龐大計畫中的眞實社會學與文化社會學（Real- und Kultur-Soziologie）的部分領域，而占有一席之地。

在所有上述的例子之中，社會世界之內可能遭遇到的某些意義結構體（Sinngebilde）被當作觀察的對象，它們是可理解的，也因此能夠用科學的方式加以解釋。這些意義結構體還可再分解爲社會世界行動者的意義設定與理解的過程，這些意義結構體在這個過程中被建構出來，特別是關於解釋**他人**行爲的過程與賦予**自己**行爲意義的過程，這些過程在個體的自我詮釋當中都能夠被意識到。這些建構過程的細節一直未曾被澈底研究過，而這個關於意義結構回溯到基本事實狀態的重大問題也鮮少被留意過。

確實已經有少數的一些學者意識到要去追溯意義結構的基本要素這個問題，他們曾設法藉由解決這些基本問題來確定社會學的研究對象。李特（T. Litt）就以個體的意識經驗爲起點，運用「你－關係」（Du-Beziehung）這種描述來探討封閉的文化圈（Kulturkreis）。[15]弗雷耶（Freyer）意圖以個體行動作爲出發點去爲客觀精神世界奠定基礎。[16]在此，我們不能不提及山德（Sander）重要而深入的研究，[17]他首度以雷姆克（J. Rehmke）的孤立自我意識瞬間（Seelenaugenblick）之哲學爲起點，設法分析出「共同體」關係（Vergemeinschaftung）與「結合體」關係（Vergesellschaftung）的努力意圖，進而達到國家、經濟與法律的層次。

這些學者的研究並沒有讓我們得以免除對「意義」這個核心概念作澈底分析的任務，畢竟這個概念不僅在社會科學研究著作之中，而且也在當代哲學文獻[18]裡涵蓋了完全不同的涵義。

只要意義的現象在它的完整範圍中應該被顯示爲自己的與他人的體驗之意義，這項工作就需要充分的哲學準備。光是表面上的分析就足以顯示出，**意義的問題**就是**時間的問題**，當然這裡指的並不是可被分割與測量的物理時間，也不是指往往充滿外在事件流程的歷史時間，而是指「內在的時間意識」，對自身生命流程（Dauer）的意識，對體驗者而言，他的體驗的意義乃是建構於此。只有在這種最深刻，藉由反省可及的體驗層次——而這種層次只有在嚴謹的哲學的自我反思（Selbstbesinnung）當中才得以被揭示——「意義」（Sinn）與「理解」（Verstehen）現象的最終根源才可以被顯示。任何想要解釋社會科學基本概念的人，都非得走上這條艱辛的邁向深層之路。只有從意識生活原初而普遍的本質法則出發，他才能夠清楚掌握在極爲複雜的社會世界意義結構體中逐漸顯現的現象。一直要到柏格森（Bergson），特別是胡塞爾（Husserl）偉大的哲學發現，我們才得以開啓這扇深層的哲學反省之門。只有藉助於意識哲學的普遍理論，譬如柏格森的生命流程哲學（Philosophie der Dauer）與胡塞爾的超驗現象學（transzendentale Phänomenologie），才使得意義設定與意義解釋之現象等問題所含藏的謎題有得到解答的可能。

本研究將以韋伯的提問爲起點，銜接上述兩位哲學家的理論，透過構成分析，精準地確定**意義的現象**（*Sinnphänomen*）之涵義。只有在確切掌握這些基本概念之後，我們才能對社會世界的意義結構進行抽絲剝繭的分析，也唯有藉助於這種方式，我們才能夠爲韋伯的理解社會學方法學奠定穩固的基礎。

到目前爲止，我們已經確立了研究目的與達成目的的方法。我們將會在韋伯理解社會學的一些具體問題上試圖釐清一些主題，並且藉由批判韋伯的觀點指出，他所提出的一些概念，例如：「當下的理解與符合動機的理解」（aktuelles und motivationsmäßiges Verstehen）、「主觀意義與客觀意義」（subjetiver und objektiver Sinn）、「富有意義的行動與富有意義的行爲」（sinnhaftes Handeln und sinnhaftes Verhalten）等等都是需要作進一步分析的。在**第二章**，我們將以上述最後一組概念爲起點，討論個別自我的體驗歷程的意義構成方式。意義的原初概念將藉由回溯到內在時間意識去作分析，即體驗者的生命流程。在柏格森的生命流程概念與胡塞爾的意識體驗的構成分析——以持存（Retension）與再造（Reproduktion）現象爲出發點——之基礎上，我們將描述分明的體驗、自發主動性所形成的行爲以及預知構想下的行動等。這些都是我們進行下一步論述的基礎。其次經由顯示注意變樣（attentioanle Modifikation）的現象以及將「意義脈絡」（Sinnzusammenhang）分解爲綜合活動發生的時間流程，我們將指出自我的經驗世界之結構脈絡，是自我的已流逝體驗的被構成意義脈絡。同時要闡明的是，在自我詮釋的過程中，用來組織體驗的詮釋基模（Deutungsschemata）之涵義。第二章的最後一部分，我們將會探討眞正屬於行動的意義脈絡，也就是涵蓋了不同質的事態而一般被稱爲動機脈絡者。

直到**第三章**，我們才離開孤立的自我的世界，而跨越到社會領域，藉此也從自我理解轉向理解他人。我們的任務在於區別兩種理解，自我對於自己**對於「你」的經驗之理解**（das Verstehen der eigenen Erlebniss *vom Du*）以及自我對於**「你」的經驗**（das Verstehen der Erlebnisse *des Du*）之理解，並說明兩者之間的奠基脈絡關係。此間將涉及記號

（Zeichen）、標示（Anzeichen）、製造品（Erzeugnis）與證明（Zeugnis）等理論，此外，在對意義設定與意義詮釋進行分析時，第一章所提到的，被視作理解社會學基本概念的主觀意義與客觀意義將獲得更爲精確的界說。由此產生的，作爲主觀意義與客觀意義科學的人文科學（Geisteswissenschaft）的雙重問題處境（Problemlage），將會在一篇簡短的附錄中說明，其基礎就在於人類思想的普遍基本態度。直到**第四章**我們才能藉助於理解他人的分析而闡釋社會世界的普遍結構，也就是社會科學的眞正主題。之後，我們將再次回到韋伯的社會行動與社會關係概念，確定這兩個名詞所指涉的全部事實內容。現象的意義內容將因發生在社會的周遭世界、共同世界、前人世界與後人世界等不同領域而有所不同。針對這些不同的社會世界領域內，基於意義設定、意義詮釋、動機脈絡以及理解觀點所形成的變化，乃是本章分析的任務所在，也構成其核心內容。周遭世界與共同世界的極端顯著差別，以及由此所導引出來的理念型的建構，讓我們得以明確認識到在社會世界中有意義的生活，與社會科學對此生活所作的有意義詮釋是如何的不同。在此當中我們還要區別社會學與歷史學，兩者不同之處在於，社會學乃是與共同世界有關的科學，而歷史則是與前人世界（Vorwelt）有關的科學。

唯有明白社會科學的主要研究對象，也就是周遭世界的獨特結構乃社會科學的唯一對象之後，我們才能著手處理方法學的問題，特別是理解社會學的方法學問題。在本書**最後一章**，將把前幾節獲得的對理念型更精確的理解當作基礎，分析理解社會學的一些基本概念：意義適當性（Sinnadäquanz）、因果適當性（Kausaladäquanz）、主觀與客觀機會、理性概念，在這個過程當中，將顯現出韋伯的範疇所具有的相互肯定特性（die wechselweise Bewährung）。只有從這裡出發，我們才有可能確定理解社會學的眞正研究對象領域與特殊方法，從而展開研究。

這麼一來，我們便有提問與主題前後相互呼應的完整論述，這不是偶然的，而是事實的本質使然，因爲本書反省的起點與終點都在馬克斯·韋伯的作品裡頭，他是析論社會世界的結構脈絡最爲深入的人。

二、韋伯的意義行動概念

韋伯認爲，理解社會學的任務乃是「對社會行動進行詮釋性的理解」，也就是一項「根據行動者所意味的意義而關涉到**他人的**行爲，而且指向其過程的行動……所謂『行動』應該是指，凡是被行動個體賦予主觀意義的人類行爲皆屬之——不論是外顯的或是內隱的，不作爲的或容忍默許的[19]。」[20]韋伯所提出的這些基本定義值得我們去做進一步的討論。

我們的批評要從他對**行動**的定義出發：行動對行動者來說是富有意義的（sinnvoll），因爲這正是行動與單純行爲（blosses Verhalten）的差異所在。目前還跟社會領域不必有所關聯，因爲即便是與一般物體有關的行動便已經是富有意義了。當我把筆沾上墨水或打開桌燈時，都已經賦予行動某些意義。根據定義，這個**首要的**意義概念也是那些社會行動的基礎，也就是那些有資格被稱爲與他人的行爲有關的行動。

讓我們簡略地探討社會行動的特性。首先，根據它的意義，**社會**行動必須與他人（他我）相關。於此就進入意義的**第二個**層次。社會行動者還賦予其行動（固然如前所言已經是有意義的）以意義，他的行動對象是一個他人，一個他我（alter ego），一個「你」（Du）。他的行動與「你」的存在是意義相關的（sinnbezogen）。然而，從韋伯的觀點來看，光是滿足這個條件仍不足以被確定爲社會行動。韋伯說：「並非所有人際接觸的類型都具有社會特性，只有當行動者的行爲有意義地指向**他人行爲**時才算。例如，兩個騎腳踏車的人相撞，可能只是如同自然事件一般，只有當他們設法避免撞到對方，或者是相撞之後產生爭吵怒罵或進行心平氣和的討論，才可算是社會行動。」[21]韋伯所要求的是，不僅僅採取社會行動的人必須存在，**他人的**行爲也必須是可理解的（也就是作爲被給予意義的行爲）；藉此我們到達意義的**第三層次**。因爲毫無疑問的「這是一個旁人（Nebenmensch）」[22]的體驗之意義（der Sinn des Erlebnisses）與「這個被我當作旁人的行爲是如此，所以我的行爲以有意義的方式跟他的行爲產生關聯」的體驗之意義有著不同的意義結構。韋伯在說明「他人」的概念時就明白指出來：「他人可能是個體，可能是行動者認識的人，可能是不確定的複數，也可能是完全不認識的人。（例如，『金錢』是一種交換工具，行動者在收付款時之所以會接受金錢，是因爲他的行動指向大部分不認識的其他人，而這些人在未來的場合，也會接受金錢可被當作交換的媒介。）」[23]在這個例子裡，「這是一個旁人」的意義層次並未被當作主題（thematisch）加以掌握，行動者反而是以其社會經驗爲基礎，將這個意義層次視爲理所當然。[24]只有在第三個層次，也就是發展出來而與他人「行爲」有著意義相關性而在前一個例子中保持匿名性的層次才會被主題化。

意義的**第四個層次**與底下的預設一起出現，社會行動在其過程當中必須以他人的行爲爲導向。「**導向**」（*Orientiertsein*）這個概念不很明確，所以難免遭到一些誤解或是批評，[25]我們稍後再進一步澄清它的涵義。[26]所有這些意義結構都是經由社會行動者才能被**理解**，因爲唯有如此才可以說，他的行動就其意味的意義（gemeinter Sinn）而言是與他人行爲相關的。依據韋伯的觀點，理解社會學的任務就是要理解社會行爲，而它的意義詮釋將在另一個（**第五**）層次中展現出來。

截至目前爲止所完成的分析顯示，社會行動概念本身呈現出三大問題範圍來，分別是：

1. 所謂行動者賦予其行動以意義，所指爲何？
2. 對於自我而言，他我如何以有意義的方式被給予？
3. 自我如何理解他人的行爲？這裡還可區分爲：(a)一般性的；(b)以行爲者自己的主觀意義來看。

以上這些提問基本上並不算是社會科學的問題。它們指向先前提及的社會科學研究對象的底層，也就是透過日常生活的意義設定與詮釋活動所形塑而成的社會世界。對這些問題我們先暫時予以擱置。此處既然僅僅是開頭階段，我們只需要點出大致的方向就行了，無論它是多麼欠缺精確度和有效性。

韋伯不斷地思考如何界定有意義的行爲，並思考它與無意義行爲之間的分別。他認爲有意義行爲的界線是游移不定的，並且拿情緒性行爲當作邊界情況（Grenzfall）的例子：「純粹的情緒性行爲也是位於『意義』取向的邊緣上，經常超出界限；例如，它可能是基於極端刺激所造成的失控反應，也可能是一種**昇華**，當一種情感性行動是以**有意識**宣洩壓力的型態出現時：當它發生時，往往（並不是每一次都如此）會朝價值理性化或目的性行動的方向去發展。」[27]

情緒性的自身行爲（Sichverhalten）沒有任何意義可言，如同韋伯所說的，它超出了「意識」（請注意！）意義的界線，是相對於情感性行動（Handeln）的。情緒性行動與價值理性行動有共同之處，也就是行動的意義「不在後來的結果中，而是在這種特定的行動進行中。情緒性行動的例子，諸如追求當下的報復、感官需求、獻身於某個理想、當下沉思的至福，或解除情緒壓力等，（無論這些衝動是低俗的或是高尚的）無不屬於這個範疇。」[28]

不只是情緒性行爲，在某個程度上，價值理性的自身行爲也都是在意義的界線邊緣上。這個情況也適用於韋伯所描寫的「社會行動的日常規律性，也就是一些被行動者賦予類型性意義的行動經常會被個體重複表現，或被許多不同個體同時表現出來」，[29]例如：習俗、習慣等，另外還有「傳統行爲」，韋伯認識到這種行爲「雖然極爲接近以『意義』爲導向的行動範圍，不過經常是在這個範圍之外。因爲它往往只是一種遲鈍的、對於常出現的刺激的習慣性反應而已。」[30]

從這些引文我們可以明白，韋伯將行動概念界定爲有意義行爲的說法是不夠清楚的。現在我們就可以指出，究竟是什麼樣的深層原因導致他會有這樣的想法。分兩方面來看：首先，在韋伯談論有意義的行爲時，他所想的實際上是理性的行爲，特別是目的理性的行爲，他認爲這種行爲是行動的「原型」，目的導向的行動在韋伯的意義建構模式中隨處可見，從理解社會學的立場來看，自然有它的道理在。[31]其次，對行爲所作的分類，例如：以目的理性爲導向、以價值理性爲導向、以情緒與傳統爲導向等，是奠定在行動意義等於行動動機的想法上面，這個想法導致韋伯的論述有許多前後不一致的地方。就日常生活經驗的層次來看，韋伯的論述固然站得住腳。例如，當我回顧自己的日常工作和例行行動時，不論是獨自去做的，或是與他人一起做的，不難發現大多數行動都是自動自發的。我之所以這麼做，對我自己來說沒有什麼疑問，因爲我大部分行動的意義都是沒有被揭示出來，更爲明確地說，這些意義只是以模糊不清的方式顯示出來。然而，行動的意義是一回事，我們掌握意義的清晰程度又是另一回事。有一個事實可以顯示我們的多數行動並非沒有意義，這項事實就是，當我脫離整個體驗過程，對行動加以關注時，就會發現它們都是富有意義的，也就是我能發現它們內在的基本意義。只要人們遠離「意義」的原初廣度與普遍性，則究竟我的作爲（Tun）是屬於行動或僅僅屬於反應性行爲，是不能夠透過我這個作爲的意義來加以決定的。即使是傳統行爲或者是情緒性行爲，也不是沒有意義。我可以針對我所朝向的任何經驗說我賦予它一個意義。行動與行爲的不同之處，不在於一個對我沒有意義，另一個則是主觀上有意義，而是，兩者都可被賦予特定的意義。只是如此一來，我們馬上就面臨一個難題，即行動與行爲的意義該如何區分，而行動的涵義又是什麼。我們將著手探討這些問題。光是這項提示就已經顯示對意義概念所作的分析將朝向何種更爲深入的層次去發展。

我們剛才提到的第二個問題——他我有意義的預先給予——韋伯根本不曾探討過。在他論述有關詮釋他人行爲之問題時，就已預設了他人有意義的存在全然是之前給予的。從他的提問方式出發，而去精確分析自我意識內之他我的構成方式，實際上是沒有必要的。然而只要我們開始研究他人行爲的主觀意義，就免不了要觸及他我的特定給予方式這個問題。

三、他我的預先給予性（Vorgegebenheit）與掌握主觀意義的設準（Postulat）

對他人行動的意味意義所做的設準，本身已經預設了他我的可知性與他我預先給予性的基本觀點。首先，要適當地探討他人的意義，必須假定，他人也是賦予自己行爲以意義的，並且，這個意義能夠被我掌握，就跟我能看出自己行爲的意義一樣。其次，設準的第二項預設爲：他人行動或行爲的主觀意義，不必然等同於我觀察其行動或是行爲後所獲得的意義。當然這一點也不是自明到不需要經過嚴格考察就可以直接地被接受。當我們從事觀察活動時，是否可觸及他人鮮活的體驗，就跟掌握自己的體驗一般，無論是透過擬情（Einfühlung）或謝勒認爲的某種「內在直觀」（innere Anschauung）[32]，而使他人的體驗，也就是行爲的意向意義，成爲直接明顯的，那他人的經驗便如同我自己的經驗一般。進一步來看，他人的行爲如果只具有對我而言他主觀賦予的**那個**意義，則認爲此行爲可能還有其他意義、例如客觀意義等的主張，顯然都是相當荒謬的。當然，這種假定人們能夠完全移情地感受他人體驗的主張，是與意識體驗的基本法則相悖離的，我們後面會再針對這點加以說明。[33]另一個理論得到不同的結論，它假定，「一開始」是他的身體（Leib），更適切地說，是在他的軀體（Körper）被給予而後才有身體的改變與動作，而我們唯有以這些資料爲基礎，才能談**被心靈化**（***Beseeltheit***），**一個具有存在性的他我**。[34]這種思考路徑最後會導出一項結論，也就是不存在他人心理（Fremdpsychisches），只有外在世界的物體，而他人心理這個假定是可有可無的，相對於物理界而言，在認識論上是次要的，而有關於他人心理的陳述，在科學上也是毫無意義的，因爲這些都只是伴隨對象的想像，缺乏實質內涵。卡納普（Carnap）就在一些著作當中提出這項觀點。[35]這項觀點看似言之有理，因爲被稱爲他人的行動或行爲者，事實上不能被當作是他人體驗的系列過程，不是像我自己的行爲與體驗的關係一般，而是被當作外在世界的事件序列，是對象上可被知覺的變化，而此對象指的就是他人的身體。然而爲了把這個對象理解爲他人的身體，另外一個人的身體，我必須預設另一個自我（fremdes Ich）的存在，以及他的「心靈化」（Beseelung）。通常只有當我直接觀察他人行動與行爲，將它看成如同發生在我面前的一系列事件時，才會發生回溯他人身體的情形。根據日常生活的理解方式，他人的行動與行爲，不只透過他的身體動作表現出來，而且還透過外在世界的對象呈現：不只是嘴唇的動作，還有藉此動作而產生的聲波，也就是不只透過他人的動作，而且還透過被改變的什麼。針對這些外在世界的對象與其結果，人們可以追問產生的過程，追問它們究竟是如何透過他人的行動而產生的。這些外在世界的過程與對象對於我作爲體驗者和探討者而言都是有意義的，只不過這個意義不見得就是執行行動的他本人所賦予的。因爲這些外在世界的對象（過程與結果）只是行動者意向意義的**指標**（*Anzeichen*），我們把他的已然行動當作過程來看，或者說他的已然行動導致外在世界的對象之產生。在此指標一詞的意義是根據胡塞爾《邏輯研究》的第一部分（*I. Logische Untersuchungen*）而來的，[36]底下這段話對所有的指標都適用：「某人對於已存在的任何對象或事態有著當下的知識，對他來說，意指著其他對象或事態的存在，也就是說，他對某事物存在的信念，是確信或揣測另一事物的動機（尤其是作爲一個不易察覺的動機）。」

爲了不讓問題變得更複雜，我們底下暫且不去理會行動本身的行動製造品（這些製造品可以回到行動本身去理解），而是僅僅探討觀察者所能看到的作爲他人行動之基礎的他人身體之變化。這些變化具有指標功能，指向他人的意識體驗，因爲他人身體不僅是屬於外在世界的事物，不僅是如同自然界的無生命對象那樣的一塊物質而已，而且是他我身心整合體

（我們稱之爲他人）體驗的表達領域（Ausdrucksfeld）。

不過，可用於身體上的「**表達領域**」一詞，仍是多義的。胡塞爾在《邏輯研究》第一部分就指出「表達」的歧義性。在此我們只須指出，通常社會學文獻[37]將他人的每個行動詮釋爲他人體驗的表達。但表達在這裡可能有兩方面的涵義。一方面行動者的外部過程可作爲行動者體驗過程的指標，另一方面行動者藉由已然行動的設定「**企圖表達某些事物**」。但並不是說所有「表達出來者」，亦即可以詮釋成他人體驗的指標者實際上都是「**表達出來的**」（例如，所謂的肢體語言表達：出於憤怒而滿臉通紅）。相反地，並非任何設定行動者所欲表達的都被表達了出來。[38]

這項區別相當重要。有關身體作爲表達領域的說法是可行的，只要我們考慮到身體上被感知的變化通常可詮釋爲他人意識體驗的表達。[39]這等於說，他人身體狀態被感知的變化是他人意識體驗的指標。但這並不是說，每一個被感知到的，而且被詮釋爲「表達」的他人身體變化，也都是有「表達意圖的」，也就是根據「表達」的本義，說行動者藉用行動來表達其意識體驗，或者也可以說是要告知（kundgeben）什麼。說伐木者藉著伐木的行爲表達出伐木的欲望，乃是完全錯誤的描述。因爲，任何作爲告知的表達意圖，都預設了訊息的接收者，因後者的緣故這個表達才得以出現。所以有關此一涵義的「表達」只有在溝通意圖中表達出來的才算數。[40]

究竟他人身體的表達領域所表達的是什麼？是他人的體驗本身，即直接被知覺者或是他人加在他自己體驗上的意義嗎？一旦我們提出這個問題，就轉向到前一節當中所提出來的第三個問題。

謝勒曾經描述與問題相關的事實如下：「確實，我們能夠從他人的笑聲裡了解其快樂的情緒；從他人的眼淚裡了解其悲傷與痛苦；從臉紅了解其害羞；由懇求的雙手了解其懇求；由深情的眼神了解其愛戀心情；由咬牙切齒了解其憤怒；由威脅性的握拳了解其威脅；乃至由語氣了解他所要直接表達的。」[41]我們先假定謝勒的看法是正確的，對於他人所有的心理內容：歡樂、悲傷、痛苦、害羞、懇求、愛戀、憤怒、威脅和語詞涵義等等，我們皆可在內在知覺的活動中直接認識，不需要任何類型的「推論」過程。然而，他人帶著懇求的雙手，或是拳頭相向對我們說出一些話語，他的這些動作（假設還是針對我們的）所**意味**的意思是否也直接明白可知？在此我們有必要作個明確的區別。如果所謂他人行爲所要表達的意思無非就是告知性的表達內容，即「這裡的這個」、「請求」與「威脅」等，則我可以說，我「內在知覺到」或者換個說法，一舉掌握到它。然而如果所謂的意味意義並不是只在告知行爲當中的「被告知的意思」，而是指告知者藉由此項告知欲表達一些什麼，**也就是**賦予它一個意義，爲此緣故，他才要在此時此地向眼前這個人完成表達動作，或是出於特定的期待與動機才會這麼做；假設所問的並不是：揮動拳頭是何**含意**（*bedeutet*）？（答案：威脅），而是：他對著我揮動拳頭、威脅我所代表的**意義**（*meint*）何在？（答案：例如說，他期待我表現特定的行爲）則**這個**「意味意義」（gemeinter Sinn）便絕不是在內在知覺當中直接顯現。對我們來說，向來只有客觀上被我們詮釋爲威脅的他人身體的「表達動作」這個事實是既存的。可是平心而論，縱使我們在日常生活中可對此類表達（揮動拳頭＝威脅）的意義有確實的理解（當然此類理解是建立在高度複雜的意義脈絡裡，目前仍未加以釐清，將留待後面章節再予以討論），但對於威脅所賦予的意味意義則仍是不清楚。

當謝勒在前述引文談及在內在知覺中對他人體驗的可理解性時，他所選的例子都是侷限在所謂的「表達動作」（Ausdrucksbewegung）上面。然而對於其他行動或行爲方式的理解又是如何呢？當我們看到伐木者在工作時，是否可說在知覺他的外在行動過程中也直接觸及他的體驗？答案如果是肯定的，則指的又是伐木者的哪些體驗？是他的體力勞動？或者，是他藉這個動作所追求的目的？還是推動他去做這些動作的動機？這些初步的提問已經指向背後所含藏的更深層次，是我們作進一步分析時才可能達到的。在此，我們只是把問題提示出來，所以讓我們點到爲止。一旦我們能夠解答韋伯提出的**當下理解**與**根據動機理解**類型的一些相關問題，肯定更加能夠大致了解這個複雜的問題。

韋伯將這兩種理解區分爲：「理解可以是，一、對已然行動（包括：一項表達）之意味意義（**gemeinter Sinn**）的**當下**理解（*akteuelles Verstehen*）。例如，聽到或讀到2×2＝4這個算式時，我們可以當下理解其意義（對想法之理性而當下的理解）。我們也能夠理解透過面部表情、嘶喊與非理性動作等所表現出來的憤怒舉動（對情緒之非理性且當下的理解），我們可用相同的觀察方式來理解伐木者的行動，或某人抓住門把以便鎖門，或以槍瞄準一隻動物（對已然行動之理性且當下的理解）。不過理解可能是另一種方式，也就是二、**說明的**理解（*erklärendes* Verstehen）。我們可以**根據動機**（*motivationsmäßig*）來『理解』行動者在陳述或寫下2×2＝4這個算式時，如何『賦予』該算式以**意義**，也就是要理解他之所以如此**做**的脈絡，究竟他是在從事一項商業買賣的計算、一項科學展示、一項技術性演算，或是其他可理解該行爲的脈絡，以及該算式可理解的意義所從屬的脈絡，也就是說，獲得一個可理解的意義**脈絡**（*Sinnzusamenhang*）（理性的動機理解）。我們能夠理解伐木或舉槍，而且是根據動機地理解而不只是當下的理解而已，當我們知道伐木者的目的是爲了獲得工資，供自己使用，或只是當成休閒活動（理性）等或者「因爲他在發洩不滿情緒」（非理性）[……]而表現出這項已然行動來。[……]

所有這些都是可理解的意義脈絡，對它們的理解我們都可以視爲行動的實際流程的**說明**，『說明』就重視行動意義的科學而言，意味著：就主觀意味意義而言，掌握某一當下可理解的行動所歸屬的**意義脈絡**[……]。在所有這種例子裡，即使過程是情感性的過程，我們將把發生過程的主觀意義（subjektiver Sinn）乃至意義脈絡都稱爲『意味的意義』（gemeinter Sinn）。（這與一般用法有所不同，一般提到意味時，指的都是理性、帶有目的的行動。）」[42]

我們需要對以上這個富有啓發性的論述作更詳盡的分析。

四、對韋伯「當下的」與「根據動機的」理解概念的批判

從上面的引文就可以清楚的知道，韋伯的「意味意義」具有兩種不同涵義：一方面它指涉行動者行動的主觀意義，可以在當下的理解中加以掌握；另一方面，就主觀的意味意義而言，當下可理解的行動所歸屬的意義脈絡，可由說明的或根據動機的理解而呈現出來。

我們首先探討**當下理解**，特別是對「情感」與「思想」的當下理解。要如何才能在當下理解中掌握到這類體驗的「主觀意義」？例如，特定的情感性行爲是否可以算是有意義的行爲，也就是行動？如同韋伯所強調的，[43]這點還很難斷定。如謝勒所言，我「內在感知」到A的發怒；或採用韋伯的說法，在當下理解的動作中，我把A的表情與姿勢理解成發怒。但我是否能因而判定A的行爲不過是反應性動作？他的行爲是否「超出意義取向的界線」？是否算是「對不尋常刺激所做出的反應」？或A只是爲了滿足他宣洩當下情緒的需求，故而這項行動的意義**對他來說**就是在於這種發怒？**當下**理解不能提供有關這些問題的解答。固然我可以把A的複雜的表達行動「當下」理解爲發怒，但這個宣洩對他究竟具有什麼樣的主觀意義，我仍然不明白。

對「思想」的當下理解也是如此，例如「2×2 ＝ 4」的判斷。直到晚近我們才看到胡塞爾把判斷範圍的「意義」概念的雙重涵義說明清楚：[44]一個陳述句的意義可以被理解爲一、相關的**判斷**。如果陳述者從絕對的確定性「S是p」轉移到揣測或認爲有可能爲眞，到懷

疑其眞實性，到肯定或反駁的否定，或者又到接受同一句「S是p」，則二、「**判斷的內容**」作爲判斷的意義與作爲**共同者**（*ein Gemeinsames*）才會凸顯出來，此一共同者會**在存有樣態的改變中**（確定、可能、也許、可疑、「實然」與否定），在意見式的設定樣態的主觀方向中保持同一。就在下判斷之時，我們在「當下」究竟理解到什麼？顯而易見的，胡塞爾所說的「判斷內容」是獨立於主觀意見的設定樣態。根據韋伯的說法，這個主觀意見的設定模式正是構成那個有待研究的主觀意義，也就是判斷者所「意味」的，換句話說，他是否在揣測那個判斷內容，是否認爲它是可能的等等。在「當下理解」中，我們一點也找不到進入這個問題的途徑。

假如我們要對某一項行動的「當下」理解進行分析，就會有類似的困難。韋伯認爲，我們可以當下地理解一個人的行爲意義，例如：我看到「砍柴」、「手握『門把』」**以便**（注意！）關門，或以「槍」「瞄準」一隻動物等行動。所有這些被觀察的他人身體動作的過程都被韋伯視爲當下理解的基礎。但顯然地，在把這些行動稱爲「砍柴」、「手握門把」與「瞄準」的同時，它們就已經被理解與詮釋了。我對這個外在流程的詮釋，的確理解了這個已然行動流程對於如此行動者所具有的意義嗎？假如有一個被觀察者，使用斧頭的目的不在於砍木頭，而只是**爲了**別的，在外部過程中，做了同樣或者相當類似的工作的話，則情況又是如何呢？假如某個人的手之所以握著門把不是爲了關門，卻只是要修理它呢？如果獵人根本不是在瞄準，而只是用附在槍枝上的瞄準望遠鏡觀看動物呢？顯然，單是對他人外部過程的當下理解，絕對不足以解決這些問題。由於這些問題的目標都是指向行動者所賦予行動的主觀意義，所以對這個意味意義的「當下理解」是不可能的，只要人們把展現的，在知覺中自我顯現的意味意義之擁有當作「當下理解」——很明顯地也是如同韋伯所說的那般。我對行動的「當下理解」所掌握到的，毋寧只是行動過程的客觀對象性，它是被我經由詮釋的動作——或者說命名——被我且對我來說置於較大的意義脈絡之內，嚴格地說，這個意義脈絡不會是，也不可能是，行動者意識中透過已然行動所「意味」的那個意義脈絡。相對於行動者的主觀意義脈絡，我們暫且把它稱之爲**客觀**意義脈絡。

接下來我們要對「說明的」或是「根據動機的」理解進行分析。這裡涉及韋伯所說的一種針對**他的主觀意味意義**而言當下可理解的行動所隸屬的意義脈絡之掌握。不過，就在同一個章節裡，韋伯又提到**對我們來說可理解的意義脈絡**，相關的行動以對我們來說可理解的意義隸屬於它。這種表達方式容易讓人誤解，甚至於自相矛盾，因爲我們一點都無法確定，**對我們來說可理解的**意義脈絡就是從他的**主觀意味**意義來看行動所隸屬的意義脈絡。我們稍後再討論這個問題，目前暫且可確定的是，對於被稱爲根據動機的理解，一系列資料的本已存在是很重要的，而這對於當下理解（依據韋伯）來說則非如此。想要掌握根據動機理解的話，光靠與脈絡無關的對動作之「瞬間捕捉」是不夠的，解釋性的理解已經預設對行動者的過去及未來具有相當程度的認識：韋伯的例子中有兩個人，其中一人在演算數學公式，另一個人則在伐木；就過去而言，數學家已經在從事一項科學定理的闡釋，而伐木工人則已經簽訂一份合約，這是**我**可以把他的行動放進去並加以掌握的**意義脈絡**；就未來而言，我必須假定，行動者將他的行爲有意義地置於一項期待之上，科學家可能認爲演算這個公式對於他闡釋科學論點有所幫助，而伐木工人預期資方會支付工資，所以才去伐木。如此我才能確定，他們行爲的主觀意義脈絡是否與我所確認的意義脈絡相符合。

在這兩個例子裡，我們都是在追問行動的「動機」（Motiv）。韋伯所理解的動機是「對**行動者本身或觀察者**而言，可當作行爲的有意義『基礎』的意義脈絡」。[45]韋伯於是合乎邏輯地把行動的主觀意義與客觀意義的區別，帶入意義脈絡方面，這就是他所謂一項行動的「動機」，卻沒有對此多作界定。但所謂「一個意義脈絡就**行動者**看來是其行爲之所以有意義的基礎」這項說法意味著什麼？明顯地，這裡又包含了兩種不同的事物。首先，對我來說，它是我的行爲之所以富有意義的基礎，是我對一系列**未來事件**的期待，而這些期待將經由我的行爲而實現。一旦我以特定方式行爲，便是以這項期待爲導向。但還有第二種意思，即我有時談到自己行動的意義基礎時，實際上是指我**過去的經驗**，它們促使我展現出此刻這項行爲。在第一種狀況下，我把我的行動當作達成某些目標的手段。如果我想在這個情況下，找出自己的動機，我會問自己如下的問題：「在所有未來的事件中，哪些事件是我期待發生的？從而導致，對這事件的期待，構成或共同構成了我當下行爲的意義？」在第二種情況裡，我會把現在的行動當成過去行動的結果，受過去「原因」的影響而產生的後果；如果我是在這種情況下找尋自己的動機，我會問自己另一個問題：「在我過去的經驗中，哪一些經驗與其他經驗特別不同，所以構成或共同構成了我當下行爲的意義？」在這兩個例子裡，對這動機的探究都必然跳脫了某當下行爲的現在。

我們稍後會看到，由於韋伯未能對這兩個問題進行區分，因而產生了不小的影響。再者，他也未曾回答。在行動者看來是自己行爲有意義的基礎的意義脈絡是否等同於這項行動對他所具有的意義？——是否當我們發現某人的動機時，同時就發現了其行動的**意味意義**？固然依據日常生活的說法，與一項行動結合的期待以及那個在綜觀之中似乎構成後果的對象行動的過去的體驗構成了對行動者而言他的行動的意義：「我這樣做是爲了……」（Ich handle so, um zu -）或「我這樣做是因爲……」（ich handle so, weil -）通常是每個人對於人們習於提出的問題的回答，而他將該問題的意義與他自己的已然行動結合起來。然而我們必須明白，這些陳述無非只是行動者高度複雜的「意義體驗」（Sinnerlebnis）之縮影而已，而「動機」的陳述也絕不是「意味意義」之最後結構的提出，行動者通常把他的行動意義看成理所當然；對他來說，行動的意義可說是十足不證自明的。假如他反問自己的動機是什麼？那麼他就會把對他而言自明的意義當作起點，去找尋與自己行動相關的過去經驗，或找出一些可能引發目前行動的未來事件。爲此緣故，我們可以說，行動者在探究其意義脈絡、其有意義行動的有意義基礎，簡單地說，動機之前，他的行動之「意味意義」必是事先已經被給予的。我們可以將這個情形應用到韋伯所舉的例子上。當一個人在從事科學證明的脈絡中下了「2×2＝4」的判斷，在他能夠把下這個判斷視爲有助於達到建立其行動的動機之「目標」：科學的證明，此時他必然已賦予他的判斷（這裡的例子**是**「2×2＝4」）意義。還有那個想要依賴伐木維持生計的人，也就是他的工作能力可以用來掙錢，而且「相信」這個目標可以透過伐木來達成，他必須知道人們是如何處理伐木的，他必須賦予伐木一個意義，也就是「人們是如何做的」。

這些是行動者從自己的觀點去找尋**自己**行動所歸屬的主觀意義脈絡之問題。但是，對**觀察者**來說，他人行為顯得有意義的意義脈絡又該如何呢？韋伯所謂的根據動機理解，旨在發現動機，但我們已經指出，除非先了解已然行動的意義，否則不可能理解行動的動機。雖然這個意味意義對於行動者而言是沒有疑義的，對觀察者而言卻不盡如此。所謂根據動機的理解乃是用對觀察者來說沒有疑義的、被給予的意義，來取代對行動者來說沒有疑義的、被給予的意義，或者用別的方式來說，對於「動機」的探尋是從觀察者的客觀意義那邊完成的，彷彿它是行動者沒有疑義的意味意義一般。對於這一點韋伯看得十分清楚，所以他設定，解釋性的理解必須找出對於**我們**而言可理解的意義脈絡，而行動者的行動（就他的意味意義來說）則可隸屬於此一脈絡。此外毫無疑問的是，這個「意味意義」既不顯示於根據動機理解，也不顯示於當下理解。就這兩種理解來說，意義不過就是有待詮釋的客觀意義。

假定我們互相對照韋伯對當下理解與根據動機理解所做的區分，則不難發現這項區分是隨性而不具有任何內在理據可言。這兩種理解都是以客觀的意義脈絡為起點，絲毫未曾觸及主觀意義的理解。只要人們執意追求主觀意義，可以將當下的理解看成是對動機的追問，假如他在追問動機的無止境回溯動作（每一個對動機的追問都難免如此）上適時止步：例如，「伐木者」之所以做伐木的動作是因爲他賦予該行動以將木頭劈成碎片的意義。反過來說，也可以把根據動機理解當成意義脈絡的當下理解，假如人們對於被慣稱爲「他人已然行動」的觀察者的種種體驗有充足的掌握的話，比如說：簽署工資合約、使用斧頭、劈開木頭、領取工資等等看成是被觀察者的整體行動，總之，他「從事職業活動，更具體地說，是一位伐木工人」。

當下理解與根據動機理解的區別以一個重要的認識論事實作爲基礎。只要我們在日常生活中直接經驗到他人的行動過程，只要我們能夠將這些被稱爲「他人行動」的外在世界事件詮釋爲他人意識流程的指標，則我們「理解」這個過程，當事件發生時，我們能注意到這些指標，並且以即時的方式一起體驗這個行動過程。因而由此界定「當下理解」著重於諸如此類行動發生的**過程**，我們會在行動者旁邊，作爲既存在又持續分享體驗他的行動過程；所以本質上，當下的理解只是在社會周遭世界的日常生活中所進行的理解；也因此在單純的活動單元（Akteinheit）中所體驗到的指標與被指標之間的動機關聯，還有進行中的行爲與**意味**意義之間的連結，原則上都是不清楚、不明顯、不明確與不明晰，而是混淆的。[46]

另一方面，（韋伯所謂的）根據動機理解不同於當下理解，它跟**周遭**世界行動（*umweltliches Handeln*）當下對象過程的條件並沒有關聯。較遙遠的同時代人所處的**共同**世界（*Mitwelt*）與**前人**世界（*Vorwelt*），就某種程度而言，**後人**世界（*Folgewelt*）的任何行動都可以是根據動機理解的主題。[47]因爲這種理解並不預設行動的**流程**，而是預設了已完成的行動，這點我們之前已經提過，之後也會再度說明，所謂已完成的行動是指過去**已經完成的**行動，或是在未來將會已完成的行動，它被我們看成之前所描寫的雙重動機功用（Motivationsfunktion）的起點或是目標。每個關於動機關聯性的問題都是從客觀意義出發，而當下理解以客觀意義本身（作爲主觀意義的存在的指標）爲問題，之所以會如此，有著深層的理由，也就是根據動機理解比當下理解更可以達到高度的明確清晰性。從這個對比出發我們可以下個定論：理解社會學所界定的「理解」不可能是當下理解，用來建立探討主觀意義的科學方法必然是根據動機理解，而當下理解則適用於日常生活。

以上問題所蘊藏的豐富內涵還沒有被窮盡。我們曾經指出，意味意義不僅在日常生活的意義理解活動中無法被掌握到，就是當下或根據動機的理解也無法加以掌握，只有行動流程的當下對象是主觀意義出現的「指標」，對我們來說，所有意義脈絡都只是以客觀的方式被給予。在我們繼續處理其他問題之前，必須在顧及所提出的主觀意義與客觀意義之間對立的情況下，對這個概念組作進一步的批判分析。

五、主觀的與客觀的意義

到目前爲止，我們都只是素樸地將「客觀意義」一詞當作行動者關聯至其行動之主觀意義的相反詞使用。但這個語詞需要進一步被解釋。

假定行動者A在行動H上，賦予了S意義。行動H是經由某些外在過程，例如，A的身體動作，而呈現出來，而A在日常生活中的觀察者B與社會學者C正在解釋A的行動。再假定A的行動對B與C來說都是可理解的，則他們倆人把外在過程H當作A的體驗指標，並賦予它某個意義。先前的說明指出，A關聯至其行動的意味意義S不可能經由當下理解或根據動機理解向B或C顯現。因此B會以自己的日常生活實踐爲基礎來詮釋A的外在行動，並賦予S’意義，而C則會利用理解社會學的理念類型詮釋基模，賦予A行動第三種意義S”。依照韋伯的說法，S應該是行動者賦予自己行動H的主觀或意味意義，而S’與S”則是這個行動的客觀意義。不過，實際說來，S’只是B賦予外在過程H的「客觀意義」，而S”也只是C所賦予外在過程H的「客觀意義」而已。當我們認爲S’與S”具有客觀意義內容時，無非是說它們不同於S。既然S只能透過指標而獲得，我們就應該把意味意義看作是極限概念（Limesbegriff），這意味著，即使在最佳詮釋條件下，S’、S”絕對不可能與S完全一致。

我們先釐清客觀意義S’與S”這兩個概念。首先我們要排除一種可能出現的誤解，比如說S’是B賦予A的行動H的主觀意義，而S”則是C賦予外在過程H的主觀意義。這種解讀方式會讓韋伯的「主觀或意味意義」所意指的事態完全走樣。因爲，明顯的事實是，行動者A只能給自己行動賦予一個主觀意義正如同B和C也分別對他們的行動，也就是觀察的行動賦予主觀和意味的意義。主觀意義的問題顯然令人困惑不已，至少在我們探討的表面階段，是不容易掌握其本質的。

對於B與C來說，行動H的過程是外在世界的過程。生活**在**那個世界的他們，會以理解的方式注視著它。他們不僅生活在自己對世界的體驗裡，也會**對**自己的體驗加以反省。他們不僅生活在對世界的體驗，還會使用述詞及判斷句去談論並思考他們的體驗。他們會使用詮釋基模來**說明**自己對世界的體驗，從而進行理解。這個世界和他們對世界的體驗，對他們、對「你」、對我，以及對每一個理性的人來說，都是具有意義的。在此「意義」的涵義是指有理性的人對待事物時所採取的態度。當B和C把過程H體驗爲他們世界的一個過程時，也就是對它既有著前描述的經驗，又能解說這一個經驗，還對這種體驗進行「詮釋」，此間呈現的意義對他們來說正是由親身經驗者而來的解說（Explikat）。

外在世界的現象不僅對你我有意義、對B或C有意義，而是對每個生活於其中的人來說有意義，我們都活在這個世界，外在世界只有一個，它對我們所有人而言都是事先給定的。是故，我賦予世界的任何意義（Sinngebung），都會指向「你」在自己的體驗中經驗到的世界，也因此，意義被建構成一個互爲主體的現象。究竟所有的認知與思想的互爲主體性如何能夠超驗的被推導出來，不是當前研究有能力說明的，即便這項分析工作已經可以完全將客觀意義的概念說明清楚。實際上，這是現象學知識論的難題與基本課題，胡塞爾在他的著作《形式與超驗邏輯》（*Formale and Transcendentale Logik*）[48]中固然對此有所論述，卻未能加以解決。

當我們談到客觀意義時，不僅指涉前面已說明的廣義的意義脈絡，而且也指涉理想客體性（ideale Gegenständlichkeiten）、記號和表達、語句與判斷，這些都有客觀意義。藉此我們要說明的重點在於，這些理想客體性本身是有意義而且可理解的，也就是說，就它們的匿名性而言，就獨立於任何人的行動、思想、判斷活動而言是如此。例如，「2×2＝4」這個表達具有客觀意義，不只是獨立於判斷者實際上的意味（meinen）活動，也獨立於任何判斷者的意味活動。一項語言上的表達可以被當作「客觀意義脈絡」來理解，而不必回到任何使用該語言者的語言去。第九號交響曲的主題本身就「富有意義」，我們可以不必追問貝多芬藉此想要表達什麼。在此所謂「客觀意義」一詞是指一個意義單元，可被視爲理想的客體，但只有當表達（Ausdruck）是意指（Bedeutung）時，它才眞正是客觀的。自從胡塞爾的《邏輯研究》問世以來，我們知道，作爲意識動作的「意指」（Bedeuten）與作爲理想單元（ideale Einheit）的「意指」（Bedeutung），兩者是相對於各種可能意識活動之多樣性（Mannigfaltigkeit）而區別開來的。胡塞爾所提出的區別，一方面是「基本上主觀而偶然」的表達，另一方面則是「**客觀**」的表達，這個區別只是普遍的根本洞識（Grundeinsicht）的一個特殊情況而已。「如果只根據聲音的表面內容就可以賦予，從而可以理解，不必理會說話者與說話情境，那麼這個表達就是**客觀的**。」反之，如果「可能意指的概念——整體群組屬於表達本身，而本質上其每一次實際上的意指又**必須取決於說話者與說話情境**而定」，則本質上該表達就是**主觀**而**偶因**的。[49]

現在的問題在於，之前所發展出來的「客觀意義」一詞的涵義是否等於B與C對行動H從事意義詮釋（Sinndeutung）時所得到的客觀意義S'與S"？答案顯然是否定的，即使A的行動是一種具有客觀意義內容的表達，例如說出一個語句，也不見得完全相同。因爲事實上，B與C感興趣的不是對所表達出來的，也就是表達之理想客體性的詮釋，也不是那個無論是由何人表達出來都一樣的不變意指。與之相反地，任何社會世界的觀察者設法解釋的現象在於，恰恰是A此時此地以此方式所作的設定。他想把語句的表示（這裡是指A的嘴唇的動作的整體，包括因此產生出來的聲波、從這些聲波形成的文字、這些文字的意義與由這些文字的意義所構成的語句）詮釋爲一個標記，是A意識體驗的記號，也就是A賦予這個語句的說出以一個特殊意義，例如基於某個特定目的而說出一句話來。從這點來看，談話的客觀表達是比較不相關的，因爲在對外在過程H的詮釋中，B與C想要做的正是去詮釋偶發而主觀的要素（即便**本質上**一點都不是偶發而主觀的），那個爲什麼這個人在這裡的這個時候會說出這一句話的根本因素。就以到目前爲止我們所使用的說法來講，A此時此地所表示的語句未嘗不是充滿客觀意義的。

作爲「理想客體性」的具有客觀意義的表達內容以及語言、藝術、科學乃至神話等偉大系統，前者含攝於後者之中，在一般人對他人的行爲進行詮釋時，自然是具有特定的功能。也就是說，它們都是在對他人行爲的意義進行詮釋時的**詮釋基模**（*Deutungsschemata*）。這也可以用來表示外在過程H發生時，B與C所能觀察到的客觀意義：儘管對這種行動過程所作的詮釋，由B與C所採行，因而是相對的，通常卻是根據客觀既有的基模所做成的。

光是對「客觀意義」一詞的不同意涵作粗略而表面的介紹就已經顯示，我們有必要對這個概念作更深入的分析。客觀意義與主觀意義這兩個概念[50]在這個過程裡將會經歷各式各樣的樣態變化，一直要到第三章結束時，我們才能對兩者的性質加以確定。先讓我們對未來的研究方向做一些暫時性的說明。

從之前對「客觀意義」一詞所進行的探討當中，已經可以明顯看出，一旦我們的意識專注於周遭世界的理想與眞實的客體時，它們就是「富有意義的」。自從胡塞爾的《觀念》（*Ideen*）[51]問世以來，我們已經明白，意義給予乃意向性的成就，從而單純的感覺體驗（「意識質料」）才「被賦予生命」（beseelt）。我們乍看之下呈現爲有意義者，乃透過我們意識原先的意向性成就才構成爲有意義者。胡塞爾的《形式與超驗邏輯》深入的探討過這個問題，儘管他所關切的主要是邏輯對象的領域。他明確地指出意義發生（Sinnesgenesis）的本質並認識到意向性事實上是「成就的脈絡」（ein Zusammenhang von Leistungen）、「每個被構成的意向整合體（intentionale Einheit）以及每個給予方式都是顯現爲**沉澱的歷史**（sedimentierte Geschichte），**人們每次都可以用一種嚴謹的探究方法把它揭露出來。**」[52]、「每個意義結構體都可依其**本質上的意義歷史**（*wesensmäßige Sinngeschichte*）而加以探究……所有意向統整體（Einheit）都具有一個意向發生，都是

『被構成的』統合體，在每種情況中，每個『完成的』統合體可根據其構成，依據其整個的發生，乃至可直觀掌握的本質形式而加以探究。」[53]，「一方面『**靜態**』**分析**（*statische Analyse*）是由意向對象的統整性所引導（因而也是伴隨著其作爲意向樣態的指涉而由不清晰的被給予方式所引導），並追求清晰者；而另一方面，發生的意向分析（genetische Intentionalanalyse）則是指向每個意識及其意向對象所在的整個具體脈絡。」[54]這個構成現象可在發生的意向分析中被研究，並且經由對意向性的理解而追溯意義的發生。反過來說，每個可被視爲已存在、已形成的意義內容的客體性，皆可依其意義史而加以探究。這兩種方法都是**孤立的自我**就可以完成的。一方面，我可以把眼前的世界視爲完備、已形成且理所當然的。當我採取此種觀點時，不會覺察到自己意識的意向作用，因爲在其中世界的意義是先前就已構成的。此時我面對的是一個眞實與理想客體的世界，關於這些對象我正是因此可以說，這些對象具有意義，對我、「你」、我們與每個人來說都富有意義，因爲我沒有去看在我的意識中構成其意義的活動，而是把它們預設爲毫無疑義的高度複雜的意義構成體的系列。那個被產生且與產生過程脫勾的意義構成體可以說是具有客觀的意義，它們本身就是有意義的，例如「2×2＝4」這個算式無論於何時何地，由何人所提出，都是富有意義的。然而另一方面，我也能夠把注意力放在賦予意義之意識的意向作用上。如此一來，我所面對的不再是一個已形成的完備世界，而是一個只在自我的意識流中構成且不斷重新構成的世界：這不是一個已構成的世界，而是在我的生命流程中才構成，且不斷在重新形構的世界；不是一個一成不變的世界，而是一個在每個當下不斷生成變新、流逝甚或是反生成的世界。我藉由反省的觀照而覺察到種種賦予意義的意向活動，因而世界對我來說才具有意義。由於世界處於不斷重構狀態，故而不可能是完備的，因此永遠處於形成的過程中，它指向我的意識生活之根本事實；指向我的生命流程的意識，指向我的生命流程（Dauer），用柏格森的用詞來說，就是指向我的時間流程（durée），[55]用胡塞爾的語言來說，[56]就是我的內在時間意識。[57]於素樸的直接生活中，我抱持著**自然**態度（*natürliche* Einstelluing），我活在賦予意義的活動裡，而且只在這些活動當中覺察到已構成的「客觀意義」這個客體性。如同柏格森所說的，只有當我經過「痛苦的努力」（in einer schmerzhaften Anstrengung），我才能將注意力由客體的世界轉向內在意識流，當我（用胡塞爾的說法）把自然世界「放入括弧」（einklammere），而在現象學還原當中只注意自己的意識體驗之後，才會覺察到這個構成過程。[58]對抱持自然態度的孤立自我來說，全然看不出這種藉由主觀意義與客觀意義等術語所標示的問題。只有經過操作現象學還原，這些問題才會顯示，而且在邏輯對象的領域，胡塞爾用「形式」與「超驗」邏輯的對反命題做了無與倫比的卓越闡述與描述。

以上兩種對「有意義」的觀察方式之區分並不是之前以及目前所提及的主觀意義與客觀意義的對立面。我們會在**社會世界**的意義詮釋的分析過程中，碰到主觀意義與客觀意義的問題。「意義」對我們而言，不是指自己意向體驗的一般性「述詞」，而是在社會世界中有其特殊的含意。進入社會領域時，我們會在「主觀意義、客觀意義」的概念基礎上增加一個新的且尤其具有社會學關聯的意義。一方面我可以把外在世界的現象視為他人體驗的指標，我除了會注意外在世界，還會加以詮釋，於是我會說它們具有客觀意義。但另一方面，我也能藉由這些來注視有理性者（Vernunftwesen）活生生意識的形成過程，外在世界的現象正是這個意識的標記（主觀意義）。我們所謂客觀意義的世界，乃是在社會領域內，從自己或他人賦予意義之意識構成過程中抽取出來的。從而造成被謂述的意義內容之匿名特質，以及相對於任何具有賦予意義之意識而言的不變性（Invarianz）。我們談到社會世界的主觀意義，它指涉意識的構成過程，而這個過程所產生的結果則是客觀意義。因此，無論個體本身覺察到這些構成過程與否，我們所指涉的還是他的「意味意義」。主觀意義的世界不可能是匿名的，因為它只從自己意識的意向性作用而來，或是**在此作用之中**，不論是自我的或他人意識的意向性作用。在社會世界，藉由一個我們尚待敘述的特殊技術，原則上我們可以針對任何一個客觀意義內容的資料（該資料可以回溯到他人的意識去）對他人意識的構成過程進行追問，也就是探究其主觀意義。此外我們可以提出一項設準，對構成過程的掌握將會在最清楚的情況下完成。這項設準將可以得到滿足，假如「主觀意義」指的是將已構成的客體性[59]回溯到他人的意識去；但這項設準將得不到滿足，假如「主觀意義」指的是他人的「意味意義」，畢竟即使在最佳的詮釋條件下，後者仍然是一個極限概念（Limesbegriff），關於這一點我們之後會明瞭。[60]對於這些問題我們都需要辛勤的研究，將放在第三章去進行。

在此我們只要補充一點，對於抱持自然觀點的人來說，是不會要求去盡可能精確掌握主觀意義的。在日常生活，我們詮釋對方意思的明晰程度要達到什麼地步，是由我們的利益來決定的，或換句話說，這個明晰程度和我們行爲的取向（die Orientierung unseres Verhaltens）有所關聯。例如，假使對我們來說，作爲客觀意義內容的對方的行動在一個方式底下是自明的，也就是讓我們省去追問其構成過程的辛勞，則找尋他人行爲的主觀意味意義的這個主題任務也就跟著得以免除。這可說是被觀察者所謂嚴格的理性行動之情況：爲了讓我們未來的行爲能夠有所依循，客觀表現的意義內容明顯地已經充足，而我們的詮釋行爲也已經在相當表面的層次就中斷了。反過來，如果我們對客觀表現的意義內容有所質疑，那麼我們就不免會問：「對方說這些話到底想要表達什麼？」等等。基於這項理由，我們可以說，社會世界中的每個意義詮釋都是**「實用取向的」**（*pragmatisch bedingt*）。

六、過渡到構成分析，解析「與行動相結合的意義」此一概念

我們現在要用一個例子把上一節結尾的說明解釋得更清楚，這項解釋同時會讓我們更加認識到問題的現況。爲了對理解社會學的本質有所理解，我們就以韋伯對社會行動的界說爲起點。我們的首要任務就是去分析何謂「行動者賦予其行動意義」。我們已在第二節完成了部分的必要分析，而今釐清了「客觀意義」與「主觀意義」之後，我們又可以把之前暫時中

斷的研究繼續進行下去。

首先，我們必須凸顯「行動」一詞所蘊含的模糊性，此點向來不爲人所注意。有時它指的是已構成完備的行動，這時它是一個完結的單元、製造品或客體；有時它指的是構成過程的行動，這時它是一個流動過程，不斷的往前推進、不斷的在成形與生發，不是處於已然完成的狀態。自己或他人的任何行動有可能以這種雙重觀點呈現出來。我的**處在過程中的行動**呈現出來的是一連串**存乎現在的**經驗，更精確的說，我經歷的這些經驗不斷的生成流逝，而我**意向中的行動**呈現給我的則是一連串預期的**未來**經驗，相形之下，我**已完成的已然行動**（*Handlung*）（已告結束的行動〔Handeln〕），呈現出來的則是一連串**已完結**的經驗，我可以在記憶中反省它們。我所謂行動的意義不僅關聯到行動進行時的意識體驗，還關聯到我的未來體驗（稱爲我意向中的行動），以及我的過去經驗（稱爲我已經完成的已然行動）。前一節末尾我們已清楚區分已構成的意義內容與仍處構成過程的意義內容。現在我們必須將這個認識運用在**行動**的現象上，並且在用詞上嚴格區分：進行中的**行動**（作爲產生已然行動（*actio*）之過程）和已被構成的**已然行動**（作爲透過行動而被產生者〔*actum*〕）。

同樣地，我們也要區分他人的行動和他人的已然行動。構成他人行動的意識經驗對我而言只能透過外在世界的事件展現出來，這些可能是他的身體動作，或是身體動作造成的外在世界的變化，這些都可當作他人意識經驗的指標。如今，端看我們視爲指標的是仍處在發生過程的行動或是此過程產生或形成的已然行動，這完全取決於我們是把眼光放在過程的進行階段，或是放在過程中產生的已完成的已然行動上？

所以，總是可以把行動當成已完成的行動來看，可在不考慮行動主體與對行動者所構成的經驗過程的情形下詳加探討。每一個已然行動都預設了行動，但在論述已然行動時卻根本沒有成爲觀察的主題。與已然行動不同的是，行動總是與**主體緊密相關**（*subjektbezogen*），它不是匿名式的已然完成，而是一系列構成中的經驗，是在行動者具體個人的（屬於我個人或他人的）意識當中進行的。

我們在談意義發生的問題時就已明白，唯有對自我意識流的意義形成結構不停進行研究才能明白主觀、客觀意義的深層差異。亦即意義必須回復爲內在時間意識，回到生命流程，唯有在此，意義在它最普遍的理解中原初地被構成。在我們對行動與已然行動概念的分析當中已經確認了這一點。所有的行動都發生在時間之內，更精確的說，發生在內在時間意識，也就是生命流程之中。行動是內在於生命流程的（**dauer-immanent**），而已然行動則指不是發生在生命流程之中，而是超越生命流程的已完成狀態。

對這一點加以澄清之後，我們可以回到那個問題去，也就是韋伯所言的行動者賦予行動意義，這個立場意味著什麼？行動者究竟是賦予行動還是已然行動以意義呢？換言之，行動者賦予意義的對象到底是內在於生命流程的、正在自我構成的意識過程，還是已流逝、結束並已構成的行動？

在回答這個問題之前，我們必須認識到，所謂「賦予」行動（或是已然行動）以意義，實際上完全是比喻的說法，即便對韋伯來說也是如此。韋伯的行動概念，如同山德（Sander）所正確認識的那般，[61]縱然有一些不清楚之處，十分確定的是，他所謂的「行動」並非自然現象過程（physischer Vorgang），也就是肉身性的自我（das leibliche Individuum）以一種奇異的預定和諧的進行方式「賦予」身體的動作以意義。事實上韋伯對行動所下的定義，還包括個體的內在行爲（innerliches Verhalten）或作爲（Tun），只要是被賦予了這類的意義。我們的意思不是說，不屬於行動的行爲都是無意義的，而是說，相對於行爲而言，特定的意義總是加在行動之上。

初次的印象認爲，區分行動與行爲的其中一種方法，是指出行動具有**「意欲性」**（*Willkürlichkeit*）而行爲則否。假定韋伯對行動作爲有意義的行爲可以如此解讀，則與行動相結合的意義（或者更恰當的說，行爲因它而變成了行動）就是**自選**（*die Kür*）了，也就是選擇，就是可以如此這般行爲的自由，而不是不必如此這般的行爲。在此情況下，兩種與「意欲」（Willkür）一詞相關的複雜情況就只確定了一種。「意欲」是高度複雜的意識過程的簡稱，必須被有系統地釐清。在此，**「意志」**（*Wille*）的現象絕對不可被當作（通常是不清楚的）形上學基本態度的稱號而不加探討。對意欲的行爲所進行的分析，務必要在此岸，即不被當作形上學問題的情況下（diesseits aller metaphysischen Problematik）完成。

行動與行爲的第二個表面差異在於，行動是**意識的**，而行爲則是**無意識**或反應性的。賦予到行為上的意義應當是存乎該行為的意識內。這裡所謂的「意識」，指的是對行為者而言行為所顯現的特定明證性。胡塞爾在《形式與超驗邏輯》（*Formale und Transzendentale Logik*）已指出，很難去揭顯這個明證性。例如，在某種特定的被給予情況下，行為對行為者是否為明證的？一個人過去、現在與未來式的（如意向行為）行為是否有著不同的明證性？這是複雜的問題，有賴對有意義行為進行分析來加以澄清。

從上述簡短討論可知，有意義的行動這個概念只能在構成分析當中才得以釐清。而我們對構成行動意義的體驗（Erlebnis）的構造亦必須有條不紊的加以研究。但是這項研究必須在更深的層次上進行。就起始意義來說，我們所謂的「行為」已經具有意義。行為，作為一種經驗，之所以不同於其他經驗，在於它回頭指涉自我的一種活動（auf eine Aktivität des Ich zurückverweist）。行為的意義是在自我採取某種立場的活動中建立起來的。但我也可以將不是出於我的活動之體驗稱為有意義的。所謂我察覺到體驗的意義，其假定的是，我注意到它，把它從我的其他體驗中「凸顯」（heraushebe）出來。在生命流程的每一剎那，自我會意識到身體的狀態、感覺、知覺、採取態度的行為與情緒狀態。這些成分構成了自我生活此時此刻、如此這般的意識。當我說上述其中一種體驗具有意義時，預設一件事：我「朝向」（zuwende）這些體驗，把與它同時存在，早於它發生以及隨後經驗到的種種體驗當中的它「凸顯」出來。如此「凸顯」出來的體驗，我們可稱之為「**明確區別的體驗**」（*wohlumgrenzte Erlebnis*），也可說是我們對它「賦予意義」。如此一來我們就獲得意義的首要及最初始概念了。

但是當我們如此說時，已使用了上述比喻，也就是說按照這個說法所指出的行動被「賦予了」意義。底下與意義的構成有關的研究將會否認這項比喻的恰當性。自身體驗所具有的意義絕不是新加或附帶的體驗，彷彿這個新的體驗以一種不再需要進一步標記的方式和那個原先帶有意義的第一體驗可以「聯繫」起來一般。意義也絕不是一個特定自身體驗的**述詞**（*Prädikat*），雖然我們似乎往往同樣地採用比喻的說法將體驗解釋成「具有意義的」，「**是**」「有意義的」（sinnhaft）或是「充滿意義的」（sinnvoll）等等。實際上，姑且讓我們預先把結論確定下來，**意義毋寧是對於自身體驗的特定視向**（*Blickrichtung*）的一種標記，體驗存在於我們不絕如縷的生命流程當中，只有在反省的活動當中，特定體驗才能從其他的體驗「脫穎而出」，成爲界線明確的體驗。意義可說就是我對自己生命流程的特別態度（besondere Attitüde）。基本上這個說法對任何有意義的階段或層級都有效。假如我們認爲自己的行爲與對該行爲的體驗是分開的，而且意義只能及於後者，而非前者本身，則這種看法是錯誤的。困難的產生主要是因爲**語言**，基於深層的原因，**在特定方式底下，得到注意的體驗被語言設定成行爲，接著視向**（Blickrichtung）**本身則把該行爲呈現爲意義，而該視向正是使得這樣的體驗變成爲行爲者**。而後以相同的方式，行動也可以說不過是在語言上被本質化的體驗。它在特定方式底下受到注意，而**所謂與行動相結合的意義，不過就是這個朝向自己的體驗的特定方式**（*das besondere Wie dieser Zuwendung zum eigenen*

Erlebnis），**也就是它才構成了行動之爲行動的要義**。

對於有意義行動所進行的分析，必須回到內在時間意識的體驗如何構成這個問題去加以處理。任何想要澈底就其根源描述意義現象的科學是不能略過這個回溯（Regreß）不談的。我們所進行的研究肯定會爲我們解答一系列未曾釐清的問題：像是，意義的涵義究竟爲何？是什麼構成了行爲與行動的特定意義？意義是附加在流程的行動還是已然完成的行動上？「被意味的意義」（gemeinter Sinn）如何構成客觀意義？這些研究都可說是進一步澄清韋伯「他人行爲的主觀意義」此概念的準備工作。這個概念不僅對日常生活的理解活動深富意義，對社會科學的方法也十分重要。韋伯越是從德國的西南學派吸收哲學論點，並在完全獨立研究之下認清意味意義作爲認識社會世界的入門原則的問題影響範圍，他的成就越是原創。我們的探討工作所追求的進一步目的在於，透過當代哲學的堅實成果爲理解社會學奠定至今仍舊欠缺的哲學基礎及其基本立場。

我們將把重心擺在兩位哲學家的著作，他們都把內在時間意義（Zeitsinn）這個問題視爲思想的重心：一位是柏格森，他在一八八八年就出版的《論意識的直接被給予》（*Essay sur les Donneées immédiates de la Conscience*）之中十分精彩的把內在生命流程的現象當作哲學系統的中心來談；另外一位是胡塞爾，他先是在《內在時間意識現象學演講》（*Vorlesungen über die Phänomenolgie des inneren Zeitbewußtseins*）（一九〇四年主講，一九二八年才由海德格整理出版），而後在晚期著作[62]當中對意義發生（Sinngenesis）的問題以現象學的描述方式做了有系統的揭示。

補記：

對於之後所從事研究的現象學性格，且補充說明如下：

我們對內在時間意識的構成現象所進行的分析，將在「現象學還原」的意識領域進行。[63]它的預設是，要把自然世界「放入括弧」（Einklammerung Ausschaltung），因此對於世界的論題，「就它向來呈現給我的那個樣子」之澈底改變（Epoché），胡塞爾在《觀念》（*Ideen*）[64]一書第二節的第一章已作了充分說明。不過，現象學還原的分析只作到底下這個地步，當它對內在時間意識的現象之準確認識有所必要時更是如此。本書的目的，對**世俗**社會（*mundane* Sozialität）的意義現象加以分析，使得超越於此的超越經驗之獲得、並且更進一步地停留在超驗—現象學還原之中並非必要的。處於世俗社會，我們與現象學還原領域的構成現象無關，反而只和自然態度的相應項（entsprechende Korrelate）有關。一旦我們的本質描述正確的掌握到「內在時間領域的內在時間性此一問題」[65]，就可以毫無疑問的把自己的研究成果應用到自然態度的現象，此外，讓我們作為「現象學的心理學者」，停留在「作為對心靈屬己本質直觀的內在直觀」。[66]如此一來，我們的目標就不是建立有關內在直觀領域之事實的經驗科學，而是本質的科學，要探求的乃是心靈的不變本屬結構，或探求社會心靈（精神）生活不變之本屬結構，換言之，追問它們的先天特質（Apriori）。[67]不過話說回來，凡是在現象學還原中得到的分析成果，都可毫無疑問地用在心理統覺（Apperzeption）（也就是自然態度）的層面，我們會把內在時間意識的分析結果原封不動地運用到世俗社會。我們所進行的——特別是在第三和第四部分——在有意識地放棄超驗主體和互爲主體問題之前提下，當然這只有在完成現象學還原後才看得出來，無非就是「現象學心理學」，根據胡塞爾的說法，就是純粹互爲主體的心理學，也就是「自然態度的構成現象學」。[68]

【注釋】

① 「我現在將存在於這些個體（也就是所有歷史實在之直接且具體的所在）中的一切事物，稱爲衝動、利益、目的、傾向，和心理的狀態與運作，這一切的存在方式，是由此或在此產生對他人的作用及作用之接受：這就是我所謂的內涵，也可說是社會化（Vergesellschaftung）的實質……所以社會化就是透過無數個不同方式所實現的型態，個體就是在此根據他們的……利益來匯聚爲一整體，並從中實現這些利益的。」見齊美爾，《社會學》（Georg Simmel, *Soziologie*, 2. Aufl.,München，一九二二，頁四）。

② 見雅斯培，《時代的精神狀態》（Jaspers, *Die geistige Situation der Zeit,* Berlin/Leipzig，一九三一，頁一三七）。

③ 就我們的研究而言，在韋伯的著作中以下列兩者最爲重要：可惜未完成的主要著作《經濟與社會》（*Wirtschaft und Gesellschaft* 1. Aufl. ,Tübingen, 1922）；以及文集中的論文：*Gesammelte Aufsätze zur Wissenschaftslehre*（Tübingen 1922）。

④ 譯註：原文爲 Kulturobjektivationen，可直譯「文化客體化」。

⑤ 有關的證詞，可參閱瑪莉安．韋伯，《韋伯傳記》（Marianne Weber, *Max Weber. Ein Lebensbild,* Tübingen，一九二六，頁三二二）。

⑥ 見《社會學作爲事實科學》（*Soziologie als Wirklichkeitswissenschaft*）（Leipzig, 1930）。

⑦ 見《精神科學導論》；《歷史世界的建構》（*Einleitung in die Geisteswissenschaften; Der Aufbau der geschichtlichen Welt.*）於《論文集》（*Gesammelte Schriften*）, Band I und IX,（Leipzig, 1923）。

⑧ 見《社會理論》（*Gesellschafstlehre*）, 1. Aufl.（Berlin, 1914）；以及《範疇理論》（*Kategorienlehre*）（Jena, 1924）。

⑨ 見《社會學》（*Soziologie*）, 2. Aufl.（München, 1922）。

⑩ 見《國家與文化社會學的觀念》（*Ideen zur Staats-und Kultursoziologie*）（Karlsruhe, 1927）。

⑪ 見《社會學》（*Soziologie*）, I Bd.；以及《關係論》（*Beziehungslehre*）, II. Bd.；和《產物論》（*Gebildelehre*）（München, 1924/1928）。

⑫ 見《社會學系統》（*System der Soziologie*）, I Bd.（Jena, 1922/23）。

⑬ 見《意識形態與烏托邦》（*Ideologie und Utopie*）（Bonn, 1929）。

⑭ 見《知識形式與社會》（*Die Wissensformen und die Gesellschaft*）（Leipzig, 1926）。

⑮ 見《個體與群體》（*Individuum und Gemeinschaft*），2. Aufl.（Leipzig, 1926）。

⑯ 見《客觀精神理論》（*Theorie des objektiven Geistes*）（Leipzig, 1923）。

⑰ 見《一般社會學》（*Allgemeine Soziologie*）（Jena, 1930）。

⑱ 此處可參閱龔培茲（H. Gomperz）所說的九重歧義詞，於《關於意義與意義構成物，理解與解釋》（*Über Sinn und Sinngebilde, Verstehen und Erklären*, Tü-bingen, 1929），頁五—二十一。他是以近代文獻中的幾個事例，就意義概念加以證實。相對地，意義概念的極端涵義，則見於海德格的《存有與時間》（*Sein und Zeit*）（Halle, 1927），特別是一四四、一四七和一五一頁以下。或是保羅．霍夫曼（Paul Hofmann）極重要的論文《意義的理解與其普遍有效性》（*Das Verstehen von Sinn und seine Allgemeingültigkeit*），於*Jahrbuch für Charakterologie*, Bd. VI；以及《形上學或理解的意義科學》（*Metaphysik oder verstehende Sinnwissenschaf t.* Erg.-Heft der *Kantstudien*, 1929）。

⑲ 譯註：參考顧忠華譯本，韋伯著，《社會學的基本概念》，臺北：遠流，一九九七，十九頁。

⑳ 見韋伯，《經濟與社會》（*Wirtschaft und Gesellschaft*），頁一。

㉑ 前揭書，頁十一。

㉒ 譯註：後文一律將 Nebenmensch 翻譯成「同時代人」，但這裡並非舒茨所使用該詞的一般涵義，故翻譯爲「旁人」）。

㉓ 前揭書。

㉔ 這個稍後會詳加解釋的術語，是謝勒在論及「相對自然的世界觀」（relativ natürlichen Weltanschauung）之發展時所提出的（《知識形式與社會》（*Wissensformen und Gesellschaft*），五十九頁。法利．考夫曼（Felix

Kaufmann）在他的書《刑事責任理論之哲學基本問題》（*Die philosophischen Grundprobleme der Lehre von der Strafrechtsschuld*, Leipzig/Wien, 1929）中，將這個概念應用在他的價值分析之範圍中。

㉕ 出自桑德，《純粹社會理論之對象》（Sander, *Gegenstand der reinen Gesellschaftslehre*），於《社會學檔案》（*Archiv für Sozialwissenschaften*）, Bd. 54，頁三二九—四二三。他的看法是，韋伯透過「導向」（Orientierung）所指出的，是每個社會行爲的對象，都意味著透過自身有形的行爲（表達行動）來引發他人的行爲（前揭書，頁三三五）。

㉖ 參閱本書第二章第十七節。

㉗ 見《經濟與社會》（*Wirtschaft und Gesellschaft*），頁十二。

㉘ 前揭書。

㉙ 前揭書，頁十四。

㉚ 前揭書，頁十二。

㉛ 參閱本書第五章，第四十八節；亦參閱瓦特，《馬克斯・韋伯作爲社會學家》（Walther, *Max Weber als Soziologe*）於《社會學年鑑》（*Jahrbuch für Soziologie*, 2. Band, Karlsruhe, 1926），頁一—六十五，特別是頁三十五以下；以及葛拉伯，《馬克斯・韋伯社會學中的理性概念》（Grab, *Der Begriff des Rationalen in der Soziologie Max Webers*,〔Karlsruhe, 1927〕），特別是頁二十五—三十五。

㉜ 見謝勒，《同情的本質與形式》（Scheler, *Wesen und Formen der Sympathie*, 2. Aufl.,〔Bonn, 1923〕），頁二八八：「內在直觀乃是某種行爲取向（Aktrichtung），該取向是對於吾人本身以及他人所屬的行爲所能完成者。**就這種「能力」來說，該「行爲取向」自始至終都涵蓋了我以及他人的體驗**，就好像該取向**確實是**包含

了……我的我和體驗一般……就內在知覺的行爲及其本質而言，並就在內在知覺中所顯示的事實範圍而言，人人都可以直接（且間接）掌握鄰人的體驗，就好像掌握他自己的體驗一般。」（前揭書，頁二九六）亦參閱歷特，《個體與群體》，（Litt, *Individuum und Gemeinschaft*, 3. Aufl.,〔Leipzig, 1926〕），頁一〇〇。

㉝ 參閱本書第三章第十九節。

㉞ 謝勒對該理論的駁斥（《同情》〔*Sympathie*〕，頁二八一以下），是完全可予贊同的。毋庸置疑，想要只從該軀體（Körper）的現象，而不從身心整體的預先給予來推論他我的存在，確實是不可行的。參閱本書第三章第十九節。

㉟ 見卡納普，《世界的邏輯性建構》（Rudolf Carnap, *Logischer Aufbau der Welt*,〔Berlin, 1928〕），特別是頁一八五以下；以及《哲學中的表象問題》*Scheinprobleme in der Philosophie*,〔Berlin, 1928〕），特別是頁二十八以下。篇幅所限，在此並不能對卡納普的見解提出批判。他援引形式邏輯的證明，卻沒有說明該邏輯的互爲主體的有效性（intersubjektive Gültigkeit）何以早已預設在他人心理的對象範圍中。

㊱ 見胡塞爾，《邏輯研究》（Husserl, *Logishe Untersuchungen*, 4. Aufl.,〔Halle, 1928〕）, Bd. II，Teil I，頁二十五。

㊲ 例如弗雷耶，《客觀精神理論》（Freyer, *Theorie des objektiven Geistes*），頁十四以下；前揭書，頁九十七、一四一、一八二以下；以及前文桑德，《純粹社會理論之對象》（Sander, *Gegenstand der reinen Gesellschaftslehre*），頁三三八及三五四；相對地，在他的《一般社會學》（*Allgemeine Soziologie*,〔Jena, 1930〕）中，桑德已經在其精闢的研究中，區分了「表達」（Ausdruck）的概念（例如頁一七七以下）。

㊳ 關於在「表達」，也就是作爲重要記號之表達的該術語中，有其他模稜兩可的詞彙，如語言（Sprache），在

此就不擬加以處理（儘管下文中會有所說明）。這一方面是爲了不要使問題設定過度複雜化，另一方面也是因爲，任何記號都標示了該證明的外在過程之結果，從而與在此所處理的問題（例如他人行動的外在過程可以歸爲他人的體驗過程）只有間接的關聯性。

㊴ 在他人軀體上可察知的病理變化，如：病患的生理疼痛或是心情，只就狹義而言才算是其意識體驗的指標，所以本文中的說法是稍嫌粗略而暫時的。

㊵ 如果某位意義設定者將自己想像爲訊息接收者（即自己筆記本中的記錄），這種特例由於**在此**對對象的思考無關緊要，所以不予考慮。

㊶ 見《同情的本質與形式》（*Wesen und Formen der Sympathie*），頁二〇一以下。

㊷ 見韋伯，《經濟與社會》（Max Weber, *Wirtschaft und Gesellschaft*），頁三以下，參閱前揭書頁二，第三點，以及韋伯論文〈關於理解社會學的幾個範疇〉（Über einige Kategorien der Verstehenden Soziologie），於《科學理論文集》（*Gesammelte Aufsätze zur Wissenschaftslehre*），特別是頁四〇八以下。

㊸ 見上文第二節的引文。

㊹ 見《形式與超驗邏輯》（*Formale und transzendentale Logik*），頁一九二以下。

㊺ 見《經濟與社會》（*Wirschaft und Gesellachft*），頁五。

㊻ 參閱上文第三節中胡塞爾的引文。

㊼ 該術語的精確定義，可見於本書第四章後半。

㊽ 見《邏輯研究》（*Logische Untersuchungen*），II. Abschnitt，VI. Kapitel；特別是第九十六節，二一〇頁以下。之後胡塞爾在這方面的研究，可見於暫時只以法語發表的《笛卡兒的沉思》（*Méditations Cartésiennes*）

（Paris, 1931），中特別是 *Méditations V*，頁七十四—一二八（德文版：*Cartesianische Meditationen*, 2. Auflage, Den Haag, 1963 = Husserliana, Bd. I）。

㊾ 見《邏輯研究》（*Logische Untersuchungen*），II. Band, 4. Auflage,（Halle, 1928），I. Teil，頁八〇以下。

㊿ 爲了避免與某些作者所提出的說法相混淆，在此要指出，「客觀意義」（objektiver Sinn）一詞在此完全沒有價值論上的涵義。一般所謂指涉客觀價值的客觀意義，或是由客觀價值構成客觀概念的對象性，都不在我們的探討範圍之內。

51 見《純粹現象學觀念》（*Ideen zu einer reinen Phänomenologie*），3. Aufl.,（Halle, 1928），頁一七二以下（=Husserliana, Bd. III-V, Den Haag, 1952）。

52 《形式與超驗邏輯》（*Formale und Transzendentale Logik*），頁二一七。

53 前揭書，頁一八四以下。

54 前揭書，頁二七七以下。

55 見《意識的直接被給予論文集》（*Essay sur les données immédiates de la conscience*），1. Aufl.,（Paris, 1889）；《物質與記憶》（*Matiére et Mémoire*），1. Aufl.,（Paris, 1896）；《進化與創造》（*Evolution créatrice*），1. Aufl.,（Paris, 1907）；《精神能量》（*L'Energie spirituelle*）（1901-1913, Paris）；《形上學導論》（*Introduction à la Métaphysique*），（Paris, 1903）；以及《生命流程與同時性》（*Durée et Simultanéité*）（Paris, 1922）。

56 見《內在時間意識現象學講稿》（*Vorlesungen zur Phänomenologie des inneren Zeitbewußtseins*），一九〇四年，出版者 M. Heidegger,（Halle, 1928）於《內在時間意識現象學》（*Zur Phänomenologie des inneren*

Zeitbewußtseins. = Husserliana, Bd. X,〔Den Haag, 1996〕）。

57 該主題會在下一段中從另一方面加以釐清，並在下一章中就方法論詳加探討。

58 參閱本章的「補記」。

59 亦即在孤立我的範圍中，或只要是涉及到在自身意識中所構成的「意味意義」（gemeinter Sinn）者。

60 見本書第三章第十九節。

61 見桑德，《純粹社會理論之對象》（Sander, *Der Gegenstand der reinen Gesellschaftslehre*），頁三六七以下。

62 筆者在完成本書之後，才取得胡塞爾的最後出版品《笛卡兒的沉思》，所以本文在論列胡塞爾學說時，無法引用此書。

63 見本書前文第五節。

64 見《純粹現象學觀念》（*Ideen zu einer reinen Phänomenologie*），頁四十八—五十七。

65 見胡塞爾，〈我的《觀念》後記〉（Husserl, *Nachwort zu meinen 'Ideen'...*），於《哲學與現象學研究年刊》（*Jahrbuch für Philosophie und phänomenologische Forschung*, Bd. XI,〔Halle, 1930〕，頁五四九—五七〇及五五三。

66 前揭書，頁五五四。

67 前揭書，頁五五五。

68 前揭書，頁五六七。

第二章　自我生命流程當中有意義體驗之構成

七、內在生命流程的現象：持存（Retention）與再造（Reproduktion）

以下我們將把柏格森所作的一項區別當作後續研究的起點：體驗流程之內的單純前進生活（schlichtes Hinleben im Erlebnisstrom）與概念化的時空世界中的生活（Leben in der raum-zeitlichen begrifflichen Welt）之間的對立。柏格森認爲內在的生命流程（innerer Dauerablauf），即綿延（durée），乃是原則上具有同質性的時間多樣性質的不斷形成與消逝，它與空間化的、非連續性的而且可量化的時間不同。在「純粹的生命流程」（reine Dauer）中並不存在「並列性」，沒有互斥性，也無分割性，它所具有的只是持續不斷的流變及一連串意識的狀態。但就連狀態的說法也不恰當，因爲它指向時空世界的現象，也就是呆滯的圖像、知覺，以及對象等等。我們在生命流程（Dauer）當中所體驗到的，並不是一個被明確界定而且可清楚區別的存有，而是持續不斷的從一個當下與如此到一個新的當下與如此的轉變。內在生命流程中的意識流（Der Bewußtseinsstrom der inneren Dauer）基本上是未經反省的，因爲反省本身已經屬於我們在時間—空間世界（Raum-Zeit-Welt）中進行日常生活活動時的心智的作用。我們的體驗的結構之變化取決於我們是沉浸於生命流程之中，還是在帶有時空特質的概念領域中加以反省？例如，我們可以將過程中的動作體驗成是持續變化的多樣性，或是我們的內在生命流程現象，我們也可以把動作理解爲在同質空間中可分割的過程；但如此一來我們就沒有掌握到動作的生成與消逝的變化本質，而只是已經消逝和完成的動作，簡單地說：被徹底度量的空間。現在，我們同樣以這兩個層面來看人類行動。我們可以把它們看成是在生命流程中進行中的意識過程，也可以認爲它們是終止的、空間化的和已經完成的行爲（Aktionen）。這種雙重面向不僅出現在超越的「時間對象」（Zeitobjekt）上，更是出現在柏格森對體驗所做的一般區分中。透過胡塞爾對內在時間意識的研究，我們可以爲它奠定更好的基礎。

胡塞爾曾針對意識流程的雙重意向性明白指出：「要不，我們觀察那種具有流動形式的流動內容，這時我們要觀察的是那意識的原初體驗序列，它是一系列意向性的體驗；要不，關注那些意向的統一體，關注我們有意向地把它們意識爲這種流程之中那種統一體：在這種情況下，客觀時間中的客觀性就會向我們呈現出來，即眞正的時間領域與體驗之流的時間領域相對立。」①在另一個章節，胡塞爾將這兩種意向性分別稱爲「縱向意向性」（Längsintentionalität），以及「橫向意向性」（Querintentionalität）：「如果其中的一方（「橫向意向性」），能夠構成內在時間（die immanente Zeit），即客觀的時間，其中存在著生命流程②和生命流程的改變的眞正的時間。於是，在另一個（「縱向意向性」）之中，則構成了意識流諸階段的準時間設定，它永遠地和必然地具有流動的『現在』點、當下的階段和一系列當下、當下前的和當下後（仍未成爲當下）的階段。這種前現象的、前內在的時間性（die präimmanente Zeitlichkeit），是作爲構成時間的意識形式，並且是在這種意識本身之中有意向地構成的。」③

那麼，在綿延的過程之內，意識流流動中的個別體驗如何構成意向的統一體？以柏格森的綿延觀爲起點，我們明顯看出，在純粹生命流程中流動的體驗與時空世界內明確分別的不連續影像兩者之間的差別，就在於它們分別屬於兩個不同的意識層次。日常生活中的自我，其行動或思考都是在時空世界的意識層次上的。他「**對生活的注意**」（*attention à la vie*）阻礙他沉入對純粹生命流程的直觀裡；但「意識張力」（Spannung des Bewußtseins）一旦基於某種原因而鬆弛，自我便會發現，先前看來有明確劃分的事物如今卻過渡移轉著，而原本僵固的影像也過渡成某種生成與消逝，既無輪廓，也沒有界線與區別可言。柏格森的結論是，所有從綿延劃分、分離出來的體驗，都是人爲的，也就是全然不同於純綿延，而所有對過程的時間分割也只是將時空表象方式轉譯成原則上成爲不同種類的綿延而已。

當我沉浸在生命流程之中時，我不會發現任何彼此清楚劃分的體驗。當下接續著當下，某個體驗出現又消逝，新的體驗從之前的體驗生發出來，而後一個又接著滲透出來，使我無法指認、把現在的從剛才的，以及把後一個當下從剛才的當下區分出來，我只知道，過去的、剛才的跟當下生成又消逝的都和任一當下且如此的，有所不同。因爲我體驗到自己的生命流程是單向的、不能逆轉的流程，就在剛才與現在的消逝，也就是過渡和過渡之間，我已**成長老化**（ich bin gealtert）。但是：我體驗到我的老化，把我的當下和如此存在把握成是另一個剛才，於是在這單向與不可逆轉的**過程中**，也就是在我生命流程方向上的單純前進生活中，我仍未有所覺察。覺察生命流程本身就預設了對此流程的回顧，它是一種對自身綿延的過程的特定態度，我們會說是「**反省**」。雖然事實上，先前走在這個現在如此之前，使這個現在變成這個如此，我在這個現在當中給出了那個構成現在的先前，甚至是用回憶（Erinnerung）的方式給出。在純粹生命流程裡面的體驗之**覺察**（das *Innewerden* des Erlebens）在每個階段中變化，在剎那與剎那之間轉變成**被回憶**的剛剛過去（erinnertes Soeben-gewesen）；回憶乃是把體驗從不可逆轉的生命流程之中凸顯出來，並把「所覺察的」原初印象改動爲「變—內在」（回憶：Er-innerung）。

胡塞爾詳細描述了這個過程，[4]他把「原初回憶」（primäre Erinnerung）或「**持存**」（Retention），即原初印象的猶存意識（Noch-Bewußtsein），跟次級記憶（sekundäre Erinnerung），即「再回憶」（Wieder-erinnerung）或**再造**（Reproduktion）相區別。胡塞爾說：「對於這種『印象』來說，原初記憶或者持存，是與之連續結合在一起的。在對（內在的或超越的）時間客體產生知覺的情況下[……]，這種知覺隨時終止於現在的理解，終止於被設定爲現在之意義的知覺。在某個動作被知覺的期間，會一刻接一刻出現一個現在的理解，從中構成動作本身的當下階段。但是這個『現在的理解』彷彿是持存的慧尾的核心，它銜接著動作先前的現在點（Jetztpunkt）。然而，倘若知覺不再出現……那麼，最後的階段就沒有接續新的知覺階段，而只有新鮮的記憶階段，這種新鮮階段又接續另一個這類新鮮記憶，如此等等，永無止境。所以，總是連續不斷地發生著向過去的後移，這同一種持續複合物不斷地經受變動修改，直到消失，因爲伴隨著變動修改的是逐步減弱，並在不知不覺之中終了。」[5]「與（持存）全然區分開來的是**次級回憶，也就是再回憶**。當原初的回憶消逝後，對於那個動作的新回憶就會……出現。」[6]「我們要不是直接掌握它……就是在事後一再重複出現的回憶中確實掌握它，在後一種情況裡，時間對象在當下化（Vergegenwärtigung）的連續統中再度完整構作，使得我們似乎可以再次知覺到它，但也只是似乎而已。」[7]

作爲持續側顯的一個單一連續體（als ein einziges Kontinuum stetiger Abschattung）的持存變樣直接銜接原初印象：開始時還相當清楚，然後在持續過程中逐漸失去明晰。它的明證性程度是絕對確定的，因爲原始印象的意向性仍保留在持存的變樣裡，只不過形式有所變化而已。相反地，次級回憶或是再造的變動修改，一點都沒有那種從印象過渡到持存的持續側顯的特質。另外，再造與印象截然不同，再現的呈現過程是一種自由的進程：「我們可以『較快地』或『較慢地』完成這種呈現，可以較清楚地、精細地或是混亂不堪地完成它，可以閃電般地在一瞬間完成它，也可以逐步地完成它，如此等等。」[8]再造並不同於持存，它不是原始的意識，所以相較之下總是不甚清晰；明證性也根本不能被絕對地確定。

持存使我們對體驗的經歷、流程，及種種變化等特質的注視成爲可能，但持存並非注視自身：「持存本身不是回顧，不是將過去的時間段落當作對象的回顧（zurückblicken）：在我掌握流逝的時間段落時，我同時持續體驗到當下的——拜持存之賜——將它『含括在內』，並且也朝向即將到來者。……但是因爲我掌握到它們，我可以在一個新的活動裡將目光朝向它們，我們將此一活動（在消失的體驗接續新的原初材料，也就是印象，或是已經整個結束而退回『到過去』之後）稱爲反省（內在知覺）或是再回憶。這些活動與持存之間處在充實的關係裡。」[9]因爲持存的緣故，生命流程的多元性才得以構成：正因爲如此，每一個現在之所以和以前（Früher）不同，原因在於，持存作爲才剛過去的猶然意識發生於某個一同構成的現在。反之，對象的同一性與客觀時間本身都是在再回憶（再造）當中被構成的：「只有在再回憶中，我才能重複同一的時間客體。我也能在回憶中證實，先前知覺到的東西與隨後回憶起來的東西是相同的。這發生在單純的記憶中，『我感覺到了它』，並且在第二階段的再回憶中，『我產生了關於它的記憶』。」[10]

之前說過，一個時間對象的再造——即使是流動中的體驗也是一種內在時間對象——要不是以可重複之歸類的方式（als wiederholende Einordnung）發生，此時這個時間對象被完整地重建，就是直接被掌握，「如同當回憶『出現』時，我們瞥見記憶的內容，此時的記憶內容是模糊的，我們也許只是找出一個喜愛的時段去展現，但並不是一個重複的記憶。」[11]這種再造形式展現出先前所謂反省的所有特徵。而單純的注視、掌握則是：「可能發生於每個在漸進的階段中而成的活動，也可能發生於自發活動，例如，思想的自發活動的諸階段中。……看來，我們可以說，最初在時間過程中由一個一個記憶或一個一個階段（作爲連續的、各種形式的、具有內在關係的、統一的活動之相關物）而構成的客觀性

（Gegenständlichkeit），或許可在向後看的一瞥中得到理解，彷彿它們是處於時間點之中完全的客體。但是接下來，這種給予性卻會回頭指向另一個『原初的』客觀性。」⑫

從以上的認知產生在「體驗」概念中的一項區分，對我們的討論而言這是非常重要的：「我們不可能完全認知到體驗，也就是我們無法恰當地掌握體驗的全然統一體。根據其本質體驗是流動的，當我們用反省的目光朝向它時，可以從一個現在的點尾隨於後，而對於知覺來說，殘留的軌跡卻是消失了。唯有以持存的形式，我們才能擁有一個直接流逝的、亦即在回顧的重憶形式下的意識。」⑬「因此，我們必須區分：關於體驗的前現象的存在，即先於對它們所做的注意反省之存在，與它們作爲現象的存在。透過對注意和理解的關注，那種體驗獲得一種新的存有方式。**它逐漸被『區分』**、**『凸顯出來』**，並且這種**區分**活動只不過是理解活動，這種**區分**只不過是被理解、被注意的對象。然而這件事情不應該想成是，彷彿這種區分並不僅僅存在於，同樣的體驗一旦加以注意，就會結合成一種新的、有所指向的體驗，也就是出現了一個複合體。的確，當這種注意出現時，我們將被注意的對象（體驗A）與注意本身明確區分開來。我們並且有理由認爲，我們的注意先是指向另一個對象，然後才有對於A的注意，而A在被注意之前已經『在那裡』了。」⑭這個重大見解對我們前面提到之**個別體驗的性質**，以及「**體驗的意義**」這個術語之**最初與最原始的含意**而言都是相當重要的。現在我們將依據胡塞爾的研究再一次凸顯這些重要的環節。

單純地在意識流程中前進生活，只會遇見流動的、未分化而不斷相互過渡的體驗。原則上每一個當下都和它的過去有所不同，因爲過去以持存的變樣留存於現在。但當我只是單純地前進，生活在意識流程之中時，對這些是一無所知，因爲只有靠著持存變樣從而有反省注意的活動，我才能掌握到過去。在意識流程之內，只有從當下到當下的生活，每一次也都包含著先前當下的持存變樣。正如胡塞爾所說，我生活**在**自己的意識活動裡，其鮮活的意向性把我從當下帶往下一個當下。但是，這個「當下」不可以被理解成點狀的瞬間，或是將意識之流劃分爲兩個部分的這種切割。因爲，如果要在意識流程當中進行這種人爲的分割，我必須已經跳出意識流程之外。從沉浸於意識流程的角度來看，「當下」是一個階段而不是一點，而此階段在不斷的過渡中和其他個別體驗階段混合在一起。這種生活在意識流程之內的單純體驗，是一種單向的、不可逆轉的，且從多樣性到多樣性不斷進行的過程。在被體驗時，每一個體驗的階段都沒有區隔地過渡到另一個體驗階段。不過，一旦被人們所注意及掌握，每一個階段都在它的如此當中有別於另一個。

不過，藉此我可以將注意力轉向體驗過的體驗，在反省的活動中，我跳脫純粹意識流程，跳脫單純前進生活的生命流程。此時，我的體驗被理解、被區別、被凸顯、被界定出來。原本在生命流程之內按階段被構成的體驗，現在在注意之下成爲「已構成的」體驗。現在按階段所建立的東西，無論這個注意活動是在反省還是再造（在質樸的攫取）之中進行，已成爲「已完成的」體驗而截然有別於其他所有體驗。**因爲注意的活動——這對一切意義的研究很重要——預設了（不論注意是反省或再造性質的）這些體驗都已成爲經歷過**

的、消失的、完成的，總之成爲過去的體驗。⑮

我們已經區分位於流動中、與其他體驗相混在一起的、未分化的體驗，以及界定清楚但已經歷、成爲過去的、已消失的體驗，後者不是以徑直生活，而是藉由注意的活動而被掌握。**這點對我們的論述主題十分重要：既然有意義之體驗的概念總是預設，被賦予意義的體驗是一個明確區分的體驗，所以擺在眼前的事實是，有意義性只能賦予給一個過去的體驗，該體驗對於回顧性的目光而言是已完成而且消失的**。

有回顧性的目光，才有個別鮮明的體驗。**只有已完成的體驗才是富有意義的體驗，正在被經歷的體驗則不然**。因爲意義無非就是意向性的成就，唯有在反省的目光之下成就才是可見的。相對於經歷中的體驗而言，意義的明確化必定是瑣碎的，因爲在這個領域之中所謂的「意義」無非是指「注意力的專注」（aufmerkende Zuwendung），它只能用在已經經歷的體驗，而非正在經歷的體驗上。

以上對於明確區別體驗以及未明確區別體驗所作的區分能否能得到充分說明？至少就可能性而言，注意的目光是不是可以專注於每一個已經歷的體驗，把它從體驗之流「凸顯出來」，使得它與其他的體驗「區別」開來？我們相信該問題的答案應該是否定的。也就是說有一些體驗，雖然在任一個當下被體驗著，但要不是完全不能被反省到，就是在非常模糊的方式下被反省到，而對於它的再造，除了「體驗到什麼」這個空洞表象——也就是在直觀方式下——以外什麼也沒有。⑯我們會把這一類的體驗稱爲「**基本上現時的**」，是因爲基本上它與一個內在意識流的特定時間點不可分。它們是藉由隸屬於或相鄰於自我的內在核心而被標出特徵的，這是謝勒以愉快的字眼所稱的個體的「絕對私己」（absolut intime Person）[17]。對此絕對私己的體驗我們知道「一方面它必然**存在**，另一方面也理解它是『**絕對**封閉』，無法讓人分享的」。並且對於本身自我的認識而言，也有絕對私密的領域，其「此在」之不容被懷疑，猶如它不能被反省的目光所探知一般。就體驗的如何（Wie）而言，這個領域的體驗是記憶所無法觸及的：記憶只能掌握這些體驗的「如此」（Daß）。考量這個論題的正確性（在此我們只能陳述這個論題，而無法完全證實），在有限的觀察下只有一項論據，即，越是「接近」個人內在核心的體驗，對它的再造就越不適切。而適切性的減低必然使再造的內容越加模糊。於是，重複性再造，亦即重建完整體驗過程的能力大爲降低：再造只有在能以直接掌握來完成的範圍內，才是可能的。而體驗的如何（das Wie des Erlebens）只能在重複式的構造中被再造。一般來說，我們對外在知覺體驗的再回憶都比較清楚，外在過程、動作等等都可以在自由的再造裡被回憶，也就是在生命流程內任一點之上被重憶。眞正的困難在於對內在知覺體驗的回顧，只要那些體驗被理解成是緊貼著個人絕對私密核心的，我們就無法探知其如何，而只能以直接的把握來掌握那些體驗的如此。這個領域不僅包括自我肉體，也就是生命自我（Vital Ego）（作爲身體運動對應項的肌肉的收縮與放鬆，以及「生理的」疼痛、性方面的體驗等等）的所有體驗，還有那些心理現象，包括籠統的統稱爲「情緒」，乃至於「感覺」、「情感」（歡樂、哀傷、厭惡）等等。可回憶的界線與「可理性化」的界線是相互重疊的，就人們對於後面這個意義極模糊的字眼（如同韋伯所使用的那般）作最廣義的解讀，也就是用在「賦予意義一般」（Sinngebung überhaupt）而言。可回憶性正是所有理性建構的最高預設。而那些不能夠回憶的——原則上總是一些無法用語言形容的事物，就只能被「經歷」，而不能被「思考」：原則上就是無法被表達。

八、胡塞爾之「賦予意義之意識體驗」以及自身行爲的概念

我們現在必須回答這個問題：我們稱爲「自己的行爲」之體驗系列與所有其他體驗如何區別？「行爲」這個常見詞已經給了我們一個方向：在我感覺到身體的疼痛時，當某人舉起我的手臂而後再放下時，根據一般的語言使用，這一系列的體驗流程都不足以被稱爲「行爲」。但我對這些所抱持的「態度」就可稱爲行爲，即，用日常語彙來稱呼「忍受」痛苦、「壓抑」痛苦，或「置之不理」，以及對於對我身體的外來作用加以「順從」或「抵抗」。不過毫無疑問的，這種足以被稱爲行爲的體驗與之前所舉的例子，即純然從原初的被動性而來的體驗，儘管有著一個基礎關聯，卻是完全不同的。其中一類的體驗系列只是原初被動的體驗系列，而另一類則是對第一類體驗系列所抱持的「態度」。用胡塞爾的話來說，**行爲**是「**賦予意義的意識體驗**」。基於他對「界定『思想』的最一般概念本質性的界定

之重要而且困難的問題」所進行的研究，他認爲，並非所有意識體驗都具有「賦予意義」的能力。「原初被動性的體驗、運作著的聯想、原初時間意識，即內在時間性構成所在的意識體驗等等都不能夠」（給予意義的）。一個能夠給予意義的意識體驗，毋寧必須「擁有特定意義底下的自我行爲類型（採取特定態度的活動）或是一個隸屬於所有這類行爲的變化類型（次級的被動性，亦即以『回想起』之型態被動地出現的判斷）」。[18]

我們可以把抱持態度的活動也理解爲原初產生主動性的活動，[19]就胡塞爾而言，[20]「性情」及其價值、目的、手段等的活動也包含在這個概念之中。根據胡塞爾的用語方式，在自發性活動形式中的意向性或在自發性活動的次級變化模式中的體驗都是賦予意義的意識體驗。然而哪種是自發性活動的變樣？這種變樣所引起我們興趣的主要例子，就是我們之前提到的持存與再造的意識方式。他的描述如下：「伴隨著每一個自發性活動會出現某些新的東西。它在所謂作爲原初感覺的流動的每一刻作用著，原初感覺依循意識的基本法則（亦即持存變樣）而經歷其側顯。這個在意識流之中逐步發生作用的自發性構成一個時間對象，甚至是一個不斷生成的對象，本質上它只是一個過程而非持續的對象，而這個過程會沉沒到過去裡。」[21]「凡是經由主動性……所完成的意識對象性之原初構成，原初的行動便變成**次級形式**的持存重複性，它就不再具有主動性，而是變成被動的形式，如同我們也說的一個『**次級的感官性**』。由於持續性的同一綜合，被動意識乃是對於該『原先』在主動原初性中所構成者的意識。」[22]

這個事態將藉由「判斷活動」的例子來說明，它也是一個「**構作的動作**、**行動**」，只不過這個行動「在它的主題範圍裡不僅一開始，就連它的所有階段構作中都只具有非眞實的對象（Irreales）」。[23]就連這些理想對象性也是「可以產生的目標、終極目標和手段，它們之所以**是其所是**，只因爲它們是『**從**』原初產生的。但這並不是說它們只**位於**或**在**原初的形成過程**當中時**，**才是其所是**。它們『位於』原初形成過程裡，意指期間當它們作爲某種具**自發活動形式**的意向性時被意識到，特別是在原初自我模式裡被意識到。**這個從這種原初活動而來的被給予方式無非就是它本有的『知覺』種類**」。[24]

我們現在試著把前面提到的胡塞爾觀點運用到我們的問題設定上。

我們將**「行爲」界定爲透過自發主動性而賦予意義的意識體驗**，從而在行爲的範疇裡我們將會讓構作的作爲（Tun）與行動（Handeln）另外形成一個獨立的類別，關於這點我們稍後再加以討論。把在原初的活動裡所構成的意識對象性，也就是行爲，與所有其他的意識體驗區別開來而且使它成爲胡塞爾所說的能夠「被賦予意義」者，唯有當我們把上面所作的有關於構成的活動與被構成的對象性之間的區別，也應用到自發性的活動與在它們當中所構成的對象性時，才會清楚。在流程的方向裡，自發性的活動無非就是意向性的方式，在其中自我構成的對象性是被給予的，換句話說：處於流動中的行爲會以自己的方式被「知覺」，更明確的說是以原初活動的被給予方式。

此一知覺以原初印象的方式作用著（fungiert als Urimpression），持續性的持存側顯則緊緊相隨。所以，只要是我們根據對原初印象的持存之分析所主張的行動，都適用。活動是一項從某個現在逐段的過渡到另一個現在所構成的體驗，但反省性的意味性射線只能夠從一個後來的現在照向它，而且要不是在持存的內在知覺裡就是在再回憶裡（不論它是瞬間掌握的再回憶或是逐步的重構）。但是，由於就連在意向性的變樣裡原初的意向性也被保存著，所以它也在持存或是再回憶，在從自發性活動而來的發生性導引（genetische Ableitung）裡被保存著。

應用到行爲的理論去意味著：在流程中的自身－行爲（Sich-Verhalten）是**前現象**的意識體驗。只有當行爲是逐步構成，或至少是它的起始階段經歷了（走完、成爲過去）以後，它作爲完全區隔之個別體驗才可以從其他的意識體驗之深谷裡凸顯出來，而被回顧的目光所捕捉。所以嚴格說來，現象的體驗從來不是自身－行爲，而總是**已然**－自身－行爲（Sich-Verhalten-haben），但在這個意向性變樣底下原初的原始體驗（das ursprünliche originale Erlebnis）仍然保存著：因爲過去的行爲也是**我的**行爲，它是一種特別的、採取態度的自我活動（ein spezifischer stellungnehmender Ich-Akt），即便在變樣的側顯裡。正是藉由特定的採取態度性格，使得它與「**我的**體驗」之比較普遍的概念有所不同。已經結束的體驗是我的，因爲我經歷了它：但這只不過是對生命流程的持續性，或是對構成時間的意識之流的統一體之另一個表述。回顧性的目光也把原初被動性的體驗統攝爲**我的**體驗，相對而言，我的行爲或者是我的「已然－自身－行爲」則回頭指涉自發性活動的原初印象。

所以行爲是一系列的體驗，它是藉由在「一般體驗」之內、保存在所有的意向性變樣中的自發性活動的原初意向性所標明的。在此我們看到之前說過的，「行爲」這個語詞所指涉的，是可以用某一種方式（也就是以意向性回顧的「發生創元」〔genetisch urstiftende〕活動的方式）被帶到視線中的體驗，而且所賦予該行動的意義無非就是，使得體驗變成爲「行爲」（「由」行爲「而來」）的視向（Blickrichtung）的一定方式。由此也顯示我們之前分析「完全區隔之體驗」時所提出的命題可以得到證實：「意義」只能加諸已經成爲過去的、結束的、可以提供給回顧性目光的體驗之上。因爲充滿意義的並不是前現象的活動體驗，而只有那個在自發性活動的形式中藉著**反省**被知覺到者才是。

現在我們可以向前進展，試著在行爲的範疇裡面界定行動的概念。

九、行動的概念——構想和前攝

根據日常生活的用語，行動與行爲之間的差別往往在於前者是「意識的」，甚至是「意欲的」，而後者根據普通語彙則是所謂「反應的」（reaktiv）行爲，是對於外在刺激的非意願性或非目的性之「反射」（Reflexe）。對於這項看起來如此淺薄的區分我們現在要探問其深層理由。㉕

首先，每個行動都是「指向未來事物的」自發活動。但這種「指向未來」不只是行爲的特性，事實上所有原初構成過程都包含了指向未來的體驗意向性，不論這些過程是否來自於自發主動性。對於這一點胡塞爾[26]也有所說明。

根據胡塞爾的觀點來看，廣義地說，「反省」並不限定在持存（Retention）與再造（Reproduktion）的活動裡。從素樸—自然觀點的立場來看，緊鄰的「前攝」（Protention）對應於持存。「每一個原初的構成過程，都是由前攝所啓動，它將即將來到者以空洞的方式構成，截取之，而後使之實現」（《時間意識》，第四一〇頁）。和緊鄰的前攝不同的是前回憶（Vorerinnerung）（預見的期待，vorblickende Erwartung），它與「前攝」有不同的「當下化的」（vergegenwärtigend）涵義，即，與「再回憶」（Wiedererinnerung）相對立的再造（reproduzierend）活動：「直觀地被期待者作爲在預見中被意識爲『未來將到來』者，藉由『在』預先回憶中的可能反省而同時具有**將會被知覺者**的含意，就如同被回憶者具有已經被知覺者的含意一樣。所以就連在前回憶中我們也能夠反省，並且有意識地將我們自己過去並未校正到的體驗劃歸爲這種前回憶的內容：如同我們每一次所做的，我們會說，我們**將會看見**即將到來者，而反省的目光則已經朝向那個『未來的』知覺體驗。」（《觀念》，第一四五頁）對未來的預期，這種「朝向性」（Gerichtet-sein-auf）對任何行動而言也都是根本的，胡塞爾已經一再地針對這點做了清楚的說明。所以他（《邏輯研究》，第一四九頁及以後）說道：「在行動當中所有的行動目標……事先都是以空洞的、內容還不確定的、無論如何還沒有被實現的預期的方式爲我們所意識，它們是我們所要追求的以及所要達成的自身所與性，逐步展現的行動正是如此構成的。」

根據之前說過的內容，行動似乎可以被界定爲一種行爲，它在一種非特定而空洞的前攝中預期即將到來之事（das Kommende）（對我們來說是經由行動加以實現者，即已然行動[Handlung]）。不過基於許多理由這個定義還有許多的缺點。一方面，在**空洞的**前攝中對即將到來之事的預期一點也不是行動的特有性質，在所有其他抱持態度的活動（Akten）中也不難發現空洞的前攝。再者，前攝只以**空洞**而**未落實的**型態出現在未經反省的行動之構成過程當中，也就是在出於自發性活動的體驗的逐次展現裡。在意念的視向朝向行動時，該行動就已經流逝、完成、結束構成活動了，至少就那個在反省的視向中被掌握到的行動環節是已經結束而成爲過去了。但是在反省注意當中（首先是回憶）的前攝則從來不會是空洞而未曾落實的期待意向性（Erwartungsintentionalität），它會以如此存在之意向爲目標，如同以別種存在或是「不存在」之意向爲目標。毋寧說，透過最原初現在（空洞的意向性隸屬於它）的消失轉變爲已經過去，它們都保有落實的所有特徵，這個過去被新的現在所注視，也就是反省的注意活動在注視著過去。所以只有在記憶中，前攝的眞正功能才會表露無遺。「任何回憶都含有實現並達到現在的期待意象。……再回憶的過程就回憶所更新的不僅僅是這些前攝而已。它們不只是正在捕捉，而且已經是有所捕捉，它們是充實的，而且我們在再回憶之中會意識到這件事。在再回憶意識當中的充實乃是再充實（正是在回憶設定的變樣之中），而且當對於事件知覺的原初前攝並不確定而別的存在或不存在都還很難說時，我們在再回憶中就有一個向前的期待，它不會允許不確定的狀態存在，除非是在『不完全的』回憶形式中，它的結構與不確定的原初前攝並不相同。但這也是包含在再回憶之中。」[27]所以對於行動者來說是空洞的期待者，對於回憶者而言乃是落實或未落實的期待。對行動者而言，它是從現在指向未來，但對保有未來的時間特性的回憶者而言，則是由過去指向現在。但意向目光所關切的只是已然行動（Handlung），而非行動（Handeln），而已然行動總是已實現的，絕非空洞的前攝。

現在我們要轉而討論「前回憶」的涵義，也就是相應於再造的反思性的預期，並且要探問底下這項說法的含意：對所有的行動來說，行動的目的事先已經都在前回憶的預期中被意識到了。對行動的描述性分析顯示出，所有行動進行之時總是與一個隱然「預定的構想」相一致，於是，用海德格[28]的話來說，從而具有「**構想的特質**」（Entwurfcharakter）。[29]但行動構想的進行原則上與所有真實的行動無關。每一個行動構想毋寧都是對行動的幻想（Phantasieren），[30]也就是自發活動的幻想，而非自發活動本身。這是一種自發活動的直觀再現，具有立場性或中立性的特質，[31]而它的確定性樣態（執態）可以是隨意的。[32]這些幻想與前攝的區別尤其在於，後者只要尚未被攫取（auffangen），基本上就只是**空洞**的表象，而前者原則上則純然是**直觀**的表象。當然這仍不是意味著，想像中的行動被賦予一定程度的可解釋性或清晰性：毋寧說，所有對未來行動的預期都含藏著高度的模糊性，就算（一般用語之中的）理性行動亦不例外。

爲了能夠更加確定構想的特質，我們在前一節已經提及**行動**的幻想。但現在的問題在於，這項表達方式是否已經顧及行動以及已然行動在用詞上的區分。我們可以用如下的方式重新表述這項質疑：要是在當下化想像的直觀表象之中的行動或是已然行動被掌握（「預先回憶」），那麼構想就會朝向行動或是已然行動嗎？用胡塞爾的話來說，也就是那個「爲了達成自身所與性而逐步自身完成的行動」[33]嗎？

答案並不難獲得：**被構想**（預先回憶）**的，並不是逐步完成的行動，而是已然行動**，已然行動正是行動「目標」，並且經由行動而達成。這是構想的本質使然。假定已然行動至少不先被一同構想，則行動本身是難以被構想的。因爲只有完整的已然行動才可以在再現的幻想中被當作**直觀**想像的對象。這正是**「將被知覺者」**，它意向性地包含在每一個期待中。假如作爲行動目標的已然行動未被實現，或至少不被一同構想，那麼作爲流程的行動的表象必然是空洞而非直觀的，用胡塞爾的語言來說，它是一種非直觀的前攝。我可以說我在想像自己的行動，例如我想像自己起身，走向窗前。但在注意我所想像的「起身」，「走向窗前」時，行動是被想像成已完成的，而對我行動所想像的，即自發活動中完成的個別肌肉的收縮與放鬆，也就是諸如此類的行動過程的階段之想像，根本不是反省朝向（預先回憶）的對象。也許有人會反對，認爲這是一種自我欺騙，也就是認爲之所以如此的原因在於，對這類想像的行動過程缺乏警覺性。這項說法是不難駁斥的，我們知道，每個想像的局部行動，例如，伸出一條腿，也都是只被想像成是已然行動，亦即已完成的肢體動作，而不是這類的過程。這些步驟的各部分當然可以任意再進行更為細部的劃分。

明顯地，被意向行動的階段性流程，從來不能夠從被意向的已然行動孤立起來，後者只能夠經由這個行動以及在它之中被構成。就如同在眞正回憶的反省性目光中只有已然行動可以作爲行動的已構成製造品，而非顯示成作爲流程的行動，同樣地，在前回憶的反省中被掌握的只有被想像的已然行動，而非被想像的行動，在此「被想像」是被理解為（像是此處的）「直觀地表象」之謂。所以被構想的是已然行動，而非行動本身。

所有這些構想與被構想的現象只存在於反省性的思考，亦即體驗流的回顧當中，而不存在於所經歷的意識，也就是自發性的活動當中，這種活動就其現時性來說，主要是未加反省的體驗。自發性活動之體驗固然也被期待的光暈所圍繞，但這些期待都僅僅是空洞而不明確的前攝，這些其實是眞正的前攝，在行動的施行當中出現：人們知道有些東西會出現**這件事**，但**內容**是什麼則不確定。然而由於透過行動的施行所成就自身所與性的已然行動事先已經被構想出來，每一個當下狀態的前攝於是基於這個當下狀態而成的先行構想的再造，而獲得準直觀的特性。**現在我們可以指出行動與行爲兩者之間的差別在於已然行動之被構想，已然行動是透過行動而達到自身所與性的**。由於是在這前頭的最初階段中的意義之下來理解反省行爲的眞正的意向性，所以我們可以把句子表達成：**行動的意義即預先構想的已然行動**。此一概念規定同時提供了有關「行動之導向」具有多重歧義的說法首次的界定，這點對韋伯而言極爲重要。所以我們可以說，行動在它的施行過程中是以被構想的已然行動為導向的。至於要如何由此對韋伯「行動之導向」概念的其他用法加以解釋，還有待探討。

我們一旦掌握行動的涵義（這對於解決許多社會學問題具有根本上的重要性），會比較容易探討具有相當明確行動目標的「理性的行動」，也就是純目的行動。理性的行動是如何展現的？無論這個目的被設定的理由是什麼，行動的構想，即計畫，是和目的的設定一起開始的，就跟目的的設定的形成一樣。如果行動者想要達成這個目標，他就必須設定手段，也就是去執行一些對達成既定目標有益的部分行動。但這無非是說，根據當事人在構想之時間點上具一致性的經驗，可以說，所構想之種類的目標能夠透過設定一連串依據事實的「手段」來達成。所以爲了達成設定的目標，他必須設定M1、M2……等手段。不過一旦他「選定」了這些手段，那麼這些手段本身也會被設想爲行動的目的，或者明確地說，中介的目標。而實行這些中介的目標又需要有新的手段的選定，於是在嚴格理性行動下，這個過程一階段一階段進行，這就是我們先前所謂行動目標的構想。**理性行動可以直接被界定爲具有已知之中介目標的行動**。在此，重要的是，構想者的判斷具有如下的形式：假如行動的目標Z是**會達成的**，就會經由手段M1、M2……等而**達成**。所以在M1、M2…等**已經被設定**的情況底下，將會達成Z的結果。因此，我們可看到，即使在理性行動的這個階段，構想在本質上也都是指向在未來會被實現的已然行動的，因爲畢竟要先源於此，才有手段的選定。換個角度來說，構想者的做法不外乎是在構想的時間點上將所構想的行動看成是已經在過去存在著、經歷並完成的已然行動，它從現在開始（在構想的時間點上所給予的）納入經驗關聯之中。所以，被構想的「行動」即是在構想時也具有「過去」這個時間性質。當然，在行動過程本身當中，也就是在實現所預想者的期間，願望的附帶表象也會加入，它有可能是適合實現既定目標的選定的手段，以及**前攝**（就嚴格的語義而言），於是就會有由相關手段之設定所預期的結果出現。不過在此我們並不必詳加探討這些現象。我們所側重的見解是，所有未來行動的構想本質上還是朝向一個過去的、已結束的行動，所以說以想像方式所構想的並不是在綿延流中的行動過程，而是被設定成已經歷從而被反省目光所捕捉的已然行動。這一個特殊的思想模式我們還會不斷的遇到而用**未來完成式**（modo futuri exacti）**的思維**一詞來稱呼它。綜上所述，只要期待並不是空洞的前攝，所朝向的將來之事難以確定，而是直觀的想像，就已經具有未來完成式的時間特性了。

爲了讓我們剛剛所描繪的事態更加明確化，不妨舉泰瑞西亞斯（Tiresias）[34]的故事做爲例子，他具有先知預言的能力，能夠在任何當下狀態中以類似方式預見未來的事件，就像我們的意識在任何當下狀態中回憶過去的事件一般，但這樣的意識所給予的仍不過是具有未來時間特性的已經歷之事，而不是未來的過程。因爲如果泰瑞西亞斯只能意識到過程，則他如何知道這些過程之消逝？假如他不是把它意識成已完成的過程，他如何能夠加以預言？畢竟，在每個過程之後還有新的過程在進行著，同一個過程還被視爲這些新的過程。[35]

不過我們界定行動是構想的行爲，也以令人滿意的方式解決了每一個具體行動流程的區隔這個困難的問題，或者就如我們所願地稱之爲**行動統整性**的問題。行動的統整性究竟是什麼，這個問題理解社會學未曾探討過，但是就它的研究範圍來說卻是十分重要，我們接下來有必要好好探討一下。只要一位社會學家問到一項行動的意味意義，他就會「毫無疑問地」把這項行動本身看成具有可以被精確界定，尤其是可以被客觀加以界定的統一體。早在我們對於當下理解與根據動機理解的關係進行研究時已經能夠指出理解社會學在區隔具體行動時所包含的任意性，這項區隔可以說顯然完全跟行動者賦予其行動的意味意義之確立無所關聯。之前剛剛完成的對於行動（尤其是理性行動）的分析，也是得到相同的結論。目標一旦確定，手段的選擇便跟隨而來，而每一個手段本身變成中介目標時，又有賴於新的手段來加以實現。這個具有統整性的行動分割成幾個部分行動且對於一個具體行動的探討是客觀的，也就是說假如不去回溯行動者，更精確地說，構想者的意見的話，是不可能去確認所構想的行動統整性是不是能夠在觀察者逐漸清楚的流程中兌現。在每一個階段性的構成過程中，在各階段中的統整性都可以被當作已兌現的，而每一個之前或是之後的階段也都可以看成新的統一體。所以他人行動的起點與終點何在，其由本身的力量完備性所限定的意味意義究竟是什麼，完全取決於觀察者——社會世界當中的伙伴也好，社會學家也好——的決定，畢竟行動的客觀流程一點也不能夠提供「具統整性」行動的界定標準。但這導致無法消解的弔詭。因為，假如不是把焦點擺在**對行動者**的行動流程相關的階段上，而是擺在被觀察流程的「事實性」（Faktizität）當中任意被挑選出來的部分，則我們如何能夠探詢行動的意味意義呢？但很明顯地，依照伐木或是行動個別執行段落的不同，可以有非常不同的意味意義：「職業性的工作」被當作研究的對象。但是如果想要認眞地確認一項行動的意味意義，則行動統整性的主觀構成，也就是有關該行動的「主觀意義」也必須被認眞地追問。

我們已經藉由將行動回溯到先前以未來完成式所構想成已經歷的想像的行動，而將問題澈底化。從這個根本論點出發可以得到行動統整性的概念，而其結果則是：**行動的統整性是藉由已然行動的被構想而構成的，而已然行動乃是經由被意向而逐步實現的行動所實現的：它是構想「跨度」的一個功用**。如此一來行動之統整性的「主觀性」被完成了，而一旦人們賦予一個「客觀的」整體流程以一個「主觀意味的」意義時所產生的困難，也被排除了。[36]不過在此我們應清楚地認識到，行動的意義是由先前的構想所界定的。這是在回應前面第六節中的論述：所謂「由行動者所賦予意義的行動」，不過是對目光以特定方式所把握的體驗的比喻性的稱呼，而錯誤地賦予給該行動的意義，不外乎是，將注意指向我們的體驗，亦即所構成（且是一個統整的）行動者的如何而已。

十、「有意識的」行動及其明證性

我們現在必須探討什麼事態是「有意識的」（bewußt）行動（相對於「無意識的」〔unbewußt〕行爲）的流行表象之基礎。[37]「無意識的體驗」之說法明顯是自相矛盾的，假如意思是存在著意識所完全未曾觸及的體驗的話。因爲嚴格說來，「體驗」乃是意識的對應項（Korrelat）。「體驗」正是在意識當中出現者，或已經出現者，除此之外別無他物。假如我們不去管這個被貿然誤用的詞語「無意識體驗」的話，則這項詞彙還會繼續歧義下去。它或者可以指，一項體驗固然是在體驗流中出現的「原初與料」（Urdatum），而它只能在眞正的「現在」[38]之形式裡出現，而非反省活動所注視的對象；或者儘管是對某體驗的反省注意，卻是以籠統混淆的方式；但也曾是或可以是爲注視之對象的體驗，卻一直「未受注意」，正如同「具有可確定之未確定性的體驗之背景範域（Hintergrundsfeld）」。上述這些情況都不適用於有意識的行動或者是無意識的行爲之說法。還有自發性活動的體驗其本身也不是「有意識的」，只要這個詞所指的是反省性的掌握的話。還有行動一旦在成爲行動者反省注視對象之情況下就是「有意識的」，但這時它再也不是行動，而是經歷過、已流逝的行動，亦即已然行動。但與所有其他自發性行動不同的是，「行動」在它被執行**之前**已經是「有意識的」，也就是作爲「已構想的已然行動」。被意向的已然行動，也就是在自發性活動中進行的行動之期待，會透過該行動而經歷它的充實過程。於是執行時的已然行動之每一個當下體驗，都必定夾帶著被構想者的持存或是再造。這雙重的連結：行動對於已然行動的「導向性」以及每一次的回溯到構想本身，這個眞正的事態會導致一項結果，用一般語言來表達就是，使得行動被賦予一定程度的可意識性。這將會更加容易理解，如同在素樸的自然直觀裡，在所謂有意識行爲中的諸體驗：把行動、對已然行動的意向關聯、對想像成是將完成的已然行動的未來完成式的構想的持存或再造的關聯——一律被當作整體來掌握那般。

只要意識體驗的明證性㊴尚未被解釋清楚，「有意識行動」的概念本身就還沒被釐清。不過這點對下列情況並不適用：例如只被意向而未執行完成的，也就是只被構想的已然行動，或是對於處在流程中的行動，也就是朝意識流程方向的當下自發性活動之未被反省的體驗，或是別種對已經歷、流逝之被構想行動的反省性掌握。

我們自己的已然行動所標示成構想的幻想體驗，本身可以在任何一種類型的明證性當中——從比較模糊的一直到最爲精確的——被反省所注視著。但這項明證性並未能及於最低層次，就是被幻想的已然行動本身。亦即，作爲幻想體驗的每一個構想本身都必然會包含一個空白的部分，它僅透過一直到每一個當下狀態之行動流程才能夠被填補或不被填補。例如，我們可以在再造（Reproduktion）時的已然行動的執行過程中掌握已然行動的構想，而且藉由持存掌握行動的已執行部分，而且確定出偏移的程度，後者表明實際上已經流逝的行動階段之持存與再造的被意向行動之距離。兩種明證性都可能有最高的清晰度，就如同在理解社會學中所謂的嚴格理性行動（例如，當一個根據「縝密構想」行動的行動者在行動過程中問自己，他的行動相對他的構想而言是否恰當）。不過構想與實際執行的行動之間必然有所不同，**光是**從底下這點就看得出其原因來，自發性活動的當下體驗之明證性，本質上與在回憶中所出現的僅僅被想像但卻未能執行的構想之明證性大不相同。亦即任何行動在其當下執行中和此一行動的任何持存，可以說都是具有原初而直接的明證性之自身所與的活動。每一個回憶都只有相對而不完整的權利。「鑑於（回憶）所再現的，也就是過去的經驗與當下的現在處在一種關係中。它一方面設定了過去的經驗，同時必然也設定了視域，即便是在模糊、昏暗而不明確的方式底下；除非是被帶到在某個關聯下顯題式的回憶裡，它才可能變得清楚而明確，它將終結於**當前的知覺或是當下的這裡與現在**。這對於任何的回憶而言皆然，取我們的最廣義，即關乎所有時式。」[40]「隨著回憶一步步成爲在澄明的回憶脈絡中的回憶（其終極目標在於進入知覺當下的行列），回憶便被強化。不過要是我們的闡述能夠及於**當下的現在，則從知覺與及其明證性產生出來的光源可以回過頭來照亮整個過程序列**。」[41]所以這就相當於處於作爲現時想像體驗的構想中的被意向行動、與行動過程中的被意向行動以及完成已然行動後的被意向行動各有各的明證性，**原因是，這些明證性都是現時當下與這裡的意向性成果**。同樣地，過程中已確實執行的行動和已執行完成的行動分別具有不同的明證性。這個由胡塞爾所發展出來的問題架構的豐富性，在此不能夠也不應被排除在第一批對我們所提問題來說十分重要的起點之外。不過在我們看來，重要的只是去確認被給予性方式乃至被稱爲「行動」的體驗之被給予方式和明證性之所有變異方式都能夠被掌握到。由此可以解釋，爲何所有全然不同程度的模糊與明確程度的明證性會交織纏繞在一起。所以例如說，最高的明確性可以出現在行動的構想中，而流程本身中的行動只能夠以模糊不清楚的方式「被意識到」（回溯），而已流逝之行動的再造基於回憶活動的不完整性絕對不能夠成功，因爲正如同胡塞爾所說的，回憶的圖像會「爆炸」而變成異質的再造。

可能的變化是不計其數的。不過無論如何只有當行動已經完成、經歷過，也就是變成**已**

然行動時，我們才能談所謂「**有意識的行動**」。這對構想而言也是一樣有效的，也就是把被意向行動以未來完成式之方式被掌握且只掌握爲這類的爲已然行動者。所以前面提到被賦予意義的行爲是有意識的行動，可以加以詮釋是被賦予意義的行動，我們也指出㊷：意義被附加在行動上的意義，是在正存在於對該行動的意識內所構成的，所以現在我們已經認識到這個表達方式的多義性。不過我們的探討並不影響下列這項觀點：行動的意義是在於已然行動，因爲它是來自於我們對行動，即作爲以事先構想爲導向的行爲的界定。

再者時間的分析也充分呈現出執行之前的行動與執行完畢的已然行動兩者間的顯著區別。因此追問已完成之行動的意味意義所要求的答案與另一個問題，亦即追問被意向的同一個具體行動的意味意義有所不同。

在執行之前的行動之意義結構與已完成的行動之意義結構兩者之間的主要差別在於，在行動的構想中，已然行動是以未來完成式之方式被幻想爲在某一個時間點中被完成了，實際上它仍然還沒有被執行。因而乃發生了一個由當下狀態出發的，對於已經完成的被想像行動的反省性注意活動，而該當下位於實際執行**之前**的生命流程中。因爲自我在實際執行行動時已經變老而且因新體驗也變得豐富，以致於被完成的已然行動與被構想的已然行動在意義結構上原則上並不相同。每一個照亮流逝之生命流程階段的光源，是不斷的從一個當下狀態轉向另一個新的當下狀態，因此被照亮的範圍跟著不斷的變換：假如存在特質執行完已然行動之後朝它們望過去的話，在構想之初被置於受光源之處者逐漸變爲黑暗，而原本處於黑暗的預存的期待乃獲得光線。我們可以想像一個人自我構想一項有過長時間預先構想的理性行動，在此之前，他曾有過長時間的構想，並詳細清楚地**預期**中程目標與最終目標。不過無疑的，這個人自我對其**構想**的態度必然不同於他對**執行完成的已然行動**的態度，且當行動確實「照計畫」進行時，尤其如此。「行動的面貌似乎在發生之前與發生之後每每有所不同」。這一直是社會世界的專門科學的一個問題設定。所有的歷史詮釋的核心亦強調，必須指出史上「原本的意圖」與實際結果的意義結構之間的差距分歧。例如，司法人員懂得依據現行法和擬議法觀察方式的根本差異，或是換個表達方式，從即日起跟溯及既往的詮釋來了解問題情勢。在理解社會學裡，這個問題是發生在主、客觀機會之間，以及具因果適當性與意義適當性詮釋之間的區分。我們稍後將詳細討論這個問題。[43]

我們還可以舉出許多例子來。不過它們都以這個共同點作爲基礎，亦即意義結構隨著每一個可以完成觀看的當下狀態而有所改變。因此根本談不上與行動相連結的意味意義。**「意味意義」這個概念構造毋寧說必然是需要補充的，它總是帶有意義詮釋的當下與如此之索引**。這一點並未受到韋伯的重視。他所理解的行動之意味意義就等同於行動構想的目的所在，也等同於已完成之行動的因果性決定因素，亦即這個概念既包含了對透過行動者在行動完成之前的構想之詮釋，也包含了對透過已完成行動者所執行完畢的行動之詮釋。

十一、意欲性行動以及意欲的問題

如果人們摒除意志概念（Willensbegriff）的形上學與自相矛盾等等之類的問題，則這個作爲一種可以被清楚描述的事態，乃是一種特殊的意識體驗，並且可被表徵爲以預存的構想作爲基礎的自發性活動。什麼是自發性活動的體驗？而構想的本質又是如何進一步被確定，「被意識」，也就是明證性、構想以及隨之而來的自發性活動具有哪一些特定的方式？這些問題我們之前都已經討論過了。我們將藉由討論動機概念來看構想是如何形成的。有關意志體驗現象的分析，正如詹姆士（William James, 1842-1910）所說的使構想轉爲行動之「啓動」（fiat），並非我們的主要研究對象，所以暫時不去處理。儘管這點對意志的現象學，以及胡塞爾區分反省性與非反省性[44]的經驗頗爲重要。

現在我們回到「意欲性行動」的第二類主題：選擇、決定，與自由的問題。[45]如果我們認爲意欲性（Willkürlichkeit）是有意義行爲（sinnvolles Verhalten）的判準，那麼行爲的「意義」只能經由選擇構成——以某種方式行動，而不以另一種方式行動的自由。這不僅僅指行動是自由的，而且還知道行動的目標，並且能夠進行決定。簡言之，一項自由選擇存在於至少兩個目標之間，這正是柏格森在一八八八年所出版的第一本書[46]早已提出的，他在該書之中釐清了決定論的基本問題。我們將扼要地敘述他的論點。

所謂在兩個可能已然行動X與Y之間進行選擇，其涵義究竟是什麼？決定論者與非決定論者都認爲X與Y有如空間中的兩點：自我站在「中間點」O，並且能自由地決定走向X或Y，猶如一個漫遊者站在指標面前可以選擇往地點A或是往地點B前進那般。但這種思考方式是錯誤的，我們不應該以空間上的目標或預先存在的路徑來理解這個問題，在任何行動被執行之前，都不應該將X與Y視爲同時存在的已然行動。因爲事實上這些目標在做決定以前根本是不存在的，同樣這些路徑也都還不存在，畢竟它們都未曾被行動者給走過，已然行動X或Y都未曾被執行過。假設X這項已然行動已經被執行了，那麼我們說只要回到O，Y就具有同樣被選擇的機會，這樣的說法根本就是無意義的。這個說法之所以無意義，還因爲X的決定原因已經存在，即使回到O，仍然只有X才會被選擇。決定論者與非決定論者都企圖將「已完成的已然行動」（l'action accomplie）回溯到O點，並將所有特質歸於進行中的行動（l'action s'accomplissante）。這兩種方式都包含了錯誤的假定，他們都誤以爲空間的思考模式可以應用到時間層面上，誤認爲我們可以透過空間來說明生命流程，甚至以爲可以藉著同時性來說明持續性。實際上選擇是以如下方式進行的：自我藉著想像而穿越一系列心理狀態，在每一狀態中，自我會擴展、豐富、改變（grossit, s'enrichit et change）直到「自由的已然行動有如熟透的水果離枝墜地」。從連續不斷的意識流程抽離出來而被我們看成並列的兩個「可能性」、「方向性」、或「趨向性」，實際上在已然行動被執行以前都不存在，眞正存在的只有自我及動機，兩者構成一個不斷流動的形成過程。決定論者及非決定論者都將這種擺盪當作空間上的移動：決定論的觀點是根據「一旦已然行動被執行，就算是已被完成了（l'acte une fois accompli, est accompli）」的原則，而非決定論則是依據「在已然行動被完成之前，它仍然未被執行（l'acte avant d'être accompli, ne l'était pas encore）」的準則。以上是柏格森的觀點。

我們已經詳盡的分析柏格森對已然行動與過程中的行動之明確區分，現在我們只是要把這項區分運用到我們的相關研究。我們將扣緊先前說過的「行動的構想特質」進行解說。我們已經明白，被構想的並非行動本身，而是以未來完成式的形式被當作已經結束的已然行動被預期著。此外我們也分析了兩種不同的已然行動模式，一個是在構想中被預期而與行動關係密切的已然行動，另一個則是在反省中所出現的已然行動，在預期中的已然行動還存在著實現或是不實現的可能性。構想固然具有想像體驗的特質，用胡塞爾的語言來說，它卻是「『設定』再現的**中立樣態**」，也就是非自身給予的活動；但它不只是設定性體驗的一個中立的再現（作爲「再造」的前回憶），也就是擁有未來向度的自發活動，該活動使得行動的體驗成爲原初給予的。㊼構想與「眞正進行設定」的行動有所不同，因爲它僅僅是行動的「陰影」而已，一種「成就」（**中立的意識體驗**）的影像，而行動本身則是「**有立場的**意識體驗」，它能夠**眞正成就**自發性意識體驗，並因此有著主題的性格。㊽

另一方面當想像被體驗時，它是生命流程的一個當下體驗，這個體驗的所有樣態都可以被反省到。那麼，所謂的「選擇」，也就是獲取決定，究竟是如何發生的？顯然，只有當某個已然行動X被構想了，也就是說某個設想未來已經完成的行動之意識活動被完成了，或者說，達到了中立化的再現。**在此之中**我們會去反省這個想像活動：既然每一個對於已經被想像的意向活動是奠定在被想像的對象上面，則這個對於想像活動的反省也是跟關於將被完成的行動X的想像活動有關係。而這個反省又是一個當下的意識體驗。**在此之中**已然行動Y被構想了，也就是說某個設想未來已經完成的行動之意識活動被完成了，或者說，達到了中立化的再現。想像活動Y被反省，而對於已然行動X的構想之想像體驗乃被一個新的注意活動——透過持存也好，還是再造也好——給掌握，這時候許多相互重疊的意識活動，它們固然是專注於未來會完成的行動，但整體來說，只是行動的「陰影」（並且是與X及Y相關的複雜體）而已，它們是「非真實的」、中性化的意識體驗。這些連續不斷出現的活動，就是柏格森所說的相互交替的「心理狀態」？答案是否定的。因爲對於處在生命流程當中的我來說，這些反省是不呈現的。胡塞爾一再地強調，當我在進行我思活動時，思維活動本身並沒有成爲意向對象，唯有經過反省，這些思維活動才**能夠**變成意向對象。柏格森所說的「心理狀態」並非被反省所掌握的思維，而是鮮活的、不被反省的意識，而我平常就是存活在其中。[49]一旦經過反省，它們就成了在反省中被意識的對象，而已然行動是在其中被構成的，行動從起點到終點都是呈現出已經完成的狀態，只有已完成的行動才可被反省到，而非進行中的行動。這點是柏格森所提出的核心主張。

但是銜接上胡塞爾的觀點，我們的分析將會超越柏格森的基本論點，因爲有一些問題他並未觸及。上面所描述的整個「決定」過程，選擇過程，兩個接續產生的構想之任意性，還有行動本身一直到它完成爲止等等，可說都是典型的例子，也就是在一些（「多元」）活動中所分化的「高階綜合活動」，[50]尤其是作爲優先選擇的活動，或者，當這些是需要作進一步討論[51]的模糊語詞，作爲「意願相關的活動」（「爲了別的緣故」）。**每一個「本質上『原初』只能綜合地被意識到的綜合對象性的多元主題構成都具有這樣的可能性，即，將被多重目光意識到者轉化爲只被單一目光意識到者，或者說，原先的被綜合構成者在特別意義底下的『單一主題』活動當中被『對象化』」**。[52]因此，根據所做的決定這項，這個對於反思的投射目光而言作爲已然行動的想像之統整性活動乃顯現了，雖然對於這項決定的逐步構成過程尚未有所留意。就在一個單一主題的決定活動中，這個在諸種想像行動中導向決斷的活動之對象化就其本身來說總是還有著那個根據意識的中立性而來的所謂特質，如同一些多元主題的、先前已被仔細描述的「不同構想之間的選擇」之活動。這些活動已經使得「被選中項目」之綜合構成原初地被意識到。已然行動一旦完成了，而反省性的注視落在行動的已流逝部分上面（作爲有立場性格的綜合），或者藉此這個綜合單一主題地朝被對象化的構想（作爲中立性格的綜合）照射過去，則藉由在流程中的行動本身事先被預期的行動之充實現象展露出來，關於這些我們之前都已經詳細探討過了。柏格森指出，決定論者與非決定論者之所以產生謬誤的深層原因在於將已完成行動之後的「意識狀態」（état psychique）設定在完成選擇之前的生命流程中的一個「點」。

對我們來說，這種從多元性到單元性的轉變還有一項重要含意：整個對行動的體驗過程，從原初構想到具體執行完成並被加以反省，本身是一個在被區分的多元活動中構成的綜合的對象，因此能夠**在流逝之後**在單一的注視中，也就是單一主題地被掌握，正如同在素樸自然的世界觀點當中那般；只要行動完成了，從構想開始一直到它被完成爲止就是一體的，因爲它是被我的一個單一視線所掌握的，而不去在意它的各個構成階段。

十二、摘要：第一個及原初意義概念的釐清

現在我們總算可以界定第一個及原初的意義概念。不過，如同前面章節，我們只想把範圍限定在自己行爲的意義上，不觸及互爲主體性的問題。

在前面的分析當中我們把處在生命流程中的生命與處在時空世界中的思想對立起來。思想與生命之間的張力意味著關於體驗的有意義性（Sinnhaftigkeit）之言說。所謂體驗**具有**意義的說法一般會有所誤導，畢竟它是深植於反省的本質當中。「有意義的」並不位於體驗或我思結構中，而是在於如何注視這個體驗中，或者如同我們之前說過的，在於自我對待過去生命流程的態度中。不過這項說法仍然不夠精確。當我們把體驗當作是從生命流程抽離出來的體驗時，已經意味著，**這個體驗是「充滿意義的」（sinnvoll）**。**這無非是說，「一個體驗被注視著」與「一個體驗是有意義的」這兩個說法是一致的**。然而是否我的所有體驗都是有意義的？一點也不，因爲我在生命流程當中也體驗到所有那些根本上是當下的體驗，那

些屬於前現象（präphänomenal）的體驗，而且是我的全部體驗，即使這些體驗仍然是未被反省的。要構成我的所有體驗之「每一自我性」（Je-Meinigkeit），僅需要自我的內在時間形式、生命流程，或胡塞爾所謂的時間意識就足夠——所有這些都只是「我」的生命流程構成的對應，和我的所有體驗之每一自我性的構成之表達。然而體驗不能光憑被經歷過，或者說它屬於我的生命流程就說是有意義的。這種看法會減低生命流程內活生生體驗與反省之間的張力，換言之，減低思想與生活間的張力。而所有的意義討論皆預設了這個張力。既然有意義性不屬於所思的結構（noematische Struktur），就是體驗本身，也不單純屬於生命流程，則每一個注意自己生命流程的活動都相當於一束光，這束光照亮了生命流程過去的若干個別片段，也圈住了它們；如此一來它們被照亮了，我們也可以說它們是清楚的。

我們的分析顯示，意義的概念及其問題不能應用在有生命流程的生命上，因爲，指出未能被反省的當下狀態具有意義，是不適切的。自我生活在我思（cogito）的活動中，並由當下狀態進到下一刻——由於這些我思的活動絕不會被光束照亮，所以它們不在意義的領域之內。相反的（這點來自我們的論述）：自我實際的當下狀態「正是光源」，它將光射向生命流程中那些已過去、已體驗過的片段，不僅照亮它們，並標示它們，使它們在流程中得以與其他體驗區隔開來。

如此一來充滿意義的體驗之概念便獲得了初步的釐清。通常反省性的目光專注在已流逝而被經歷過的體驗上，並使它從其他體驗當中凸顯出來而成爲有意義的。如果存在著使體驗成為個別整合體的「自發主動性」之意向的回顧，則在此注意之中，並且經由此注意，充滿意義的行為便構成了。如果反省的目光除此之外還兼顧到構想，也就是關於作為將是已結束的被想像行為的未來完成式之想像體驗，則有意義的行動便構成了。顯然地，對於有意義的行為或者行動之反省性注視乃是奠定在有意義之體驗的反省性注視之上，也就是在有明確範圍的體驗之上。[53]結果是，「行為」和「行動」總是一系列體驗的多元結構綜合，在此之上反省性的注視乃可能以兩種方式表現出來：不是以多元目光之方式對於逐步已完成的（行動或行為）事件的「重構」，就是對於逐步完成的行動（行為）進行單一的注視：對於已然行動或是已然的自身—行為（das sich-Verhalten haben）。

現在我們必須將第一個有意義概念相應地再加以擴充。我們的主題乃是「意味意義」這個概念，如同韋伯的社會學所說的，它是「行動者所賦予其行動」的意義。現在可以輕易地指出，這個意義固然必定奠定在我們所指出的能「給予意義」的注視上，但兩者並不相同。因為「行動者藉由他的行動所意味的」並非那項意義（即體驗作為行動或已然行動的系列所構成的，因此也是能附加在每一個行動上的），而是一個使得某項行動有別於其他行動的**特別**意義。究竟從有意義體驗的第一個概念如何構成特定行動的特殊意義？或者更普遍地來看，內在於生命流程意識之中的特殊體驗，其意義是如何構成的？尤其是，一個「相同的」體驗所具有的意義為何會越是朝向過去消逝時，越會轉變？

我們已談過「注意」的活動，這些活動把單純的體驗帶入意向注意之中。注意的活動本身容許多種不同的樣態，這些樣態彼此很難區分，我們就仿照胡塞爾，也稱之為「**注意力的轉換**」（Wandlungen der Aufmerksamkeit）或「**注意的樣態**」（attentionale Modifikationen）。也就是由各種不同注意樣態所構成的特定體驗之「意義」。

十三、第一個意義概念的擴展：A.意義的注意變樣

胡塞爾對於注意樣態本質所作的描述如下：「我們這裡所談的是一系列理想而可能的轉換，它預設了能思的核心以及一些必然屬於它的不同種類的環節，從自身出發隸屬於它的所思層面[54]並沒有任何改變，而只展現**整個**體驗的樣態，包括能思與所思層面。……假如我們在概念上就所思的內容而言，鎖定一個被知覺而意識到的對象或物件過程，同樣地正如同我們鎖定在現象學流程的相應片段中對它的整個具體意識。屬於它的**特定的**游移性當中的注意專注也是屬於這個概念。因為它也是體驗的一個環節。自明的事實是，固定化體驗的改變方式是可能的，我們用『注意力分配的單純改變與其模式』來加以稱呼。」[55]「顯然這些樣態不只是能思層面的體驗，而是包括**所思層面**。在所思層面上——不去管同一所思之核心——它們展現一種新的特性……顯然地，所思的樣態並非只是簡單地附加在某些東西上面；相反地，具體的**所思**不斷的改變著，重要的是，這關係到同一性的給予方式之必要樣態。」[56]各種體驗皆不免受到注意樣態的影響：知覺世界的體驗、記憶世界的體驗、純粹幻

想與構想世界的體驗，此外所有再現的中性樣態，如同在構想中以未來完成式被設想的已然行動。[57]由於胡塞爾指出無論我們採取中性的[58]或有立場的態度，注意的改變都會影響意識的內容。[59]注意樣態的本身亦會顯現各種側顯：從實際的理解、僅僅注意、幾乎未注意，到全然未加以留意。[60]「注意的形成在它們的實際模式中具有**主體性特質**，它並具備了所有功能，這些功能或者在實際模式中被模式化了，或者根據其特定種類而被預設。注意的視線……並未與自我分開，它本身仍屬於自我的射線。」[61]

所謂注意的射線總是自我射線（Ichstrahl），這表示它伴隨著自我在生命流程當中的種種轉變，或者換個說法，它一同構成了每一個當下狀態，因爲假如沒有我對於體驗的特定而唯一之態度，現在就不會是如此。反過來，人們可以說，每一個注視的樣態皆依賴於當下狀態，由此出發，反省的注視才得以被放到已經流逝的部分上。

這項說法還有必要進一步釐清。我們之前曾經提及從事反省的自我對於已經流逝的生命流程的各種不同的態度。但是在不同的當下流轉的自我也用不同的態度注視著他自己的體驗之流。它的意識展現出不同的「緊張度」，就看它是把注意力擺在外在世界上面或者是在自己的內在生命流程上。這些意識的不同緊張度正好相應於，正如柏格森在《質料與記憶》（*Matière et Mémoire*）一書當中所說的，不同程度的「**對生命的注意**」（attention à la vie）。柏格森藉此所要表達的正是胡塞爾用「我對生命的注意」一詞所要表達的意思：也就是自我在每一個當下對他的體驗之流所採取的那個根本態度。[62]對生命的注意這個基本態度決定了自我對其過去的整個態度：不論是否出現對過去體驗的反省，不論其型態爲何，是注視的視野本身，所以也是對體驗的注視樣態本身，所有這些都取決於個別當下對生命的注意而定。

當我們說對一個已經流逝的體驗之注視帶有某種注意的樣態，此樣態又依賴於每個進行注視活動的當下的時候，無非就是指基於注視的緣故而呈現的意義帶有某種樣態。如此一來，各個體驗的特定意義乃被構成了，這個意義就是理解社會學所說的意味意義。因爲即便同一個體驗也可能經歷「意義」的不同樣態，就看視線是從哪一個當下的狀態發射出來的。日常經驗顯示，一個體驗可能經歷不同的意義轉變，就看對於體驗的回憶之時間點而定。既然體驗的「意義」無非是注視的交疊活動之意向成果，我們可以用底下的句子表達出我們的認識，反省所及的構成階段的深入層次總是依賴於每個當下的狀態而有所不同。我們在之前的研究已經藉由韋伯的意味意義概念認識到這個問題。[63]當我們提到日常生活的社會世界的意義解釋過程時，我們提到一些不需要特別去進行意義解釋的情況，因爲我們所得知的意義內容足以讓我們採取適當的行爲來回應他。當時我們曾說「受到實用條件所決定的意義詮釋」（pragmatische Bedingtheit der Sinndeutung）。然而不僅僅在互爲主體領域中的意義設定和詮釋是受實用條件所決定的，**即使是在孤立自我的深層層次中，一直到反省的層次也都是受實用條件所決定的**。

到目前爲止我們都一直在使用**理所當然被給予**（*das Fraglos-Gegebene*）的概念。透過注意樣態的分析我們看到這個概念正獲得了一個明確的意義。理所當然被給予是一種特定的體驗層次，它不需要更進一步的分析。**一種體驗層次是否被視爲理所當然，依賴於反省的實際興趣，以及進行反省活動的當下狀態**。有些意識內容被視爲理所當然，但這些內容所具有的存在種類眞實性仍未確定，也就是不確定意識內容存在於「有立場的」活動或「中性的」活動之意識內。當然，注意的改變可以將原本視爲理所當然的事物轉變成有問題的。

前文只提出關於注意（Aufmerksamkeit）的現象學分析之起點，至於實際進行的細節則不在當前的研究範圍之內。在此我們只需要對於特定體驗的特殊意義構成之理論找到起點就行了，而且是對於這個已經成爲過去的體驗之注意樣態。但是對於注意樣態本質的解釋正是只提供一個這樣的起點，而有關一個特定體驗的意味意義之問題則指向更廣的問題範圍。

十四、接續：B.體驗的脈絡——意義脈絡與經驗脈絡

讓我們試著深入討論這個問題吧。我們必須留意，對於個別體驗的孤立觀察如何扭曲了理解社會學在要求確認特定的意味意義時所看到的事實。進行體驗的自我並非以完全區隔開而孤立的段落之方式去**經歷**他在生命流程之流當中的體驗，即便他能夠在**反省中**以這種方式對待它們。每一個當下毋寧是包含著之前和之後，因爲每一個生命流程之點都必然含攝了過

去與未來。首先這就是我們所說的體驗之「視域」，它包含指涉過去經驗的持存，與指涉未來經驗的前攝。還有完全不同質的體驗也都是**我**的體驗，而我的每一個體驗都與已經過去的與即將到來的相互連接在一起，這是基於生命流程的本質而如此，體驗以不斷前進的方式被體驗著，而對於體驗的反省，其本質則在於把體驗當作是被清楚區隔開來的，也就是「**有意義的**」這個語詞所凸顯的原初涵義，但這並非要把之前和之後的時間視域給放棄掉。我們到目前爲止所做的研究都是在對這項事實進行分析。在這當中我們可以確認，於內在世界中具有內容的體驗，也就是我們所生活其中的，它本身乃是前現象的，它們只有在特殊的注意活動當中才成爲現象的。

相對於此我們認識到一個完全不同類型的體驗脈絡，它是**高階次序的多元綜合**，[64]我們可以在單一視線裡，也就是單元的方式回顧它。我們已經認識到，那些逐步構成的活動一旦完成，就可以在一致化的活動裡被反省的活動所掌握。這個脈絡不應該和生命流程的脈絡相互混淆，所以我們要嚴格區別[65]一方面所有體驗的每一自我性（嚴格地說作爲我思**之**我所在的所有活動）與另一方面高階次序的多元綜合。所有逐步構成的活動（這些活動可以導向高階次序的綜合）本身都是有意義的體驗，只要每一個活動環節本身都被反省活動所掌握（在活動完成**之後**都是有可能的）。那個在逐步構成的活動執行中被帶到自我給與性者，也就是那個被構成的綜合活動，自身可以再一次地，尤其是在統整性的（einheitlich）視線裡反省地被掌握，因而自身是再一次有意義的。每一個在多元構成活動中所產生的高階綜合，都相應著一個可以用單一視線看待的整體對象。相對而言則是屬於另一種類的每一自我性。因爲在單純流程中的不同質體驗本身並不構成高階次序的綜合：在每一自我性之中所構成的只是所有思維活動（Cogitationes）所歸屬的自我。我們將把多元構成活動與藉由它們所構成的高階綜合之關係稱爲意義脈絡，並將此概念明確的定義爲：**所謂充滿意義的體驗E1、E2、……En位於一個意義脈絡內，指的是當它們在多元架構活動裡構成高階次序的綜合，而我們在單一視線裡能夠把它們視爲被構成的單元**。

例如，當一項行動被構想且完成，並於後來時間流程中的當下境況加以回顧時，該已然行動是以未來完成式被設想爲已完成的，而後遂有以多元構成方式逐步進行的行動，爲此，行動的多元構成活動在單元的回顧中可以理解爲被完成的已然行動。我們因此可以說，由於每一項已然行動之發生均開始於構想，故而對於逐步構成的行動而言，此一已然行動乃是意義脈絡。

但是從這些本身是意義脈絡的已然行動逐步構成了新的綜合，它們又可以單一地（monothetisch）被注視著，它們相對於個別的構成活動而言又是另一種意義脈絡。

我們所說的這些也適用於一般情形。我們對世界的全部經驗[66]都是以多元活動方式所構成的，我們可以將它們綜合在單一的視線中而看作是所經驗者（das Erfahrene）。無論是對於外在經驗的活動或是內在經驗的活動都相同。正是從逐步進行的經驗活動，也就是在與被經驗者的構成一起進行的情況下構成了經驗對象。「我們眼前的經驗對象是在多樣化經驗之連續而獨立的綜合裡所『直接』構成，在此過程中雖有新的面向、環節出現，並且從這個構成的生命，也就是預示其一致性的可能流程，但對象自身（作爲只是如此展示性變換著的）總是預先被勾畫出來，也就是說，對象的意義以在種種變化當中維持可一再實現之自我統整性的方式獲得實現。」[67]

這種綜合與其他透過多元活動而形成之更高層次綜合可以放在一起來看，這點是理所當然的——胡塞爾在《**觀念**》中詳細描述過此一過程。人們因此可以將經驗脈絡視爲每個當下境況的意義脈絡或更高階意義脈絡的總括整體（Inbegriff）。因爲假定我回溯自己的所有經驗，我所執行的僅僅是對於逐步構成的活動之單一主題注視。[68]我的經驗之整體脈絡，換句話說，被我所經驗者或者在最爲廣泛的意義底下，所有我對於世界的知覺在當下都是和諧一致的。此一經驗脈絡隨著每一個新的經驗而擴展，而在每個當下都有著前經驗的堅實狀態。固然這個經驗對象（**實在的與理想的**）的儲存原先是在多元綜合的經驗活動之中所構成的。一度被經驗者在每個當下、在我的意識當中以已然被構成的對象之方式被給予，它們的構成過程完全不被注意，它們只是作爲結果被掌握，其形成過程並不被過問：在體驗的經驗性逐步累積之過程當中乃構成了客觀的對象性。我們也可以說，經驗的整個脈絡是在一個特定的當下從以單一方式被掌握的、高階的整體對象性產生出來，它的多元構成綜合之過程是「不被過問」的，也就是說，它的構成過程是在一個深層裡被預設著，它不再被注意力的視線所掌握。

這種經驗儲存首先是以被動擁有的方式呈現的。但這些在每一個當下的經驗中被動地擁有的體驗，原本是從自身給予的主動性所構成的，所以單元所注視的綜合可以經由逐步構成它的活動之再次執行（Nachvollzug）之方式轉變爲主動性。胡塞爾在《形式與超驗邏輯》中明白提到這一點。被執行完成的判斷，並非以判斷的執行過程，而是以理想的對象性，也就是以其有效性而被理解。[69]但此一被執行之判斷的被動給予總是可以轉移到主動性，轉變爲新的判斷執行。「當我們將（通常是確定的）適當有效的意義連結到被動的擁有時，在自由創造的活動裡，與對應之記號或文字一致的新的範疇的意見結構就產生了。[70]它不僅僅對於判斷有效，而是凡經由範疇活動而產生者，[71]用我們的術語來說，也對於所有的行爲與行動皆有效，而判斷本身也無非是一種特殊類型的行動。所有自發性活動的結果都具有如下的特徵，亦即這些結果原則上都可以藉由**總是再一次之理想性**（*in einer Idealität des Immer Wieder*）被重新建構。[72]但是假如我藉由持存或者再造可以把先前的結果（Erzeugnis）與後來的結果等同起來，則這個同一化乃是一個新的意義脈絡，用胡塞爾的語言來說，是一個**再認的綜合**（*Synthesis der Rekognition*）。[73]這也是一種「經驗活動，不再是被前給予的經驗——至少不是在將被前給予經驗再次活躍化的當下。」

所以我們將「現有的經驗儲存」（vorrätige Erfahrung）一詞限制在實際的當下已構成之經驗對象性的儲存。換言之，就是被動「持有」經驗，不包括經驗的重構。

那些在統覺式的再出現或是轉移到事後重構之方式中呈現者，依賴於自我在**經驗儲**

存中的每一個境況中所執行的注意活動，所以它是受實用條件所決定的（pragmatisch bedingt）。現在我們可以將**整個經驗脈絡界定爲所有注意活動的內容，在此，自我是一個自由的存有，可以在意識生活的任何時刻，注意那些過去在綜合中逐步構成的體驗**。當然也包括這些活動所具有的注意樣態。**體驗的特定意義**，也就是朝向它的特定方式，**存在於這些體驗如何被歸位到事先被給予的經驗的整體脈絡底下**。我們可以用另外一種方式表達這個命題，**它同時可以產生「意味意義」**（*gemeinter Sinn*）**的明確定義：一項體驗的意味意義無非就是從一個新的體驗**（*Erleben*）**出發去對該體驗**（*Erlebnis*）**作自我詮釋**。下一步我們將要探討自我詮釋及其發生過程。我們將滿足於粗略的描述，因爲我們不是把現象學見解本身當作研究目的，而只是將與社會學問題有關的現象學概念帶進來。

十五、經驗世界的構成及其在基模下的秩序

讓我們藉由外在經驗對象的構成過程清楚說明自我詮釋的複雜詮釋脈絡。在多樣化事物表象的體驗之經驗活動裡，外在經驗的對象，也就是外在世界的事物（Ding）被構成了。對表象的個別體驗處在一個意義脈絡底下：因爲它們以逐步的方式構成對象的經驗，而針對我們關於這個對象的經驗，同時把它當作我們經驗的對象，我們能夠在單元的視線中將它視爲統整性的。對於一個對象的一些經驗方式之體驗，與對象的經驗相關聯，這個情況本

身也被經驗著。[74]作爲一般對象之構成方式的經驗，它是在每一個對對象之注視當下中被儲存的。這裡顯示出在經驗世界構成當中的不同沉澱之複雜性，它們的歷史是現象學所要探討的，所以對事態的進一步探索可挖掘出構成現象的更爲多樣的層級與複雜性。每一個一起構成對象經驗的經驗性的體驗是被持存與前攝所環繞，也就是它與即將到來的體驗與剛剛消逝的體驗是不可分的：這一些以多元構成方式呈現的個別的體驗部分是以這種方式相互連結著，而這正是綜合的本質。因爲對一個對象的經驗性體驗是由先前它對該對象之體驗所構成的，並且唯有如此才有著對於這個對象的經驗之綜合，而一個「後來的」體驗在某個當下被體驗，它的狀態是藉由先前對這個對象的經驗性體驗之持存所共同確定的。所以在這個層級底下還有那個每個體驗所具有脈絡，而該脈絡就是我們之前所稱的所有我的體驗之每一自我性的脈絡。

階層性當然會朝另一個方向繼續發展下去。一旦綜合是從我對於對象的個別經驗性體驗之階段性構成而發生的，就以「眼前這張桌子」這個對象來說，新的綜合活動將會接著發生，也就是把該項經驗置入經驗脈絡，正如同眼前的例子所顯示的，如果我要把眼前的這個經驗中被構成的對象，**這張桌子，稱爲「桌子」**。讓我們暫且擱置語言本身的現象，也就是語音符號或是書寫符號「桌子」與經驗對象之間的歸屬關係：「這個在我當下經驗中呈現的特殊而唯一的桌子。」毫無疑問地，在命名活動中所蘊含的判斷：「這是一張桌子」，本身回頭指涉了其他外在世界對象（也就是任何桌子）的事先被構成的經驗，而該經驗是儲存在當下境況的判斷過程：「這是一張桌子」當中。[75]

人們認爲，概念是最低層次的「語法」（Syntax），語言邏輯的世界皆須以概念爲基礎，並依據其歷史，也就是依據自我思維的經驗，來詮釋形式化與概念化的所有過程。我們將這一切稱爲「構成現象」（Konstitutionsphänomen）。

因爲對於進行體驗的我思而言形式化與普遍化存在著，正如同這個過程發生著，也就是在形式化過程中產生被形式化者，在普遍化過程中產生被普遍化者，也是「被經驗著」。

我們的分析與一個外在世界對象的經驗之構成只有在作爲蘊含的**例子**（Beispiel für die Implikate）之情況下才理所當然地有所關聯，此蘊含性乃包含於預先給予的經驗之概念中。但原則上我們的分析可以應用到每種體驗的領域去。首先，可以應用到具有純邏輯含意之「意見聯集」（doxisches Kolligieren）所有類型的綜合，亦即，將兩個判斷結合成一個判斷，也可用於各種實用的與價值種類的綜合。因爲最終而言，實用的與價值的字義也都是可以回溯到聯集的綜合去，只不過這個綜合並非以意見上的，而是實用上的與價值上的「與」作爲基礎的。[76]然而它們也都是在那個意義底下同樣地被經驗著，也就是我們所說的，作爲我思的每一個當下的最高意義脈絡之經驗儲存。

鑑於現有的、能作爲體驗秩序之意義脈絡具有高度的複雜結構，我們有必要去找出一種判準，以便衡量自身體驗的自我詮釋，即意味意義。

當我們提到反省視線所及的**深層部分是受實用條件所決定**（pragmatische Bedingtheit

der Tiefenschichte）時，我們已經說明了這項判準。我們可以更進一步地使用這個概念。

當我們追問我們的體驗之意義歷史時，可以對構成的活動做進一步的分析，該體驗是從構成活動而來的，基本上可以回溯到內在時間形式，及在純粹生命流程中的體驗性活動之構成。我們的經驗儲存並不直接而原初地回溯內在時間形式。經驗的意義脈絡是一個較高層次的意義脈絡之意義脈絡，而這些脈絡是由較低層次的意義脈絡所構成的。這些經驗的較低層次被視爲理所當然，亦即它們位於反省無法觸及的底層中。對於實際的當下狀態而言也是如此：那些被視爲理所當然的層次究竟如何被劃定，端看注意活動的樣態而定，而它又依賴於個體當下狀態的注意形式。當然，透過適當的注意活動，所有的多元綜合皆能回溯到經驗在純粹生命流程中的原始構成（Urkonstitution）。我們已經透過外在世界之經驗對象的例子說明了所經歷的這個過程。然而這還需要嚴格的哲學反省活動，這個活動也預設一種對生命注意之特別模式（ein besonderer Modus der attention à la vie）。

接著我們必須對於處在自然世界觀點下的自我進行意義分析。[77]就算一般人也在他每一個體驗的當下發現到經驗的儲存，也就是他對於這個世界有事先的認識。基本上這是由於隨著每一個新時刻的來臨，事物會以不同的方式被看待。所有這些都蘊藏在生命流程的概念中，它是多面的、持續的、不可逆轉的。但是在人們自然而素樸的態度裡（在這當中人們會體驗到他年齡的增長以及「經驗的累積」），這個情況是極爲明顯的。對一般人而言，所有過去的經驗都呈現出「**有秩序**」的樣子（特別是在知識或前知識的模式裡），整個外在世界對他而言也是有秩序的。一般來說，除非個體被迫面對特定問題，否則他不會去探究這個有秩序的世界是如何被構成的。在經驗脈絡當中的秩序是以如下的方式被意識著：它們是過去種種體驗的綜合性意義脈絡。

讓我們透過一些例子去說明，所謂**有關於被經驗之體驗的綜合次序**該如何理解。首先是關於一般常人所一頭栽進的外在自然世界的經驗，關於其中的事物，首先是無生命的，接著是有生命的。他「擁有」關於事物與同時代人的經驗、關於社會集合體的經驗，再來是關於那些他的同時代人透過行動生產出來的物質世界的對象，也就是關於工具、特別是還有作爲在其特殊功能中的「文化對象」（Kulturobjekt）的經驗。接著他還遇見那些屬於在最確切意義下被稱爲內在經驗領域的綜合。並非只有其過去判斷活動的判斷內容屬於它們，也就是其每一知識與前知識（就其嚴格意義而言），而是也包括所有那些從情緒或者所謂意志領域而來的產物，無論這些是從實際上帶有立場而被執行的活動或是在中立化意識的漠然以對執行（Gleichsam-Vollziehungen），例如存在特質想像中，被建構的產物。每一個這般的經驗，無論是關於內在的或是外在的，對於一般常人而言，都是處在一個比較高階的意義脈絡底下，而他對此也有所經驗。因此所有關於被放入科學與技術經驗中的所有經驗，以及關於這些科學自身的意義脈絡也都屬於他在每一當下狀態的經驗。所謂科學自身的意義脈絡的例子，除了包括形式邏輯，還包括關於在實用的與價值領域中這些被置入者的相應對應項的經驗，也就是關於行動格準的意義脈絡以及被置入價值脈絡當中的那些有價值者的經驗。

我們願意把這個讓每一次經驗得以自我調整的秩序稱爲**我們的經驗基模**（*Schemata unserer Erfahrung*）[78]，這個概念的定義如下：**經驗基模是我們過去各種體驗的意義脈絡，它固然包含了在過去體驗中已經被構成的經驗對象，但卻不包括它們構成過程的方式**，在**此之中經驗的體驗乃成爲經驗對象**。由於構成過程的方式完全被忽略，所構成的對象性乃被視爲理所當然。[79]當然這不表示我不可以在任何時候透過適當的注視把它們看作是「可質疑」、有問題的。

就在我們將經驗的基模界定爲意義脈絡時，我們就同時在**形式的**（formal）與**實質的**（material）這兩方面確立了經驗的基模：形式的定義指的是它們的構成模式有如一個較高階層的綜合，且這個綜合是由過去經驗之多元活動構成。實質的定義，指的是當我們以單元的方式來看這個綜合時，整個對象便會相應地出現。對於我們的經驗性體驗我們會說，它們彼此之間具有內在一**致性**（Einstimmigkeit）。一致性一方面指的是經驗性體驗與經驗次序的綜合構成之間的相互奠基關係，另一方面這也指這些次序本身彼此間的意義脈絡，它是我們「每個當下經驗的整體脈絡」，又或者，如同我們之前所說的，「我們的經驗性體驗的最高意義脈絡」。我們的經驗在每一個當下總是處在和諧一致的狀態底下，這意味著，我們的經驗之整體脈絡本身是一個經由經驗性體驗的逐步構成的綜合，它相應於一個整體對象，也就是我們在每個當下的知識之化身。當然，在這個經驗脈絡裡有可能出現相互矛盾的經驗，**但經驗的整體一致性總是會維持住**。「在所有的判斷**之前**，有一個經驗的普遍基礎，這個基礎持續**作爲可能經驗的一致性整體**被預設著。在此一致性中，所有一切皆實際上「互相關聯」。但經驗整體依然會有不一致的情形出現，只不過既然本質上**相矛盾者彼此間仍存在著基本的共同本質**，所以矛盾項本身依舊處在相互關聯的整體中，而且在相互矛盾的方式底下，本身與所有一切仍不免處在本質上的共同體當中。所以**每個原初判斷**，以及後來相關的判斷，**就其內容而言都能在經驗綜合統整性**的基礎上經由**事物的脈絡而擁有脈絡**。」[80]

然而經驗的統整性不能如此被理解，亦即彷彿每一個當下境況在結構上都是同質的，彷佛所有這些出現的經驗基模都呈現出相同的清晰度，又彷彿所有「意識中」的對象對我都會「觸發相同的情緒」。[81]經驗的基模擁有自己的視域與角度、自己的陰暗面與光照面，而這是從注意的射線所獲得的，自我正是在每個當下藉由注意力的轉變，把注意力轉到它們上面。

十六、作爲詮釋基模的經驗基模：自我解釋與詮釋——問題與興趣

經驗基模是基於特定任務而產生的，這項任務與藉由體驗被注視而構成的特定意義有關，所以當自我根據後來的當下觀點來說明過去的體驗時，這些經驗基模便成爲不可或缺的成分。我們已經界定賦予特定意義的活動就是自我解釋，也就是把一項體驗放到或歸位（Einordnung）到整個經驗脈絡中。這個歸位是在一個再認的綜合中完成的。再認的綜合

將經驗予以分類，並參考當時的經驗基模以確定其特定本質。因而有待詮釋的體驗被帶回到經驗儲存內現成的對象裡，並以與這個對象同化的方式來認識它。然而這並不是說，「歸位」是在一項特定的活動裡發生，它就存在於注視活動本身裡。當然這兩個活動方向都在對於經驗活動（例如知覺）的構成之分析裡面得到闡述。就回顧的觀看而言，注視與歸位、知覺與再認識似乎就是一起發生的。

根據以上所言，將體驗歸位到經驗的整體脈絡之進行方式可說是林林總總、各式各樣的。它可以是在概念邏輯的表述中將體驗歸位爲判斷對象，也可以僅僅是當下瞬間的素樸掌握，它可以包含推理、情緒，或意志等活動範圍，它既可瞬間發生，也可以以解決問題的方式逐步進行；它可以是模糊的習慣性再認識活動，也可能具有高度的清晰性。不同的歸位對應著不同類型的（或者說：以不同方式被樣態化的）基模，而每一種歸位方式也表現出極爲不同的清晰程度。

我們透過綜合性的再認識，把將體驗歸在經驗基模底下的過程稱爲「**該體驗的詮釋**」（*Deutung dieses Erlebnisses*），當然這個語詞還包括記號與其指涉對象之間的關係。詮釋無非就是未知者回頭指涉已知者，是在注視之下藉由體驗基模理解對象。這些基模在詮釋自己體驗的過程中具有特定的功能。它們是完整的意義脈絡，會以「知道某事物」或「已知道某事物」的形式出現。它們是經由範疇秩序化而來的材料所構成的，當一項體驗出現時，我們就根據這些基模加以詮釋。就此而論，經驗的基模無非就是詮釋基模，往後我們也將如此稱呼它。指涉記號體系的記號詮釋可說僅僅是自我詮釋的一個特例而已。

我們有關於在自我詮釋當中所發生的意味意義之構成，似乎與在意識中的體驗是**僅此一次**發生因而不能被歸位之事實相互矛盾。根本原因在於，一項體驗究竟能夠多大程度地被一個注視活動掌握到，乃依體驗的「親密」（Intimität）程度來決定。之前我們已經提到，凡是當下體驗者本質上是不能夠被帶到反省性的注視去的——至少就它們的如何呈現而言。[82]我們將會再更加明確地說明這點，將體驗歸位到體驗基模以便賦予它特定意義，這件事基本上是不可能發生的，因爲它的親密性和**它緊緊地黏在內在生命流程的時間點上**就已經不允許它被同一化以及被再認的綜合。相對而言，我們可以注意到「新」出現的體驗所具有的**首度性**，它的同一性核心不可能在再認的綜合中被歸位到體驗的基模中，這項歸位在任何情況下，都蘊含著回歸儲存性的體驗基模，只不過它的結果是，這項回歸的企圖終究歸於失敗，這項體驗產生矛盾情況，甚至導致對不被質疑的體驗基模的有效性之質疑。所謂一個現象是不可被解釋或者是有被解釋的必要，指的便是首先是它不可在體驗基模裡被歸位爲理所當然的對象，人們於是對該基模提出質疑，使得基模本身成爲問題。

我們現在必須說明選擇詮釋基模以解釋既有體驗時，是根據什麼樣的選擇標準？因爲再認的綜合絕非一開始就是明確而唯一的，再說沒有一項體驗是只能經由某個**唯**一詮釋基模被說明的。相反的，每項體驗都可以有多種詮釋（能思）的可能而不會減損所思核心的同一性。這種詮釋基模總是標示著特定的「當下狀態」，這對再認的綜合及其基本的反省性注意活動也是如此。我們唯有經過詳細的研究之後才能釐清這個複雜的過程。在此我們只要了解，基模的選取乃根據當時所發生的注意模式。自我永遠會歷經不同的注意樣態，無論是對體驗本身的呈現，或是對整個過去體驗儲存都是如此。但弔詭的是，我們也可以認爲體驗本就已決定它所要進入的基模，也就是**問題本身**已預設了解決方法。

如此一來，問題是不是更加倒退回去？我們的問題又該如何解決？體驗如何被選取而成爲注意的焦點？對於這些我們只能回答，注意活動，亦即「我」對問題採取的立場，是當下境況的自發性活動當中的自由行動。當然，選擇一旦完成，人們可能還會進一步探尋選擇的理由，特別是指那些促成選擇的「興趣」，我們稍後將處理這個問題。[83]

但這裡是否存在著致命的「內定結論謬誤」（petitio principi）？[84]詮釋基模怎麼可以和被詮釋的對象一起構成呢？換句話說，有待解釋的對象怎麼可以決定它自己的詮釋基模呢？循環論證的危險實際上只是表面的。這個問題出在兩種不同的觀察模式相互混淆，其中一個領域內的問題，與這個問題在另一個領域中所反映出來的影像互相對照。

當我們認爲詮釋基模是依賴於當下狀態時，則我們所研究的是詮釋基模的構成過程，假若我們「追問它的意義歷史」，則我們所從事的便是超驗的構成研究。另一方面，如果我們把詮釋基模用在欲加解釋的事態上，我們便預設了已經構作完成的解釋樣態，因此是形式邏輯的理想對象。如果我們能明白這兩者的區別，則「詮釋基模」名詞中所包含的歧義性並不會造成妨礙。歧義性只是純粹生命流程內的體驗構成與時空世界中被構成的對象性兩者之間根本差異的另一證明罷了，也就是生成與存有、生活與思想之間的不同觀看方式。

在未來的論述裡，我們還會針對到目前爲止僅僅簡略提到的自我詮釋之基本架構補充說明並加以精確化。這只能在對於互爲主體世界中的意義設定與意義詮釋過程之分析中完成。進行這項工作之前，我們要分析從自發性活動而來的構想活動，亦即**對行動而言極爲根本的意義脈絡**，也就是動機脈絡。藉此我們將有機會藉由舉例探討意義脈絡和自我詮釋的普遍與基本理論，在此所進行的分析將有助於釐清「行動的意味意義」概念，特別是就這個概念在理解社會學被賦予的意義而言是如此。

十七、作爲意義脈絡的動機脈絡：A.「爲了……目的」動機

我們已經在導論部分[85]認識了韋伯的動機理論。韋伯認爲，動機就是意義脈絡，它對行動者與觀察者而言，都是行爲的有意義根據。我們已經對於這個理論提出過批評，進入下一個研究階段之前，且讓我們再一次簡單交代這些批評。分幾點說明：

一、韋伯的動機概念含攝了兩個完全不同的部分，分別是：行動者「主觀感受到的」意義脈絡，這是他行爲的基礎，以及「觀察者假定」行動者行動基礎的意義脈絡。這是韋伯的疏失，因爲從意味意義的理論來看，這兩者根本不能相容。我們曾指出，這項疏失對於韋伯的理解他人（Fremdverstehen）理論造成了嚴重影響，關於這一點我們稍後再仔細檢

討，讓我們先探討「動機」對**行動者本身**而言是「行爲意義的基礎」這個問題。與第二章的所有內容相一致，底下的分析都是限定在孤立自我的領域中進行的。

二、對韋伯來說，「行爲」或「行動」都是完全區隔開來而整全的資料，人們可以直接行爲或行動，而不需要考慮統整性的原則。對內在時間意識的研究，我們得出結論，行動的構成是由已然行動的先前構想而來的，並且行動的統整性是來自於構想的跨度（Spannweite）。所以，行動統整性的基礎是主觀的，並且是根據規劃構想之際的當下狀態。因而，被視爲整合體的行動「意義基礎」，事實上只是相關於行動者特定的當下狀態，總是需要再加以補充。

三、韋伯並未探討意義脈絡的性質，及其依賴特定具體行動者的意義。因此韋伯的「說明的」（erklärende）或「根據動機的」（motivationsmässig）理解，以及「觀察的」理解，事實上是沒什麼區別的，以至於也不清楚行動的意味意義是否即等於其動機。由於我們已經釐清意義脈絡的概念，所以接下來要討論的是，動機脈絡是否就是行動的意義脈絡（我們的答案是肯定的），以及動機脈絡所具有的特定結構。

四、當韋伯使用「動機」一詞時，他有時指行動的「爲了……目的」（Um-zu）即行動指向一個未來事件，但有時又指行動的「原因」（Weil），也就是和過去體驗有關，他不曾清楚說明這個雙重涵義，而我們現在就要著手分析這兩種「動機」概念。

只要行動的「**目的**」，也就是它對未來的導向被當作行動的動機，則我們對有意義之行動的內在時間意識分析便是作了必要的釐清。我們知道每個行動都是依據構想而執行的，並且以一個未來將完成或想像已完成的已然行動爲導向。行動的統整性全然根據構想而成，它的範圍則依構想之時的明確程度而有所不同，就好比具有中程目標的理性行動。例如，我構想著去找一位住在附近的朋友。爲達到這個目的，我必須起身，完成身體所有的肌肉收縮與放鬆，必須經過另一個房間、進入前廳、走下樓梯、來到街上、朝朋友家方向走去等等。假設半路有人問起我之所以出門的「有意義原因」，那麼我答之以：要去找住在隔一條街的A。剛才所描述的一連串已然行動的「動機」，就是我要去拜訪A的構想，因爲我行動的最後目的是要和他談話。所以所有其他已然行動都是以這個最終目標爲導向的。由於我已經設定了拜訪A的構想，也就是我以未來完成式想像著「走到A的公寓」的情景，因此以這個目標爲導向的行動對我而言便處於一個意義脈絡中。

只要「**動機**」是用來指稱行動者的「期待」，**動機脈絡便可以被界定爲行動者透過行動構想而採取某種特別行動的意義脈絡**。換言之，**以未來完成式被構想的已然行動（行動是以這種已然行動爲導向），對行動者而言即是動機（也就是「目的動機」**〔Um-zu-Motiv〕）。[86]

此定義的效力仍舊不會有所改變，即使——與前述例子不同——那些位於自發性活動的行爲領域以外者也被包含在構想當中，亦即，即使那些獨立於一個從行動（在其過程或也是已經在其所引發）而來的結果之物理世界之因果系列，亦被考慮在內的話。舉個例子，我打電話給我的朋友。在這個例子，我假定我的撥號動作會經由一連串的電子反應，而直接指向我的目的。於此情況下，物理法則及其應用都被視爲理所當然。因爲毫無疑問地，在我採取行動時，那些物理的、因果決定的過程都會在我的預期範圍之內。但這個過程對於想要使用電話跟某位朋友聯絡的我來說，只存在於計畫的意義脈絡之中，只不過是實現和A講話這個構想的手段罷了。在此我只需要根據以往的經驗，用未來完成式去想像這些因果序列的可能效應。這些因果序列究竟如何發生，不是預計它們要發生的人所必須明白的，而且他們通常也不會明白。使用電話的人，只有極少數清楚知道電話是「如何運作」的，亦即，他們的「撥打」究竟引發了什麼樣的物理過程。電話機的運作通常會導致特定的效果，對於人們來說是理所當然的，他們在使用電話機時，也只看到這點。這無非是說，就任何人而言，產生這個效果乃是引發因果系列的動機所在，而在他的經驗脈絡中，構想中的效果與被他設定的原因是相結合的這件事，乃是事先被經驗過的（「熟知它們」），而那些因果系列的實際運作則不被當一回事。所有這些通常僅僅相對於原本就已存在的經驗儲存和在一個特定的我的當下境況中，原本已存在的興趣架構底下是有效的。例如，電話機製造者或是機械師於處理電話機時，便會把我不再追問的因果系列當作重點來看待；基於他對物理過程的專業知識，他會去構想特定的效果，並設定那些與構想中的效果「適切」的原因來，以便達到他所要的結果。對他來說，引起這個效果本身就已經是最高的行動目標，[87]也就是他的所有其他行動的意義脈絡，因此也是上述定義的嚴格意義下的目的動機。如同我們先前提到的，在社會領域當中，他我的行動與物理的機器之所以有所不同，就在於他我的行動被當作達到已然行動目標的一個手段。

所以如果我說明我的行動動機是爲了要如此，那麼我眞正的意思無非是：行動本身只是構想之意義脈絡之中的一個手段，我在這裡描繪出完整的已然行動，並藉由行動加以實現。所以每當我找尋動機時，我總是根據「目的」來回答，因爲完整的已然行動仍處於未來。這個情況預設了已然行動只是以預期形式被想像著。由於具體行動及其經驗尚未發生，所以我們可以認爲它們可能或未能進行這項已然行動，我們所擁有的只是一個尚未實現與尚未具體化的構想，因此它仍具有空洞的前攝之特徵，而它本身則仍處在不確定的樣態裡。只有以最終的，而且**被構想出來的**行動目標爲目的之行動者，才會知道行動動機（爲了什麼）的意義脈絡，該行動者可以在單一視線中看見被構想的整個行動（特別是在未來完成式裡把它看成是在未來中已經完成），同時也預見（在持存或再造中）各個將執行和已執行的部分行動。延續上面那個例子來說，我可以在找完朋友回來之後自問爲什麼出去？雖然就現在而言，我的找朋友在文字上是屬於過去的，但我仍能回答：「我出門是**爲了**去找A！」在「爲了去找A」句中所包含的，或表達的時間，是未來的。然而**從談話之時的觀點來看**，實際上找A這件事是屬於過去的，所以在前面的句子中，我眞正指涉的是構想，它仍然是空洞的前攝。在日常語言中，我們經常忽略了這項區別，並時常將「目的」陳述轉變爲「原因」陳述。例如「**因爲**我要和A談話，所以我出去」或「我出去，是**因爲**我要和

A談話」。當原因語句在邏輯上相當於目的語句時，我們就稱之爲「**非眞正的原因語句**」（unechter Weil-Satz）（參考下一節）。這種雙重表達的可能性之所以値得一提，在於原本目的語句中的目標是處於未來的，而非眞正的原因語句卻將它描繪成一種發生於過去的構想。這只是理性行動之雙重含意的另一個例子，它一方面指向過去的構想，另一方面則以有待完成的已然行動爲導向。

以未來完成式被構想的已然行動和所有的中間目標或是手段（構成被構想的已然行動者）之間的眞正意義脈絡，仍然需要我們去作進一步的闡述。每一個意義脈絡都有如下的基本特徵，亦即，那些特定的、階段性構成的流程在視線中被單一地掌握爲具有統整性，就好像它們已經被構成了，結束了一般。現在的問題在於，究竟如何可能在構想中將已然行動單一地看成被構成的已然行動？畢竟時間上而言，構想是在逐步發生的行動之前；也就是說，在那些行動的多元主題建構活動，都還沒有被設定之前，據此已然行動的綜合（因而也是行動的目標）才得以構成。我們可以這麼解釋，**構想本身必然指向過去的**已然行動，[88]而**這個被構想的已然行動必然類似於某些過去的已然行動**，這些過去的已然行動在個人構想之中會進入新的經驗脈絡而再次被體驗到，並藉由特定的注意態度而再度被產生，或者在被動「知識」的特定方式底下呈現出來。

爲了以未來完成式構想已然行動，我必須對於這種行動流程的過去式事先有所認識。在構想之前必然有一個相同類型的已然行動存在，它是經由逐步構成的多元活動所構成的，而且可以被單一地視爲具有統整性。這樣的活動過程越是時常發生，且相同類型的已然行動的數量越大，大到可以單一主題地被注視，則行動目標的逐步構成過程，便越能理所當然地在單一視線中被看成是毫無疑問早已存在的。如此一來說明了**練習**與**習慣**對於每一種行動類型的影響。一項行動，就如技術性的動作，越是「熟練」，那麼個別的過程就越少被注意到，而那些原來備受注意的構成性活動就越被視爲理所當然。

不難理解的是，構想的範圍全都有賴於行動者在構想的時間點對於被理所當然認定，也就是被事先經驗的階段性目標之掌握。所以一般來說，構想越是日常性的，其範圍越大，因爲我們知道如何完成各個步驟。當然我們又再一次看到這樣的例子，就是人們對於自己的體驗之詮釋如何地決定於我們之前已經一再強調的實用目的。因爲每一個構想（就在預期自我詮釋之時）都在「詮釋」那個被規劃的行動所自我構成的意義，當該構想在再認的綜合中回溯之前發生過的「同一類型」的已然行動並且與它同化時，目的動機就是一個意義脈絡，它建立在當下狀態的經驗脈絡上，更明確地說，在構想的當下之經驗脈絡上。另外，手段—目的之架構本身就是源自過去體驗的一種經驗脈絡，每一個目的動機都預設了一個手段—目的之架構，而且後者乃是以「而且如此繼續」與「人們總是能一再地」的理想形式出現。

意義結構指向過去的程度到底有多深遠，又再度取決於構想的張度，因此也是受實用條件所決定的。[89]構想與行動的目的都可被視爲理所當然而不被注意，除非在某些特定情況下——例如，他人對於一項作爲（Tun）的目的提出問題——這時我們才會把焦點擺在上面。正如我們所明白的，行動者究竟會使用目的語句或非眞正的原因語句來回答該項問題，端看他所在意的是行動目的或是過去的構想。

十八、接續：B.眞正的原因動機

在前一節中，我們曾討論過「非眞正的原因語句」。現在我們要拿它跟眞正的原因語句（echter Weil-Satz）相對照。兩者之間的差別在於後者不能轉換成目的語句。舉個例子來說，假定我說有一位凶手是爲了獲取金錢而犯罪，則我是陳述了一個有關於他行動的目的動機。假如我接著又說，凶手之所以會這麼做，是爲了將那一筆錢花在某種用途上，那就跟之前的說法沒有太大區別，因爲只不過是更加擴大解釋凶手的構想範圍罷了，這時候獲得金錢只不過成了中間目標，而使用那筆錢才可以被看成眞正被構想的行動目標。但假如我說，這個人之所以會成爲凶手，是因爲受到不良朋友的影響，則這個語句便與前者完全不同。未來完成式中構想的整個複雜結構並不適用於此。第二個語句將一個過去事件—凶手—與另一個更爲過去的事件，也就是受到不良朋友的影響，聯繫起來。這是另一種不同的意義脈絡。這項說明所要表達的只是凶手過去的特定經驗，它造成凶手某種性格「傾向」——總是以暴力而不是以「正當」的方式達成其目的。我們明確看到目的動機與眞正原因動機之間的區別。**目的動機是根據構想來說明行動；而眞正原因動機則是以行動者的過去經驗來說明構想**

如何形成。

針對這個情形讓我們再舉另外一個例子來說。當我說「打開雨傘，是因為下雨了」。首先值得留意的是，我表達的是一個非眞正原因動機。如果轉換為「目的」的語言，則是「我打開雨傘，為了避免淋濕」。這個構想所表達的是，將「討厭衣服淋濕」視為理所當然。這樣的考慮本身固然是構想所必須納入的，卻不屬於目的系列（Um-zu-Reihe）。因為這是隨著構想的發生而被設立的。我構想一個已然行動，以降低不愉快的情境發生的機會。接下來所發生的行動便是指向這個設定在未來完成式中的構想，也許就像「如果我打開雨傘，那麼我就能避免衣服被淋濕的不愉快」一樣，所以我們是在構想的意義脈絡之中理解具備逐步構成的行動，並以單元的方式把整個行動看成一個整體。如同我們剛才所指出的，這個構想本身乃奠定在「下雨時撐傘，以保持衣服乾燥」的意義脈絡上。我過去已經體驗過這種陳述的眞實性，而在我行動的當下，我便將這個經驗視為理所當然。將這點放在目的動機（非眞正原因動機）上，同樣適用。

但是，在「我打開雨傘，是因為下雨」這個語句中，含藏了一個眞正的原因動機，也就是不能被轉換成目的動機的語句。它能夠以另外一種方式來敘述：首先，當我看到下雨時，我記起了在雨中我會淋濕，而這樣會使我不舒服。接下來我便構想任何適當的預防步驟，如跑到屋簷下或是打開雨傘。這才說明了我打開雨傘的構想是如何構成的。眞正的原因動機促成了構想的形成，非眞正的原因或者目的動機則是基於已形成的構想之緣故，促成了自我構成的已然行動。在目的關係裡，已經成爲過去的構想是具有促成性的，它促成了基於構思而發生的行動。在眞正的原因關係裡一項對於過去的體驗而言的構想是具有促成性的，它促成了自我構成的構想本身。這裡顯示一項目的動機關係與原因動機關係之間的根本差別。

在目的關係裡被激發的體驗（das motivierte Erlebnis）可以說是（從自發性活動而來的分階段構成之行動）在激發的體驗裡面（在構想本身）是預先被回憶著，也就是說以未來完成式之方式被預先視爲已經流逝了。如此的預期關係不會出現在眞正的原因情境裡。其不同點在於：打開雨傘的構想並非造成行動的原因，而只是一個想像式的預期。相反地，行動則「實現」或「不能實現」此構想。相對於這個情況，對雨的知覺並非構想，它與「如果我暴露在雨中，我的衣服會淋濕，而這是我不喜歡的，所以我必須採取某些行動來預防」沒有任何「關聯」。「關聯」只有在特定的注意樣態落實之後才得以產生，藉此我得以專注於我的經驗之整體脈絡，而在這個樣態中也出現上述的判斷對象。例如，假如我從房間望出去，知覺到下雨，則這並不導致判斷內容的再造，也不會導致構想的形成，而是在我的判斷脈絡的經驗裡把它視爲我的行動的假言格準（hypothetischer Maxime）[90]加以儲存。

現在我們要以更加普遍的角度來描繪眞正原因動機的意義脈絡：在每個眞正原因動機中，無論激發的或被激發的體驗都具有過去這個時間特質。一般而言，只有在被激發的經驗已經發生過，且個體視之爲完整的經驗時，一個眞正探求理由的問題才有可能形成。相對於被激發的體驗，激發的體驗是過去的體驗，所以我們才可以回向這個體驗，把它稱作**過去完成式的思考**。唯有使用過去完成式，我才能推論體驗的眞正「原因」。因爲我要想這樣做的話，我必須能夠轉向（我們的例子是：構想內的）那個被激發的體驗，而這些體驗無論在自身給予的落實中，或在未來完成式的幻想中，都必須是已經結束而完成的。所以眞正原因關係的意義脈絡也總是一種從結果出發（ex eventu）的自我解釋。

就以我們所舉的例子來說明，整個過程是這樣發生的：只要我朝向雨的目光只是一種知覺，則該目光與打開雨傘則還沒有任何直接的關聯。然而對雨的知覺確實會引起我對過去經驗的整個脈絡的注意，特別是在這項注意的實用結構上，過去存在的某項判斷內容會凸顯出來：「如果我毫無遮蔽地暴露在雨中，必然會全身濕透，很快就會產生不舒服的感受。避免這種危險的方法就是打開雨傘（也就是，想像已經張開雨傘之行動的未來完成式）。爲此緣故我將張開雨傘。」對雨的知覺和張開雨傘這兩件事本身沒有直接的關聯。**如果**我已經在構想開傘的行動，或是已經開始進行這項行動，並且**從我新的現在的當下狀態**自問這個構想如何構成時，我便會在一個視線中將「對雨的知覺」到「打開雨傘」這些多元主題展開的過程統整起來。如果朋友問我爲何要打開雨傘，我便可直接回答：「因爲下雨了。」藉此我表達了我所認識的眞正原因動機。假定我是根據目的的關係來回答，則我應該說：「爲了避免淋濕。」**我的行動之眞實原因動機所處的意義脈絡，只有在回顧時才構成。這個回顧同時看到了被激發的行動與成了過去完成式、引起動機的體驗**。因而每當我從一個新的當下回顧這兩種經驗時，總是有著不一樣的意義脈絡。

現在我們應該能夠理解導論中所提的行動之動機與主觀意義有何不同。我們注意到行動的意義在於對先於行動出現的構想之注意，而構想預期著具備未來完成式的行動，並使之成爲**「這樣的」**行動。只要「行動」指涉構想範圍內一個已構成的整合體，那麼這個構想就是行動的目的動機，也就是行動的意義。如果我們所指的「行動」只是另一較大行動脈絡中行動的組成成分——基本上這總是有可能的——則部分行動的意義與行動的目的動機便不再相同，而在構想中所事先設定的目標可以與部分行動的「意義」相分離，後者完全可以單獨地被認識。無論行動是意向的、進行中、或是已完成的，莫不如此。**相對地，眞正的原因動機乃是行動者的過去體驗，那些行動者在行動（或者在行動的開始階段）澈底完成之後，才會用過去完成式加以注意，而對他來說這些行動又是處在一個意義脈絡當中，以至於他能夠以單元的方式把這些引起動機與被引起動機的體驗看成是以階段性方式被構成的綜合**。在這個定義裡，被激發的經驗與完整的行動或已完成的片段是一樣的，這一點需要被修正，原因是從被執行的行動**構想**出發可以看到這個構想的眞正原因動機。但是構想的本質在於，以未來完成式之方式預期被構想之行動，並且一個只是被構想的行動對於單元注視而言總是只作爲已經被執行之已然行動的**想像**，它是過去曾發生的已然行動所具有的時間性格之無效力的、軟弱無力的陰影。

經由上述這些思考，我們在本研究的開端處[91]所提出的論點便有了更充實的基礎：行動的意義——也就是和構想的關係——被行動者視爲理所當然，而與眞正原因動機無關。行動的意義對行動者而言就是和構想之間的關係，而這並非由眞正原因動機所構成。**爲了理解行動的眞正原因動機，行動者必須執行一種特定的注意活動**，也就是他必須探討構想的起源，單純地視其爲一個製造品，也就是「他的行動意義」。當自我從事一種特定的自我說明時，便會發生找尋眞正原因動機的情況。這種自我說明本質上是以目的動機爲起點的。換句話說，是從具體行動的構想而來。這個構想是一個完整的意義脈絡，相對於它而言，所有的眞正原因動機都可以用過去完成式來看。然而當構想實現或未能實現目標時，構想則與眞正原因動機絕對無關，**因爲原因動機是以過去完成式被理解，它們不受所有前攝或預期的限制**；從當下狀態來看，它們只不過是記憶，它們有自己的側顯視域（Abschattungshorizonte）、陰暗面與光照面。每一個當下狀態總是後來者，在此當中構想才被構造出來。

在我們**對行動之前的選擇過程所做的分析中，已經對這種原因動機的解釋**典型情況有所認識了。我們知道行動者並非在生命流程當中具有兩個或多個可能性，而對這些可能性進行選擇，一些看似同時存在的可能性毋寧都是處在前後不同階段的構想。當然「做完選擇」之後，那些選項彼此之間看起來就好像是並列存在著一般，而最後的決定就好像被一個「決定性的因素」所影響而做出的那樣。這種提問方式造就了假問題，我們大可不必再繼續追究下去。我們現在要做的是，說明下面這個現象。在回顧活動裡，所有這些可能性，以及決定的基礎，都猶如眞正的原因動機。只要自我仍生活在生命流程當中，它們就不會是個別的體驗。只有當注意指向實際構想前（過去完成式）的意識體驗時，也就是藉由回顧所形成的詮釋，它們才形成個別的體驗。況且也因爲每個對每一個現在如此狀態的過去完成式的詮釋都是被決定的，所以把某個過去的體驗挑選出來當作構想的眞正相關的原因動機，完全依賴於那種探照光，也就是，自我從特定的現在出發（該現在式根據被構成的計畫出現並且也因此而成爲如此之狀態），並基於特定的注意態度向它位在構想之前的體驗散發光線。

還有在另外一個完全不同的領域裡我們會碰到相類似的問題，也就是在第十六節所討論過的有關於**選擇問題**（*Problemwahl*）**與隸屬於詮釋基模的構成**（*Konstituierung des zugehörigen Deutungsschemas*）之問題。這個脈絡可以用以下的方式理解爲動機脈絡：當我追問我的體驗之意味意義時，我是試圖將我的一個體驗歸到我的整體經驗脈絡去。我構思一項「爲了……目的」計畫，而詮釋基模的選擇本身是被注意樣態所決定的，在此一樣態之中我注視著我過去的體驗以及我的經驗之整體脈絡。如前所言，這項出於我的自由活動的選擇一旦完成，我便可以從這裡出發以過去完成式的方式探詢問題之所以形成的原因，也就是追問爲什麼某些問題會被挑選出來。就比較高的階段而言，對於問題選擇複雜情況還有詮釋基模的挑選也都適用，也就是所有從目的動機到原因動機的一切相關問題。任何一個人，只要他把一個具體的體驗歸到他的經驗之整體脈絡，他的行爲就會以「**問題作爲他的詮釋之目的動機**」爲導向，當他就經驗儲存所及的詮釋基模去選擇與解決問題有關者之時。**問題提**

出之本身，也就是自我解釋的目的動機之構成，**是從眞正的原因動機而來的**，因此唯有使用過去完成式，它才可以被看清楚。這個複雜的事態無論在日常生活裡或是韋伯的社會學裡都可以用「**興趣**」這個標題來加以稱呼。當然這個語詞是有著雙重涵義，它也包含了目的動機。任何一個人，只要他想追問自己的體驗之意味意義，他就會對於這一點「感到有興趣」，因爲他已經處在一個特定問題的意義脈絡底下（興趣，「爲了……目的」）他是對於這個問題本身有興趣的（興趣，「因爲」），但如果問題已經出現，而對於它是否有趣或有關聯性之確認是事後才作爲解釋之結果而出現的話，它可能是一個不高明的事後解釋（Deutung ex post）之結果。

如此一來，我們要結束在孤立自我之內，關於動機的意義脈絡與有意義的結構之研究，而開始轉向眞正社會的意義領域，以及對「他我」的詮釋之探討。

【注釋】

① Husserl，《內在時間意識現象學講稿》（*Vorlesungen zur Phänomenologie des inneren Zeitbewußtseins*）（Beilage VIII），頁四六九。

② 在此要特別注意的是，胡塞爾所說的 Dauer 涵義跟德文的習慣用法恰好相反，也就是指對象在時空中的不變性，如同柏格森在前文中所用的術語 durée，其德文譯詞 Dauer 也是根據德文翻譯的一套術語加以界定的。

③ 前揭書，頁四三六。

④ 見《時間意識》（*Zeitbewußtsein*），頁三八二—四二七；《純粹現象學與現象學哲學之觀念》（*Ideen zu einer reinen Phänomenologie und phänomenologischen Philosophie*），三版，（Halle, 1928），頁七十七（頁一四四以下 = *Husserliana*, Bd. 3-5, Den Haag, 1950-1952）。

⑤ 見《時間意識》（*Zeitbewußtsein*），頁三九一。

⑥ 前揭書，頁三九五。在原文中並沒有斷開來。

⑦ 前揭書，頁三九七。

⑧ 前揭書，頁四〇六。

⑨ 前揭書，頁四七二。

⑩ 前揭書，頁四五九。

⑪ 前揭書，頁三九七。

⑫ 前揭書，頁三九七。

⑬《觀念》（*Ideen*），頁八十二。

⑭《時間意識》（*Zeitbewußtsein*），頁四八四。

⑮「『反省』（Reflexion）所具有的明顯特性，就是在反省中以知覺所掌握者，基本上，所掌握者不只是存在且在知覺的目光中持續，而且**等到**該目光轉向此處時，就**已然存在**」（胡塞爾，《觀念》，頁八十三）。此外還有：「再來就可以探討，構成中的體驗（Erlebnis）在開始階段中是怎樣的呢？……所以可以說：該開始階段只有**在**以既定方式進行，也就是持存和反省（亦即再造）**之後**，才得以成爲對象」（胡塞爾，《時間意

識》，頁四七二，在原文中斷開）。

⑯ 在此請參閱本書第十六節。

⑰ 《同情的感覺》（*Sympathiegefühle*），頁七十七。

⑱ 見《邏輯》，頁二十二；有關被動性與主動性，以及行動的進一步分析，亦請參閱萊納（Reiner）的詳盡研究《自由、意願與活動》（*Freiheit, Wollen und Aktivität*），（Halle, 1927）。我一直到本書完成後才知道這本著作，對於其中所有的主要論點，我都表同意。

⑲ 「已實行的活動（Akte），或是以某種觀點（亦即就涉及到過程的觀點而言）確切來說，活動之實行構成了最廣義的『執態』（*Stellungnahmen*）」，這就是在 *Ideen* 中所指出的特徵（《觀念》，頁二三六）。

⑳ 見胡塞爾，《邏輯》，頁二八一。

㉑ 見《時間意識》，頁四八七。

㉒ 見《邏輯》，頁二八一。

㉓ 見《邏輯》，頁一四九。

㉔ 見《邏輯》，頁一五〇。有關胡塞爾對自由的自發性以及主動性之命題，請參閱《邏輯》，頁二五三。近來胡塞爾在他的《笛卡兒的沉思》（*Cartesianische Meditatione*）（IV）中，將主動發生（aktive Genesis）與被動發生（passive Genesis）（作爲意識生活的兩種基本型態）之間的區別，予以極端化了。他說：「首先讓我們來探討，就我們（關乎世界的可能主體）來說，具有普遍意義構造的發生原理，這可以區分爲主動發生與被動發生原理等兩種基本型態。在主動發生中，我透過特定的我行爲發揮製造與構成的功能……其特徵就是，我行爲會在社會群體（不過其先驗意義還有待探討）中透過社會化而進行結合，在特定主動性的多元

綜合中結合，在預先給予的意識方式之基礎上，以原初方式構成新的對象，該對象以意識運作的構造物而出現……。總而言之，凡是主動性的構造都必然假定以預先給予的被動性作爲底層，所以當我們在追溯時，就會遇到這種被動發生的構造。」（德文版見：*Cartesianische Meditationen*，於：*Husserliana* I，頁一一一以下。）

㉕ 關於韋伯對行動（Handeln）與行爲（Verhalten）之間的差異區分得不夠明確，我們目前的分析結果已有充分證明。

㉖《觀念》，頁一四五、一四九和一六四；《時間意識》，頁三九六、四一〇和四九七以下。

㉗《時間意識》，頁四一〇。

㉘《存有與時間》（Halle, 1927），頁一四五；不過，我們從海德格這裡只取其術語，而不取其「理解的存在性徵」（Existentiale des Verstehens），以及「此有」（Dasein）的特殊詮釋。

㉙ 在方德，《動機與動力》（Pfänder，*Motiv und Motivation*，頁一四三；一九一一年李普斯 [Lipps] 紀念文集，一九三〇年在萊比錫以書本形式再度印行）的優異研究中，他稱這種預定的自身作爲爲「計畫」（Projekt）。

㉚「想像」（Phantasie）是確立中的重現之中性更改，而「預先回憶」是設定的重現，在此我們不擬詳談這兩者之間的重要差別，因爲要釐清這一點，需要從現象學進行廣泛的闡述。所以在此我們所使用的「想像」一詞（跨越胡塞爾的用語範圍），也同時用於指涉確立中的重現（預先回憶）。其中的區別（就另一關聯性來說，也是具有根本重要性的），請參閱胡塞爾，《觀念》，第一一一節，頁二二四以下；第一一四節，頁二三三；《時間意識》，第十七節，頁四〇〇以下；*Beilage* II，頁四五二以下；其他亦請參閱本書的第十一節。

㉛ 關於該概念組的詳細解釋，請見註㊽。

㉜ 見《時間意識》，頁四五三。

㉝ 見《邏輯》，頁一四九以下。

㉞ 譯註：希臘神話中著名的預言家，在〈提比斯家族〉故事的依底帕斯國王部分扮演了重要的角色。

㉟ 亦參閱胡塞爾，《時間意識》，頁四一三。

㊱ 就這個行動統整性的看法所產生出來的結論，例如就倫理學及法學（刑法）而言，在此不擬詳談。

㊲ 就這個問題，請參閱莫理茲蓋格（Moriz Geiger）在〈關於無意識的斷簡殘篇〉（Fragment über das Unbewußte）一文中的優異研究，於《現象學年刊》（*Jahrbuch für Phänomenologie*），4. Band，頁一—一三六，一九二一。不過在此選用的術語，則與蓋格的有別。

㊳ 見《時間意識》，頁四七三。

㊴ 根據胡塞爾的涵義，「明證性」（Evidenz）在此是指這個擁有意識的特定經驗類型。在此請參閱《邏輯》，頁一三七以下，特別是頁一四四。

㊵ 見《觀念》，頁二九三。

㊶ 見《觀念》，頁二九四。

㊷ 參閱前文第六節。

㊸ 參閱第五章第四十七節。

㊹ 關於這類問題，請參閱前揭蓋格（Geiger）、方德（Pfänder）和萊納（Reiner）等的著作。

㊺ 關於「意欲」（Willkür）一詞在較早的德語中，多麼生動地顯示意識的兩種要素，可見之於像是雅德隆（Adelung）的《文法批判字典》（引自一八〇八年版）：「意欲：一、爲所欲爲的能力。就狹義而言，意欲是就自身模糊的概念而行動的能力，這與抉擇有別，抉擇是基於明確的概念的。二、自由的抉擇；在北德德語中已經老舊，但在南德德語中還在使用。具有意欲。現在就連這個詞也已經老舊，而包含意志、舊時的 Kuhr 以及抉擇（Wahl）等涵義……。」

㊻ 見《意識的直接被給予論文集》（*Essay sur les données immédiates de la conscience*），20me édition,（Paris, 1921），chap. III：*La durée réelle et la contingence*，頁一三三—一六九。德文譯本書名爲：*Zeit und Freiheit*,（Jena, 1911），頁一三七以下。

㊼ 見《觀念》，頁二一三以下。

㊽ 見《觀念》，頁二三四以下：「所以**意識正**是這麼形成，它具有某種雙重類型：本相與影像，**設定的**（*positional*）和**中性的**（*neutral*）意識。前者的特徵，是其信念的潛質可以導引出實際設定的信念行爲，後者的特徵，則是它只是該行爲的影像，從中只能產生中性樣態（Neutralitätsmodifikationen）。」

㊾ 如果採用萊納的區別的話（前揭書，頁二十二），就渾渾噩噩的我而言，就不存在著「選擇」的情況，而是只有「任性而爲」。

㊿ 見《觀念》，頁二四六。

51 就本書的範圍而言，當然是無法論及的。

52 見《觀念》，頁二四八；在原文中另外斷開。在此請參閱以下第十四節。

53 有關主動性與被動性之間的基本關聯，請參閱萊納，前揭書，頁二十四以下。

54 體驗的「意向作用」（Noesis）與「意向對象」（Noema）之對立，是現象學的根本論點，這是從以下的方式產生的：我們一方面「區別了部分與因素，這是我們透過體驗之**眞實的分析**所發現的，我們把體驗當作是其他的對象一樣加以處理，探討其部分或是眞實構成的從屬因素。然而另一方面，這種意向性體驗卻也是對某事物的意識，就其本質而言，它可以是記憶、判斷，及意志等等事物；所以說，我們就可以探討這種「對某事物的」意識，在本質方面可以有怎樣的敘述」（《觀念》，頁一八一）。

i. 要探討的第一種是意向對象，第二種則是意向作用。意向對象的要素，「例如：純粹我的意向，針對著基於意義賦予而由我所『意指的』對象，亦即針對著我所『記憶』的對象；再來，就是當觀看轉向其他進入了『意指』範圍的對象時，理解並掌握該對象；最後就是從事釐清、說明關聯以及全盤掌握，和相信、推測以及評價等等的多樣態度」（《觀念》，頁一八一）。不過「眞實的意向性內容之多樣與料所對應的，就是在**相關的『意向對象內容』**（也就是『**意向對象**』）中，在確實能以純粹直觀所顯示的與料中的多樣性……例如知覺有其意向對象，或至少有其知覺意義，也就是**被知覺者本身**。同樣地，凡記憶也有其**被記憶者本身**，正如記憶中的『被意味者』以及『被意識者』一樣；還有判斷有**被判斷者本身**，喜愛有被喜愛者本身，諸如此類」（《觀念》，頁一八一以下）。

55 見《觀念》，頁一九〇；此外有關注意（Aufmerksamkeit）的問題，請參閱《邏輯研究》（*Logische Untersuchungen*），II. Bd., 1. Teil，頁一六〇以下；《時間意識》，頁四八四以下。

56 見《觀念》，頁一九一。

57 在此請參閱前文的註㉚。

58 關於設定的意識與中性的意識之概念，請參閱前文。

⑸⑼ 見《觀念》，頁二二八以下。

⑹⑽ 前揭書，頁一九一。

⑹⑴ 前揭書，頁一九二。

⑹⑵ 這種基本態度的更改，可說是相當於「情緒」（Stimmungen），海德格稱之爲「此有的存在性徵」（Extentialen des Daseins）。參閱 *Sein und Zeit*，頁一三四以下。

⑹⑶ 參閱前文第五節末。

⑹⑷ 在此亦見前文第十一節。

⑹⑸ 在此請參閱胡塞爾，《觀念》，頁二四六。

⑹⑹ 在此以及以下所謂的經驗（Erfahrung），當然並非經驗論自然主義（empiristischer Naturalismus）（感覺主義 [Sensualismus]）所未能說清的經驗概念。經驗還具有更廣泛的涵義，在胡塞爾的《形式與超驗邏輯》（*Formale und Transzendentale Logik*）一書中，便掌握到這個概念，換句話說，就是對個人與料（甚至是對非眞實的對象）的明確的自我捕捉與掌握。

⑹⑺ 見《邏輯》，頁一四七。

⑹⑻ 在此要牢記的是，我們在此所謂的經驗，即使是前後一致的經驗，也絕沒有表示出半點這類經驗是如何在意識中構成的。被經驗者**可以**在一系列設定的確立行爲中構成，即使以單一設定的方式也能觀看。就連進行中性化的意識之所有內容，也就是所有沒有明確設定而僅僅是懸而未決，或是在構成經驗的整體關聯性時，參與了由中性化意識過渡到設定性的意識內容皆是如此。

⑹⑼ 胡塞爾在這個關聯性之中，也談到了在判斷中產生的範疇性構造物的「習慣的與重新喚醒的有效性」

（habituelle und wiederzuerweckende Geltung）（《邏輯》，頁一〇四）。

(70) 前揭書，頁二八五。

(71) 前揭書，頁二八二。

(72) 就判斷（Urteil）而言，正因爲判斷具有「總是可以一再地重複的無盡性」之基本型態，所以隨時都可以在不斷形成的精確判斷中，由被動的掌握轉變爲主動性。此處存在一個未曾說明的問題，由於目前我們都還是避免援引「知道」（Wissen）這個概念，所以該問題也一直被隱藏著。因爲知道或預知（謝勒和桑德），既可以表示在籠統形成的判斷中之純粹被動的掌握（作爲概念的對象性），也可以表示精確的判斷，亦即在不斷實行的主動性中進行重構的判斷，所以基本上這是兩回事。

(73) 前揭書，頁一四三。

(74) 雖然就經驗論而言，「主觀先天」（subjektives a priori）乃是由「經驗」所建立的。

(75) 在此要特別說明的是，我們在本質範圍所使用的確切詞義中所謂的經驗世界之形成，可以略之不論。因爲透過實行「本質直觀」（Wessenschau）所掌握的本質，就前文的闡述來說，同樣也是「被經驗的」（erfahren）。大家甚至要確切認知到，在此「經驗」與「經驗關聯性」所指涉的意義，完全不包含經驗（Empirie）的一般用法，例如想像經驗（這是在現象學觀察法中極爲重要的），也像對外在世界的實際對象之諸經驗一樣，參與了此時、此地，以及如此的我的經驗關聯性之構成。上述研究所談的經驗，是在內在時間流中經驗的組成構造中，作爲能經驗的自我意識的諸般體驗，而絕非經驗世界及其事物的本質。亦即我們的闡述所涉及的，（採用胡塞爾的語詞）是經驗之意向性的本質事實（intentionale Wesenstatsachen der Empirie），而非經驗的事實（《邏輯》，頁二七九）。

⑯ 見胡塞爾，《觀念》，頁二五〇。

⑰ 在此請參閱前文「補記」。

⑱ 就我們的定義而言，我們的基模（Schema）概念，和康德（《純粹理性批判》（*Kritik der reinen Vernunft*），B 185）所謂的作爲「表象的構造物」之基模是無關的。

⑲ 在此參閱的事例，是胡塞爾對「科學」（Wissenschaft）的定義：「使科學成立的條件，是思考成果能夠以知識形式保存下來，並以陳述句的系統形式提供其他思考使用，該陳述句就邏輯意義而言是明確的，不過卻也能**在缺乏概念基礎之明晰性，亦即不需洞見時就被理解，並以判斷表示出來。**」（*Ideen*，頁 124。）

⑳ 見胡塞爾，《邏輯》，頁一九四。

㉑ 前揭書，頁二五四。

㉒ 見本章第七節。

㉓ 見本章以下第十八節。

㉔ 譯註：此翻譯參考陳瑞麟著，《邏輯與思考》，臺北：學富文化，二〇〇三。該謬誤的涵義是：「把所要考察和論證的結論當成已證實的事實，當成考察和論證的起點，當成用來支持論點的理由。」（前揭書，一四二頁。）

㉕ 參閱前文第四節。

㉖ 在此也要提出方德（A. Pfänder）的兩篇論文〈意欲現象學〉（Phänomenologie des Wollens）和〈動機與動力〉（Motiv und Motivation）（2. Aufl, 1930）。儘管本書的闡述著重客觀，且在主要論點方面的術語都與方德的說法有所區隔，但是在基本理解上，筆者是同意方德的（參閱頁一一七—一二八）。

⑧⑦ 由於語言方面的考量，我們避用較正確的「行動目標」（Handelnsziel）一詞。

⑧⑧ 同樣地，此處所說者，如果沒有廣泛且艱深的研究，是不可能釐清的，再者，這是屬於一般現象學的主題的。我們的目的，僅止於在多重的層次中假定一個同一的意義核心（identischer Sinneskern）（此處借用現象學的說法），揭示給某種經驗方式中的構想者。

⑧⑨ 韋伯所謂的「傳統行動」（traditionales Handeln），其涵義籠統且含混，不僅將「先前事例」（Präzedenzfälle）視爲「無所疑義的存在」，連對行動目標也是如此。

⑨⓪ 譯註：「假言格準」的假言表示設定條件；爲了達到某個特定目的，人們必須從事某些有利於達到這個目的的行爲。在行爲與目的之間形成某種人們得以奉行的固定模式，便是格準。

⑨① 見前文第四節。

第三章

理解他人之理論的基本特質

十九、自然觀點中有關他我的一般設定

在第二章我們透過分析孤立的心靈生活中的時間意識，粗略完成了意義構成的相關研究，雖有未盡之處，但我們現在要將重心轉移到社會世界特定的意義給予方式去，也就是一般所謂的「理解他人」（Fremdverstehen）這一部分。進入社會世界的研究領域時，我們[1]將放棄嚴格的現象學觀點，也就是放棄透過孤立的心靈對意義現象進行分析時所使用的觀點，這時我們會接受素樸自然世界觀點之中**存在著**社會世界，就如同我們身爲平常人所接受的，或是從事社會學研究時所習以爲常的那般。在此我們盡量避免超驗現象學如何處理孤立的心靈中對他人的構成之類的問題。這樣的研究會產生什麼樣的研究任務？具有怎麼樣的基本意義？會導致什麼樣的困難？胡塞爾在《形式與超驗邏輯》（*Formale und Transzendentale Logik*）中已經有所揭示，但並沒有針對特定的問題深入去談。[2]一直要等到那裡所設定的分析完成之後，我們才有可能回答「你」（Du）的「意義」這個問題。然而，我們現在可以肯定地說，從胡塞爾的論述[3]我們可以得知，世界的概念必須以「每個人」（Jedermann）及「其他人」（Andere）概念作爲基礎。謝勒的〈認知與勞動〉（Erkenntnis und Arbeit）一文也表達了類似看法：「共同世界與社群的眞實性對整個作爲有機與無機的（organische und tote）自然來說，首先是作爲**『你』領域**（*Du-Sphäre*）及**我們領域**（*Wir-Sphäre*）而被**前**給予的，[……]更進一步來說，對於屬我（Eigen-Ich）

含意底下的『我』之眞實存有而言，乃至他單獨個別的『被自身所體驗者』（Selbst-erlebten）而言，『你』與社群的眞實性是被**前**給予的。」④

在每一個主體性之中去談「你」的構成這個問題所具有的各種困難，我們必須暫時加以擱置。我們不去探討下列這些問題：「你」是如何在自我之內構成的？自我觀察的可能性是否優先於觀察他人的可能性？作爲身心主體的「人」的概念是否回頭指涉（rückverweisen）了超驗自我？在其中超驗他我已形成；或者，在何種情況下，互爲主體的普遍有效的認識，如何能夠藉由超驗他我在超驗自我中的構成而成爲可能？這些問題對於知識論來說有其直接的重要性，對社會科學來說也有著間接的重要性，不過對我們的問題情境來說卻無關緊要。

我們研究的對象是生活在**素樸的自然態度中**的人，他們誕生在社會世界，把周遭人們的存在視爲理所當然，一如他把接觸到的自然對象也視爲理所當然那般。就我們的目的而言，底下的想法已經足夠：**「你」也具有意識，「你」的意識具有生命流程流動性，和我的意識流一樣具有相同的原初形式**（*Urform*）。這也意味著，「你」對自己的意識只能經由意識所具備的意向性，即反省的注意活動以理解自己的體驗，而且這個反省的注意活動也會隨著每個當下的注意力樣態而有所不同，如同我的意識所經驗到的過程一般。簡言之，「你」也會如我一般體驗到自己的成長老化（Altern）。

因此，在第二章對孤立意識（das einsame Bewußtsein）所進行的討論，也就是說明我自己的意識那一部分，完全可以應用到「你」的意識（das Bewußtsein des Du）上面。基於意向性作用的緣故，「你」的意識也是能賦予意義的。「他我」也會在特定的注視中從體驗流程挑選出獲得清楚界定的體驗，藉由把它放入某一意義脈絡而加以詮釋。「你」同樣也會透過反省的觀看把多重構成的意識活動掌握爲一個整體，以層級化的方式把意義脈絡沉澱下來，建構它的經驗世界（Erfahrungswelt），這個經驗世界具有我的每一個當下與狀態的索引（Index des jeweiligen Jetzt und So），**當「你」詮釋自身的體驗時，「你」就賦予它以意義，而且是「意味意義」**。

第一章的研究⑤已經顯示，掌握他人的意味意義是不容易的。我們提到，掌握他人意味意義的設定根本不可能落實（unerfüllbar），他人意味意義的概念終究只是一個極限概念（Limesbegriff）。我們對時間的分析顯示，要掌握他人的意味意義這個設準是不可能落實的。**「掌握他人意味意義」的設準是指，他人的體驗被我以如此這般的方式加以解釋，正如他我對自己的體驗加以解釋一般**。然而我們已經知道，自我解釋是在一系列高度複雜的意識活動中發生的，這些活動是自我注視的對象，也就是依賴於每一個當下注視狀態之樣態。因此，認爲觀察者能洞察他人的體驗與他人的自我理解這個設準是毫無根據的，因爲這必須預設，在體驗的構成中，我經歷到他所有的意識狀態與意識活動。這種「知道」只能發生在我自己的體驗以及對這些體驗的反省活動。這個設準也預設，我的體驗必須能夠以相同的次序，同樣前攝（Protention）、持存（Retention）地重新體會他人細微的體驗，包括：

原初印象（Urimpression）、反省活動、主動的活動與幻想的體驗等等。更有甚者：觀察者還必須能經歷他的**所有**體驗，以相同步驟去進行，最後我還必須和他一樣，賦予完全相同的注意程度。這等於是說，我的意識流必須和他人一致，或者說，觀察者與被觀察者必須變成同一個人。柏格森在《意識的直接被給予》（*Essay sur les Donneées immédiates de la Conscience*）中已明確指出這點來。⑥**是故，「意味意義」本質上是主觀的**，原則上只限於個體的自我詮釋。這些都在個體獨特的意識流程之中形成，基本上每一個「你」都不可能觸及它。

這些結論似乎否定了理解社會學的可能性，也否認了他人心靈的可理解性，但事實並非如此。我們並不主張，原則上我不可能接觸「你」的體驗，更不是指他人體驗對注視他的自我而言不具有意義。我們到目前爲止所做的研究都顯示，我加在「你」體驗上的意義，絕對不會和「你」詮釋自己體驗時的意義完全相同。

爲了釐清對自身體驗的詮釋與對他人體驗的掌握這兩種意義類型的差別，我們需要藉助於胡塞爾有關**超越與內在**取向等活動的研究：**「內在取向的活動，更一般來說，與內在關聯的意向體驗，指的是具有下列本質的活動，也就是，其意向對象，假如眞的存在，跟它一樣屬於同一個體驗流程**，（……）」，「**超越取向活動指的**則是一種意向體驗，對它而言以下的情形**不會**發生，例如，朝向另一個帶有其他體驗流程的我的意向體驗的活動。」⑦不只是那些指向他人體驗流程的意識活動是超越的，就連我對他我之身體、我自己的身體，還有我自己作爲身心整合體的體驗，也都是超越的。問題在於，朝向**他人的體驗**的超越活動，究竟具有何種特質？我們可以說，我們**「感受」**他人的體驗，只要我們不是採用嚴格的適當知覺或直觀的意思，而是指我們以直觀臆測（anschauliches Vermeinen）的方式掌握眼前的事物或事件。這正是胡塞爾用「**知覺**」一詞來表示「得知」的用意：「傾聽者知覺到，說話者正在表達特定的心理體驗，而且他也知覺到那些體驗；但傾聽者本身並未經歷這些體驗，他對這些體驗的知覺不是『內在的』，而是『外在的』。」[8]這裡的知覺概念不應與另外一種知覺概念相混淆，後者和具有標示性的象徵表象（signitiv symbolische Vorstellung）特質的知覺概念相對立，也就是對象直接被直觀的、超越的知覺概念。因爲我只能透過標示性的象徵表象來理解他人心靈的體驗，而且要不是透過作爲他人體驗表達領域[9]的他人身體此一媒介，就是透過最廣義的人工物，也就是一個外在世界的對象，其存在回頭指涉了我本身或一個同時代人的製作（Erzeugung）。

我們必須進一步說明**標示性的掌握他人心靈體驗**（*signitive Erfassung fremdseelischen Erlebens*）的涵義。在自然態度之中，我們對他人的全部體驗，是由我對他人的身體、行爲、行動過程與他所創造的人爲製造品等經驗所構成。現在我們暫且將談論範圍限定在他人的**行動過程**，並進一步說明這個概念。我們對他人的已然行動的體驗，是由我知覺到他人的身體動作所構成的，而我們在自我解釋的過程中，把這些知覺有意義的詮釋爲外在世界的物體發生的變動，而這個物體是在我們對「他人的身體」有所體驗之前被給予的。但這個身體回頭指涉了「你」那充滿意識狀態的生命流程，可歸類爲他人的生命流程，在他存在的每一時刻都具有當下狀態的特性。身體動作不僅被視爲外在世界的對象，還可說是他人體驗的記號（Signum），歸屬於他人的生命流程之流。經由我對他人身體動作的知覺，我的觀看（Blick）指向了「你」的體驗，身體動作正是這些體驗的記號。基本上，就掌握他人體驗的方式而言，他人身體的動作可理解爲他人體驗的**指標**，這是他人所能夠覺察的；因爲這是在他的生命流程中的體驗，而且從這裡他可以將這些體驗藉由專注於它們的方式以完整界定的方式加以凸顯，他可以在多重層次的活動中，把它們歸位到意義脈絡中，進而在自我解釋中對它加以詮釋。他人被觀察到的身體動作因此不只是他人體驗的記號而已，也是他人「賦予意味意義者」。此種詮釋者對他人身體動作所進行的解釋，實際情況究竟爲何，我們稍後還會再處理。在此只需要肯定一件事，世界的**標示性體驗**與所有的當下狀態體驗相一致，他們都以相同的方式「儲存著」（vorrätig），正如我們對每個體驗所做的一般說明那樣。⑩

也許有人會認爲體驗概念全然只是我個人的體驗，因爲「體驗」一詞與「內在於認識的對象」是同義的。因而有人主張，對他人體驗的超越掌握是自相矛盾的，因爲我只超越地**掌握**到他人體驗的指標，藉此我**推論**出他人的特定心靈體驗。與此相反，我們要強調的是，當我們**標示性的把他人身體**當成他人體驗的表達領域時，一點也不包含一般的推論或判斷，它所涉及的毋寧是一個**有理解根據的意向活動**，這當中不只是指向被直觀的對象，即身體，也經由這個媒介而指向他人的體驗。[11]

在日常生活世界，我「你」皆不是以超驗主體的樣貌現身，而是以身心整合主體之樣貌出現，他人的體驗之流恰恰相應我的每個體驗之流，當然回頭關聯於（rückbeziehen）我的體驗之流，正如同他人的身體相應於我的身體，回頭關聯於我的身體一般。我的自我回頭關聯他人之獨特方式，就以下這個意義來說是有效的，即我對「你」的體驗之流來說，是一個他我的體驗之流，正如同我的身體對「你」（das Du）而言是他我的身體一般。[12]

二十、續篇：他人體驗之流的同步性（Gleichzeitigkeit）

如果我想觀察自己的體驗，那麼我必須執行一個反省性的注意活動，這時我所掌握到的是已經結束的體驗，而非正發生著的體驗。針對我自己的體驗而來的注意活動都是如此，同樣地，針對「你」的體驗而來的注意活動也是一樣。這意味著，「你」只能觀察自己過去已經歷過的體驗。現在，我對他人的體驗，無論如何總是我自己的體驗（je-meinige Erlebnisse）。在這些屬於我的體驗之中把他人具有標示性的體驗當作意向對象，此一對象在他的生命之流中是作爲內在體驗而呈現。爲了掌握自己的體驗，我必須在反省的活動中去注意它。然而爲了掌握到他人**的**體驗，我卻不需要反省地去注意**我對他人的**體驗。毋寧說在「單純看過去」（im bloßen Hinsehen）當中我也能掌握這般他人的體驗了，這是他人在反省時不曾注意到的，這些體驗對他而言只是前現象、尚未分化的。這意味著，當我自己的體驗已完成而成爲過去之後，我才能觀察到自己的體驗，但在他人的體驗實際發生之時，我卻能**在它的流程中**觀察到他人的體驗。**這無非是說「你」我處於一種特殊的「同步」**（*gleichzeitig*）**狀態**，也就是我們「共同存在」（Koexistieren），我的生命流程（Dauer）與「你」的生命流程「交錯在一起」，這些描述不過是圖像，必然會有不適切之處，因爲它們都得自空間的領域。只要談到兩個時間流的同步性，人們就免不了要牽扯到空間性，但這一點具有深刻的含意，因爲只要我們在自然的觀點（不涉及現象學還原）當中談自我或他人的體驗之流，就會把自我及他人視爲**心理物理的**整體（*psychophysische* Einheit）。

我們將用柏格森在《生命流程與同時性》（*Durée et Simultanéité*）一書⑬的想法來理解「同步性」。「我稱之爲同步的是從我的意識觀點來看一**股**或**兩股**的流程。當我的意識有意進行一個完整的注意活動時，我的意識就會發現這些流程是渾然一體的；然而另一方面，當意識選擇要分別注意時，就能將它們區別開來，也就是它們能合而爲一，也能彼此分開。」

我們在一個統一的注意活動中關注他人與我們自身的生命流程（Dauerablauf），這個統一的意識活動涵蓋了兩個生命流程。這種同步性並不是可量化的、可切割的，和空間上可丈量的物理時間的同步性。先前被標示爲同步的兩個生命流程的共同存在，更表示了

「你」與我的生命流程有著相同結構的這種假定。「你」的生命進行的方式與物體不同，因爲「你」體驗到自己的成長老化，而其他的體驗乃是從這個事實所建構出來的。物理對象的壽命（Dauer）根本算不上是時間流程（*durée*），相反地，它只是在客觀時間中占有一個時段。「你」的生命流程（die Dauer des Du）則與我的一樣屬於眞正的生命流程（echte durée）：一個可以體驗到自身持續不斷、多面向的且不可逆轉的生命流程。自我不僅主觀地體會到自己的生命流程是絕對眞實（一如柏格森所言的那般），如同「你」自己所體驗到的那般，我們甚至可以說，「你」的生命流程對我而言，正如同我的生命流程對「你」而言都是絕對的眞實。**這正是我們所謂的兩個同步的生命之流——也就是一同成長老化的現象**。只要我們設法找出同步性的其他判準，兩股生命之流就會轉化成一個純粹的時空脈絡，而眞實的生命之流則轉換爲**想像的時間**。這就是如同柏格森[14]所理解的那個不被我、不被「你」乃至不被任何人所可能體驗到的時間。**對我的意識與「你」的意識來說，自我與他人乃至任何人的生命流程，不僅是可體驗到的**（*erlebbare*），**而且也是被體驗的**（*erlebte*），**眞正實存的生命流程**。[15]

因此，我可以直接說，**「你」是我可以在它作爲他人的現在狀態的流程中同步察覺到的意識活動過程**，那些「你」未曾意識到的體驗也可以被我察覺到，也就是「你」的前現象的或基本上當前的體驗（präphänomenale oder wesentlich aktuelle Erlebnisse des Du）。例如，某人正對我說話，我不僅能覺察到他的語言，還能覺察到他的姿態與聲調等，這些都是等著我來作詮釋。當然我會以詮釋自己體驗的方式來詮釋這些體驗。我總是對「你」的體驗有所覺察，這些被察覺的對象正是被我解釋成他人體驗的指標。我在這種指標的體驗中所遇見的每一種意義脈絡，被意指的「你」的體驗就存在於此意義脈絡中，而「你」的體驗正是在「你」的生命流程之中逐步多元地（polythetisch）構成的。[16]

我們剛才所描述的是，對他人意識的多元活動進行同步掌握，在此活動中有個高階綜合的構成，這一種理解方式乃是韋伯所說，相對於根據動機理解的當下理解。同步性的本質不在於身體的共同存在，好似我只能「當下」理解周遭世界的他人，覺察他們仍處流動狀態的體驗。我還能在想像中將一些歷史人物的心靈放在和我**宛如同步**的情境裡，經由他們的著作、音樂與藝術來理解他們。這種理解的各種樣態屬於社會世界的各種領域，這點我們稍後會再加以處理。

他人的生命流程與我的生命流程有著同步性，但這並不表示，呈現在我當下狀態中的世界，與在「你」當下狀態中的世界完全一致。因爲我對「你」以及「你」的環境之體驗，都帶有我當下狀態的標誌（Index），而不是**另一個人**的當下狀態。我假定有一個周遭環境屬於「你」，與我的當下狀況有關，而我也假定，在某時某地某狀況，「你」我意識活動的超越內容相當一致。[17]至少在自然態度的世界中是如此，在日常生活世界之中，人們可以直接體驗到他人，在這個世界裡，我可以假定「你」看到的桌子和我看到的並非不同。稍後我們還會在社會世界的各個領域，在同時代、前人與後人世界中看到此假定的各種樣態。[18]

接著，我們要在他人理解的具體問題中對前面提到的**他我之一般設定**（*Generalthesis des alter ego*）的有效性進行評估。現在我們已經可以從這裡得出一些原則性結論，這些結論對於掌握他人體驗的意義詮釋之現象，是具有重要性的。

對自身體驗的自我說明，發生在自己經驗的整體脈絡，在已然流逝的時間流構成的所有體驗，都是作爲已構成的意義脈絡而進入這個整體脈絡。我的一切體驗，都在這個已構成的意義脈絡的形變（Umformung）中呈現（至少就它的潛在性來說），就某個意義而言，它們都是可供我使用的（zu meiner Verfügung），或者是我在回想或回顧中當下喚回它們，或者是，我**能夠**潛在地從已構成的意義脈絡明白那些體驗。同理，我能夠不斷自由地回顧或重複那些體驗（至少只要它們是從自發性的活動中產生出來的話）。⑲在自由的回顧中：因爲我可以任意刪掉一些部分，把注意力集中在某些以往未曾留意的部分。基本上我的整個體驗之流，也就是我的整個充滿體驗的時間流程之延續，在我整個自我詮釋過程中是開放的。

上述這點對有待我詮釋的他人體驗之流來說，完全不適用。**固然「你」的體驗之流也是延續的：但我只能掌握其中非連續的片段**。我們剛剛已證明了這點：如果我能認識「你」的所有體驗，那觀察者與被觀察者就是同一個人了。我們的不同之處還在於意義脈絡：當我認識他人的體驗之流的片段時，我是在**自己的意義脈絡內**組織我所看到的，而他人則是在他的意義脈絡內組織他的體驗。是故，我總是從我自己的觀點來詮釋「你」的體驗。即使我擁有既定時刻下「你」的所有意義脈絡的理想知識，能夠安排「你」的全部體驗，但我還是不能確定**我的**組織和「你」所使用的意義脈絡是否相同。這是因爲「你」對自己體驗的注意方式，必然和我對它們的注意方式有所不同。假如我注視著我所擁有關於「你」體驗的知識儲存（Wissensvorrat），找尋這個知識的結構，就可清楚看出：**我對他人意識生活的種種經驗，是奠定在我自己對他人的體驗這樣的經驗基礎上**。正是因爲我對他人的經驗性體驗和他人對自己的體驗處於同步或擬似同步，後者是前者的意向關聯所在，我才可以在自己的回顧活動中，把過去對他人的體驗的經驗性體驗加以經驗。

或許有人會反駁說，他人生命流程能夠毫無矛盾地被建構出來，就好像他人的生命流程與我的意識流程同步一樣，以至於他人的當下狀態都對應於我的當下狀態。我們未嘗不可設立一項假定，我在我的當下狀態確實可以經驗到他人的體驗，因此我總是可以經驗他人**在他的連續性當中**的生命流程。但我所能觸及的不過是連續性（只要在他人時間流的每個當下狀態都有一個他的體驗存在），而**非**其**內容的完整性**。因爲我所掌握到的他人的一連串經驗，只構成了他人的一些特殊體驗的一**種**，而且只是一種**可能的**經驗脈絡（也就是只與我的經驗性體驗有關係者），我永遠無法掌握使你的每個當下成爲如此狀態的「你」的體驗之整體。毫無疑問地，對掌握同步性中唯一的當下狀態亦不例外。總而言之，**對我來說只有我自己的生命流程才是連續完整的，他人的生命流程對我而言，只能是非連續的片段，我無法觀照其完整性，永遠只能用「統攝的觀點」**（*Auffassungsperspektiven*）**去加以掌握**。

不過，這也意味著**作爲我內在思考對象的他人心靈**（*Fremdseelisches*），**原則上總是充滿疑問的，相對的，我們對自身體驗的認識往往是十分確定的**。⑳

前面的論述對說明他人行動的理論非常重要，這項理論是我們接著在後面討論的主要對象。基本上我所掌握到的「你」的體驗是否也被「你」的反省所掌握，它們是否來自「你」的自發活動，眞正符合我們所定義的「行爲」（Verhalten），這些都是可存疑的，果眞如此，我們依然可以懷疑，它們是否爲出於構想而產生的行動（Handeln）。他人行動的概念已經展現深層的理論問題。不僅掌握他人體驗之意味意義的設準無法落實，基本上也可懷疑「你」對於我每次掌握到的「你」的體驗是否會賦予意義地（sinngebend）加以注意。

二十一、流俗的「理解他人」概念所具有的模糊性。奠定在自我解釋活動之上的理解他人

在作進一步的分析之前，我們必須指出，一般而言，理解他人的概念包含了不同的事態。㉑它首先被當作指向他我的意向活動，也就是**我對他人的**體驗，其次則被當作針對他我**的**體驗之掌握；把這些體驗安排在特定的意義脈絡中（韋伯的掌握意味意義），可稱

爲理解他人，如同把他人行爲或行動放入動機脈絡中一樣。牽涉到對他人所告知的記號（kundgegebene Zeichen）去進行理解時，「理解他人」這個概念的模糊情形會更爲嚴重。首先，記號本身被理解，再者，他人藉著使用記號想要表達的「意義」也被理解，最後，他人在當下狀態的特殊脈絡使用記號的意義也被理解。

爲了區別這個名詞的不同意義層次，我們就從**最廣義的理解概念**著手。我們認爲**理解**（*Verstehen*）**完全對應著意義**（*korrelativ zu Sinn*）；因爲所有的理解均指向那些有意義的（auf ein Sinnhaftes）事物，此外，唯有被理解的事物才是充滿意義的（sinnvoll）。之前我們已探討過孤立自我內在有意義的概念所具有的含意。根據這個語詞的涵義，凡是我們用「自我對本身體驗進行的自我解釋」來指稱的活動，都算是理解性活動，而那個自我解釋所賴以奠定的對有意義者的掌握（Erfassen von Sinnhaftem）之多種層級，都必須被稱爲「理解」。

抱持自然態度的人，經常藉著解釋自己對世界的體驗來理解世界，這包括對無生命事物、動物或他人的體驗所進行的解釋。理解他人的概念，起初與自己對**他人的**體驗所進行的解釋重疊。在我面前的「你」，乃是一位現實世界的鄰人（Mitmensch），而非電影布幕上的影像，他具有時間流和意識，我是經由自己對他的體驗進行的自我解釋這個活動而經驗到他的。

進一步來說，自然態度的人會知覺到**這個被認知爲他人身體的外在客體上**的改變。他可以解釋這些變化就如同解釋無生命對象的變化一般，也就是解釋他自己對事件與過程的體驗。而即使到了這第二階段也未超出孤立意識領域的意義賦予活動。

若要使超越這個領域成爲可能，唯有當**被知覺的流程被視爲他人**意識的體驗，這個意識體驗藉由他我的一般設定（Generalthesis vom alter ego）被當作與我的意識體驗沒有兩樣。知覺到的他人的身體動作，不僅是我在自己的意識流中對這些動作的體驗——就在同時——**相應於此種體驗的是「你」自己的體驗，屬於「你」的意識流程**。在此完全不必在乎的是，「你」的體驗之獨特性，亦即「你」的反省視野把自己體驗放在何種意義脈絡裡面，我只須了解「你」身上被知覺到的流程對「你」來說是一種體驗。

此外第四點，我們還可以追問「你」的這個體驗所被置入的意義脈絡。我們已經知道、明白這個提問從來不能獲得字詞上具有確切含意的意味意義。在「他人的意味意義」的極限概念下，我們所能掌握的，不過是不斷被逼近的「近似值」而已。

然而，談到「你」置放體驗的意義脈絡，卻又是極爲模糊的。光是這個問題，究竟知覺到的他人身體動作是帶有對未來期望的目的性，處在「爲了」的動機脈絡中？或者只是不帶期望的「反應行爲」，就關涉到他人體驗的意義脈絡？此外，假如我們想一想，追問他人將他的「行動」置入的經驗基模的問題，例如，追問一個行動之所以發生的動機脈絡，就可以體會到理解他人這個概念所牽涉的問題多麼複雜。深入了解這種理解結構是十分重要的，如此我們才能明白，所有對他我體驗所進行的眞正理解，都是奠基在自己對**他我體驗的**自我解釋之上。

我們之前的分析完全限定在周遭世界中他我身體的呈現範圍，並假定理解他人是以詮釋他人的身體動作爲基礎。而我們只要稍加省思便可看出這種解釋方式只適用於社會世界眾多領域的其中一個。因爲即使在自然的世界態度中，他人縱使沒有呈現身體，人們還是可以經驗到他人：人們不僅知道（在他周圍的）**周遭世界**，還認識到（遠距離的）**共同世界**。除此之外，人們也具有歷史的**前人世界**（*Vorwelt*）之經驗以及在這些共同世界和前人世界的人們。人們會發現自己被一些他人創造的對象所圍繞，被廣義的人造物（Artefakten）所圍繞，包括記號系統與其他的文化對象（Kulturobjekt）在內。他首先將這些人造物放入自己的經驗脈絡加以詮釋。並且他還隨時可以進一步探討這些人造物之創造者的意識體驗流程，也就是說，探討這些人造物「因何緣故」（Worumwillen）而形成，探討生產的一步步流程，並追問他人意識所處的意義脈絡。

現在我們必須詳細描述這些複雜的過程。而我們只在與本研究有關的範圍之內進行分析，也就是「在社會世界中理解他人」所要求的範圍裡。基於這項目的，我們必須從最低層次開始，釐清自我詮釋的活動，而後者對眞正的理解他人來說總是預先給予的。爲了簡便起見，我們假定要被理解的他人是以具備身體的形式，呈現在觀察者的周遭世界中。我們將從不同的人類行爲領域挑選出範例，先分析不包含告知功能（ohne Kundgabefunktion）的行動，而後才分析藉由記號來告知的行動（Kundgabehandeln durch Zeichen）。

我們選擇伐木者的活動作爲例子去說明不包含告知功能的「對人的行動之理解」：對於樹木被砍倒的理解，其涵義可以是：

一、我們只注意到「外在過程」，即斧頭砍倒樹木，接著木頭就被劈成塊狀。倘若觀察者只看到這些，那麼既談不上回歸「他人心靈」，也談不上有一個他我被給予。這時我們根本不須要提到他人，因爲不論伐木是直接由人類的動作、機器或「自然力量」所造成，都是一樣的，伐木的過程不會有任何改變。當然，意義是由觀察者賦予所觀察的事件上，在這種情形下，他把意義放在自己的經驗脈絡，用「伐木」這種名稱來爲這個動作命名。但這種「理解」只是觀察者對被知覺的過程進行的自我解釋，在第二章我們已經討論過這一點。通常觀察者在看到這個事件之後，就會對他的知覺進行多元主題的綜合，接著以某種單元的注意方式來回顧，進而將這些一體化的一連串經驗放入他整個經驗的整體脈絡，同時還賦予它一個名稱。然而在我們的例子裡，觀察者甚至都還沒看到「**伐木者**」，只看到「**樹木被砍伐**」，因而他把自己所看見的「理解」爲「伐木」。重要的是，對於這個事件的解釋，其實是由觀察者在觀察時擁有的經驗儲存的脈絡所決定的。一位不知道紙張如何製造的人，是不會把紙張的製造過程放到他的經驗整體脈絡去的，因爲他根本就缺乏必要的詮釋基模。他也沒有能力作這個判斷：這是製造紙張的地方。一般來說，將體驗放到經驗脈絡裡去的情況也是如此。

對於樹木被砍倒的理解，也可能：

二、意味著，被稱爲外在世界其中之一的他人身體的變化被知覺到了，他人的身體被視爲具有心靈的（beseelt），而他我則被解釋爲具有體驗能力，只是不該追問的是，是否或有哪些體驗相應於他人身體的特定動作，也就是不能問，是否有某種「行動」（基於期待的行爲）出現了，又哪一些「動機」屬於這種行動。不論觀察者如何解釋他人身體的動作，他所做的事無非是對於他人身體的知覺經驗所進行的自我詮釋，亦即，他先是確定，這個位於外在世界中的對象是他我的身體，然後確定這個身體的變化。

對於某人在伐木的理解，可以是：

三、我們的焦點不在於注視「外在過程」，而在於**採取伐木這個行動的人自己的**體驗。問題的關鍵不在於：「哪一些流程在外在世界中發生？」而是：「這一個人在動作發生的過程中體驗到了什麼？」這個人是否主動地根據他先前的構想而行動？如果是的話，那麼他爲什麼要採取這個行動呢？他的目的動機（Um-zu-Motiv）又是爲何呢？對**他**來說，他的行動所處的意義脈絡爲何？這些問題所關切的並不是過程的事實性（Faktizität），也不是身體的動作。相反地，觀察下的外在過程與身體動作都被視爲被觀察者之體驗的指標（Anzeichen）。觀察者的注意焦點並非指標，而是指標背後隱含的意義，也就是被觀察者的體驗過程（**眞正的理解他人**）。

現在我們要用類似的程序簡短探討「理解記號性的告知行動」，並以理解某位說德語的人爲例。觀察者可注意到：

四、說話人的身體動作：觀察者以自己每一當下狀態的經驗脈絡爲基礎，對本身的體驗進行自我詮釋（Selbstinterpretation）。起初，觀察者確定自己看到的是一個人（非影片中的影像），接下來又確定展現出來的動作是行動。

五、當觀察者確定他所聽到的聲音是從說話者傳過來的（而不是從發聲機來的）時候，單就對聲音的知覺而言，就是他對自己知覺的一種自我詮釋。

六、聲音的特殊型態。觀察者確認，說話者透過行動（也或許是從發聲機）而產生的是一種特定的言說。藉此他確定所觀察的對象（或者在別的情況下，產生聲音的語言機）**正在說話**，而不是「遇到尖銳的聲音」或「唱歌」，故而把知覺到的聲音詮釋爲語言的聲音。根據自身的經驗，觀察者把知覺到的聲音放在一個特定的基模（Schema）之內，也就是用德語來理解它，而它所表現出來的語音都是具有明確意義的「記號」。這種放入德語整體基模，即使是在我無力理解語詞的意義時也會發生，此乃因爲詮釋者在它的當下經驗脈絡中擁有判準（Kriterien）。例如，我到某個國家旅行，我雖完全不懂他們的語言，但我可以知道這兩位我所看到的人正在交談，還可以知道他們是以這個國家的語言在交談。我作了一項詮釋，我所觀察的談話者彼此是旁人（Nebenmensch）[22]，而非電影布幕上的人物（Figur），他們發出的聲音就是語詞（Wort），我更可進一步確定，這些被稱爲語詞的聲音結構體在某個特定的高階基模中是代表某些意義的記號，我也可以針對這個基模說，不論它的普遍形式爲何，它就是語言，例如匈牙利語，儘管我無力領會該語詞的意義。

這些詮釋都發生在觀察者對自己的體驗所進行的詮釋活動上，完全不是指向對被觀察者的體驗之掌握。

除此之外，觀察者還「理解」：

七、語詞就是語詞意義的記號。當他把記號放入過去體驗到的記號體系（詮釋基模）時，就是在進行自我詮釋的活動。根據他對德語的認識，觀察者把「桌子」（Tisch）這個語詞記號和身邊某個具有特定用途的器具概念放在一起。這時候究竟這個語詞是由他人說出，還是由電唱機甚至是一隻鸚鵡叫出，都無關緊要，又這個語詞是觀察者以書寫、印刷、木頭或鋼鐵作成的文字，在何時何處、何種脈絡下被知覺到的也都無關緊要。[23]只要客觀記號的詮釋是放在客觀的記號系統內，不去追問使用記號者想用這個記號來表達什麼（非本質上的）偶發意義，爲何**使用這個記號的人**如此使用它，那作爲語詞意義的記號的語詞，不過仍是詮釋者進行自我解釋的對象。當我們指出這些詮釋都是詮釋者的自我詮釋之後，就不該忽略這項事實，即對被觀察的他我的所有前認識（Vorwissen），皆隸屬於詮釋者的整個經驗脈絡，而詮釋者是由這裡出發開始去進行詮釋。

觀察者可以眞正的理解他人，如果他把：

八、語詞意義視爲說話者意識過程的指標，視之爲說話者設定的意義。確切的說，他可以追問：(a)說話者說的是什麼意思？也可以追問：(b)他現在在這裡想對交談者表達些什麼

（告知）？這些問題指向他我的意識體驗，指向眞正的理解他人。第一個問題指向告知者的告知記號所在的意義脈絡，第二個問題則追問告知的動機。前面的分析已經顯示，這兩項問題只有在我對聽到的語詞（由一個他我所告知的）透過自我詮釋加以掌握之情況下才可能提出，**所有眞正的理解他人都是奠基在理解者的自我詮釋活動中**。

上述種種分析都只是舉例說明而已。稍後我們還有機會回頭看這些例子所處的基本脈絡。在此我們要指出的是，關於他我的詮釋活動可被視爲詮釋者的自我詮釋活動。被觀察者是一個眞實的鄰人而非電影布幕上的影像，這項事實對於觀察者來說，只有在他對他人身體的知覺之自我詮釋當中才是如此。同樣地，對「外在」行動流程的種種詮釋，也就是對他人的身體動作與他人行動後果的詮釋，只存在於觀察者自己的詮釋當中。他對這些行動流程的解釋與他對小鳥的飛翔或飄動的樹梢所做的詮釋一模一樣，完全是從他體驗這些流程的整體脈絡而來，而與被觀察者的意識流程全然無關。[24]同樣地，一旦我們關心的只是被使用記號的普遍意義，而不是關切偶發意義（okkasionelle Bedeutung），那麼，從他人身上知覺到的表達動作（Ausdrucksbewegung），只能夠從詮釋者的經驗脈絡去談，他我在告知活動中所使用的記號也同樣如此。

但是「理解他人」還有其他意義——這才是這個名詞的眞正意義所在——對於他我的意識流程所進行的詮釋，這個意識流程只有藉由外在流程才能被經驗到。在進行這項詮釋之前，自我詮釋對標記（Signa）的詮釋已先發生，在此之中他我的意識流程呈現出來。從他經驗的整體脈絡出發，他知道那個**對他而言**的標記以及標記代表者所屬的意義脈絡也有相應的**他人意識的**特定意義脈絡，而這正是他所在意的，例如，當他問：「在那位伐木者的意識中到底呈現了什麼？」、「他賦予他的活動何種意義？」或者正確地說，他以何種方式注意他的自發性活動的意識體驗？更進一步地說，這個人在這個時候、以此方式對我說話，心裡在想些什麼？爲何他要這樣做？（他的目的動機爲何？）他的理由爲何？（也就是他的眞正原因動機爲何？）在這個場合，他說出這些話是想表達什麼？這類問題都指向有待詮釋的他我體驗的意義脈絡，指向此一他我在階段性構築中（in ihrem phasenweisen Aufbau）的體驗構成（Konstitution der Erlebnisse），也指向對於它的體驗所作的單元化的回顧（monothetische Rückwendung）。

二十二、轉向眞正的理解他人

前一節我們已經指出，對他人的眞正理解是奠基於理解者的自我詮釋活動之上，我們現在必須對眞正的理解他人本身做更詳盡的分析。從剛才的例子來看，很明顯地，我們的研究分成兩個不同的方向：第一，我們必須對**不具溝通目的**之行動的眞正理解進行研究（例如伐木行動），然後去分析對於他人**告知行動**的理解，第二種行動包含一個新層面，一個尚未完全處理的層面，亦即出於告知目的而對記號所做的設定與詮釋。（例子是：對於說德語者所用字詞的理解。）

我們先就第一類的例子來看；我們看到一個人正在伐木，並注視著他的意識體驗流程。我們先排除一種可能性，直接詢問這個旁人（Nebenmensch）的意識體驗；因爲這樣就要進入一種社會關係中，而此種可能性還預設了使用特定記號，也就是使用語言來理解他人的意識流程，正如他也有能力把我們所設定的記號理解爲我們意識的記號一般。[25]這個事態只能夠在對告知與被告知的行動所進行的分析中獲得釐清，也就是在前述第二類例子當中。

我們進一步假定，除了被我們知覺的過程以外，我們對伐木者所知甚少，這些過程已經在自我詮釋時被詮釋爲外在世界的流程。在我們的例子之中，經由先前的詮釋，我們只知道所觀察的對象是一個鄰人，他的身體動作意味著一項行動，也就是我們確認爲「伐木」的行動，除此之外我們對這個鄰人沒有任何的「前知識」（Vorwissen）。

現在，我們要如何才能掌握被觀察者意識中的體驗流程？我們把他人的已然行動感知爲外在世界的流程並加以詮釋。從這個已然行動出發，我們就可以在想像中設身處地理解行動者形塑其已然行動的一連串意識體驗，一旦我們把知覺到和經過詮釋的已然行動當作**我們**所設定的已然行動加以構想（entwerfen），然後在一種已然行動過程的想像中，藉由這個構想所包含的行動意向性來固定我們的意識體驗。**於此情況下，我們將他人的目標當成自己的目標來加以構想，想像自己依據這個構想而採取行動的過程**。在此，我們觀察到自己的行動之構想把整個行動設定爲未來完成式，這個被想像的已然行動之實現爲構想的持存

（Retention）與再造（Reproduktion）所伴隨（當然只是在想像的樣態中），想像中的和發生中的行動與被構想的行動，是處在實現或未實現的樣態中。

或者，我們暫且先不想像自己是爲了達成他人的目標而行動，我們可以回憶自己過去「事實上」如何依據事先想好的行動目標去行動，而被觀察者正是將這個目標當作行動的。這兩個例子的差別在於，在第一個情況中我們基於設想出來的行動目標對體驗流程作意向性地確定，假定我們的行動有著相同的目標，則我們自會**親自經驗到**相同的流程；相反地，在第二個例子，我們「事實上」設定了「同一個」行動，這個行動是觀察者剛才所設定的，也是在我們的回顧中加以重現的。

在某種意義上，我們所做的是人的置換（Personenvertauschung），把我們自己放在行動者的位子上，然後把我們的意識體驗跟他人的意識體驗藉由觀察到的相同類型的行動等同起來。看來我們似乎犯了眾所周知的擬情「構想」理論之錯誤。因爲我們假定自己的意識流程就是他人的意識流程，結果我們不免陷入謬誤，因爲再怎麼顯現的不過就是我們自己的意識，而非他人的意識。但仔細地看，將會發現我們所描寫的事態除了一點之外，與擬情理論並無任何相同之處，這一點就是把「你」當作「他我」的一般設定，也就是作爲鄰人的每一個「你」，**其意識體驗**的構成方式和我自己的體驗相同。然而這個相同性也只是表面的：因爲我們是從他人時間流程的一般設定出發的，而擬情的構想理論則從移情的事實「盲目相信」具有心靈的鄰人存在著。我們只是想說明自我解釋時所下的判斷：「這是一個鄰人」

所具有的含意。我們確實知道，他人對自身行動的體驗，原則上不同於我們在相同行動目的底下（想像或回顧地）對自身行動的體驗，因爲原則上行動的意味意義是主觀的，只有行動者自己的意識流程才能觸及。擬情理論的錯誤在於，首先，它天眞地試圖從我的意識導出（以超驗現象學的方式才能獲得的）他我的構成，因此在移情中他我的存在得以被認識是有其根源的；[26]其次，擬情理論除了主張他人的意識流程和我的意識流程在結構上相同之外，還宣稱能夠提供有關他人意識的特定狀態之知識。可是，所有我們所能說的關於他人不具告知功能之行動的意義，都已包含在「你」的一般設定中了。

讓我們對之前的分析簡單回顧一下，我們想像地將他人的目標，也可以說，他人的目的動機，當成自己想像中的目的動機，進而把想像中用於自己行動的詮釋基模，運用到他人對自己的眞實行動之體驗上。然而爲了避免誤解，我們應該補充說明，這只是他人完成其行動之後，一種對行動過程的反省性剖析（Zergliederung）。然而在同步的體驗裡，觀察者的意向活動鮮活的展現出來，他並不需要注視想像中或是自己過去的體驗。別人的行動是在他眼前逐步展現出來的。在體驗的同步性中，活生生的意向性帶有觀察者，而沒有必要亦步亦趨地執行對於虛構的或是自身的過往體驗的注意活動。他人的行動在階段性的執行中構作起來。自我與他我的同一化不是在從被前給予、作爲共同的行動目標回溯行動的個別階段當中發生。自我毋寧是在向前推進的行動階段中，與他我的在充實內容當中被掌握的體驗在共同之我們裡（im gemeinsamen Wir）同一化。我們稍後[27]再說明這一點。

到目前爲止我們的研究都限定在這個條件底下，即觀察者對於被觀察者所知的，無非是那個被他當作有待詮釋的他人行動的外在世界流程。讓我們強調一點，這個限制性條件把被觀察的他人行動給孤立了，把它從之前和之後的脈絡隔離出來了，這個脈絡不僅是觀察者的意識流程所處的脈絡，也是被觀察者的脈絡。我們所製作出來的，像是一張對外在世界所做的瞬間完成照片或是一系列諸如此類的照片，可稱之爲「移動的他人身體」，這不過是一系列影片的一小部分，它的之前與之後完全不爲觀察者所知。我們對被觀察者的當下狀態的經驗，我們在自我詮釋時對被觀察者的身體動作或過程的現實性所做的詮釋，使得我們可以設想一種相同類型的行動目標。如果我們對被觀察者的體驗不侷限於當下狀態，我們就會知道被觀察者眼前的目的僅僅是達到最高目標的階段性目標而已，或者，假如從自己過去的經驗我們知道被觀察者在「相同情況下」的過去體驗，則在想像中被設想爲他人行動模式的行動就具有高度的可靠性。回到韋伯的例子，只要知道伐木者是從事職業性的工作，期待一份報酬，或正在從事消遣活動，我已經在這份知識中把他的具體行動——把木片變小——的目的動機放到廣泛的意義及動機脈絡去理解。從這個例子，我可以在自己的行動想像中建構出適切的他人意識流程模式，如果我把自己所設想的行動置入一個意義與動機脈絡，則這個脈絡同樣是越出被知覺的和當下狀態中可知覺的行動之現實性中。換句話說：在前面的說明裡我們看到，行動的整全性只有在構想的跨度（Spannweite des Entwurfes）中才得以形成。作爲觀察者，我對被觀察者的理解，僅僅是他的行動之外在流程，就如他直接提供給我的那般，所以我可以在他想像的意識體驗的事後構成之活動中，只接受那個導致我所觀察到的已然行動之行動。如果我想避免，由於是構想的緣故，自己想像出來的行動對他人的行動來說「並不適切」，我就必須把自認是他人行動可置入的意義脈絡想像成「自己的」。關於這個「不適切性」的概念我們將會再次論及，並認識它對理解他人理論的意義所在。

二十三、表達動作和表達行動

剛才有關於已然行動所做的分析，其特質在於，行動者固然透過他的行動想要改變外在世界，也就是說，物理世界的某項改變是他的行動之目的動機所造成的，不過在這種情況下，他並未想要透過行動「表達」他的意識體驗。如果我們想要對他人的具有告知含意的行動進行分析的話，則所謂「表達出來」（zum Ausdruck bringen）所具有的歧義性應該被釐清；所謂的「表達行動」（Ausdruckshandeln）所指的一方面可以是行動者企圖「向外投射」他的意識內容，無論行動者想爲自己作保存（譬如撰寫日記）或是與他人溝通（告知）。這兩種情況都是根據構想而來的眞正行動（echtes Handeln nach Entwurf），其目的動機在社會世界裡是讓他人得知表達內容，在自我世界裡則是爲了以後的自己。我們必須明確區別**「表達的已然行動」**（*Ausdruckshandlung*）與心理學家所謂的**「表達動作」**（*Ausdrucksbewegung*），後者的目的不在於溝通，它欠缺「任何一種『想法』」，要對他人或是自己表達什麼。[28]根據我們下的定義，這不是眞正的行動，只是自身—行爲（Sich-Verhalten）。這種行爲既無構想也沒有目的動機，也就是缺乏行動的必要特質。這種表達動作例如會談的姿態與面部表情，不具有任何的明顯意向。[29]

作爲觀察者，當「你」的身體呈現在我的眼前時，我可以把「你」的身體所表達出來的當成他我體驗的指標，無論展現在我面前的是表達動作或是表達行動。[30]讓我們進一步解說這一點。

如同韋伯所言，假如我把特定的面部表情、吶喊的語言與非理性的動作理解成憤怒的情緒，那麼這種理解可用不同的方式加以詮釋。在我把他人移動的身體這個表達領域的變化詮釋爲憤怒時，也就是將伐木者的身體動作詮釋爲伐木時，我只是在對自己關於這個表達領域的知覺進行自我詮釋而已。只有當我藉由進一步的目光轉換（Blickwendung），它與前一個目光，亦即在對於「你」的直接掌握之生動的意向性中，內在地交錯著，我把「你」的特定體驗置入一個身體動作之流程中，也就是「憤怒」的情緒，如此才是眞正的理解他人。眞正理解他人之所以可能，是因爲過去我有類似的情緒（不論是我親身體驗——我本身的情緒活動或自由想像——或是從他人的經驗得知）。[31]對**觀察者**而言，表達動作確實是處於某種意義脈絡，但這只有對他來說是如此，亦即這些表達動作被他當作被觀察者體驗的指標。相對而言，觀察者並不能說，他知覺到的表達動作處在某種意義脈絡；這種情況只發生在於被觀察者對他的意識流程有所注意時，但這是不可能的，因爲當下（前現象的）發生的體驗對反省來說是無法觸及的。

表達動作只有對觀察者來說具有意義，對被觀察者來說則否。這就是表達動作和表達的已然行動不同的地方，後者是在行動者的意識流程中被賦予意義的。表達行動不管怎麼說都是眞正的告知性已然行動（Kundgabehandlung），也就是爲了詮釋的目的而被設定，無論是經由設定指標者或是另一個人去加以詮釋。

外在流程的事實現象無法提供詮釋者任何基礎，去探討被觀察的他人身體的表達是屬於表達動作或表達行動。只有訴諸另一個不同的經驗脈絡才能加以確定。在日常生活中，某人的臉部表情姿態與臺上的演員可能沒有任何不同。我們可以把後者的臉部表情與姿態當成一組記號，演員用它們來表達特定的主觀經驗，但在日常生活中，我們往往不容易確定旁人的姿態究竟是否有任何告知功能。假如我們想要弄清楚而提出問題，探問這些表達行爲是否具有指標性作用，我們就必須思考這個動作是否是基於之前所設定的構想來進行的。在這個行動構想中是否也考慮到觀察者的詮釋？這組複雜的意義脈絡是否只是更廣的（「主觀」）意義脈絡的一部分而已？換言之，這個構想中的指標設定不只是更豐富的行動構想的中間階段，簡單地說，我們必須追問促使觀察者進行詮釋的行動動機。

要對表達行動的理解加以研究，究竟它是由姿態、語音脈絡（語詞）或人造物所構成，並不重要。每一個表達行動都是記號設定的活動（ein Setzen von Zeichen），無論它是由人造物或身體的動作來完成都是如此。接下來我們必須探討與記號性質有關的問題。

二十四、記號和記號體系

首先我們必須把「記號」（Zeichen）或「符號」（Symbol）從一般性的「**指標**」（*Anzeichen*）或「**徵兆**」（*symptom*）區別開來，我們所根據的是胡塞爾的《第一邏輯研究》（*I. Logische Untersuchungen*）。[32]胡塞爾認爲「指標」是一個對象或事態（Sachverhalt），在某種意義底下它的存在（Besatnd）本身意味著一些其他的對象或事態也存在，亦即，對其中一者之存有的信念是引發對另一者之存有的信念之不容易理解的（nicht einsichtig）動機。從這個定義出發，對我們的問題來說，指標與指涉物的關聯只有當指標被詮釋爲指涉物的經驗意識時才構成。

顯然，胡塞爾把指標當作信念的動機，與我們稱爲「行動動機」的意義脈絡無關。胡塞爾所謂的「動機」雖然和我們的一樣也是意義脈絡，但在我們的用法中，它是**至少兩個詮釋基模之間的脈絡，而這個基模是在前經驗的活動中**（*in vorerfahrenden Akten*）**所構成的**。我們詮釋某個指標時，並不會注意這個脈絡，因此「動機」並非「顯而易見的」。指標與指涉物之間的脈絡，因爲是形式的，故而也是一般的，它並不回到特定的構成方式上。這符合了胡塞爾的觀點。有生命與無生命世界的對象都可以被當作指標。對地質學者來說，地球表面的某種構成，就是某種礦物存在的指標；對計算者而言，當代數的等值是多餘之數時，表示它至少有眞正的根。此乃指標詮釋者在意識中形塑所體驗到的對象的經驗性脈絡。因此，他人的身體動作對觀察者來說，就是他我意識體驗的指標。

「**有含意的記號**」（*bedeutsames Zeichen*）、「**表達**」或一般而言的「**符號**」都是相對於「**指標**」而言的。

首先，我們必須先了解記號功能如何在記號詮釋者的意識中構成。在我們看來，記號與指涉物之間存在著表徵（Repräsentation）的關係。[33]當我們注意某個符號時，廣義上它是一個外在對象，但我們並不會把它**當作對象本身，而是當作其他事物的表徵**。在奠基性的理解活動上，我們所看到的不是記號，而是它「所代表」的事物。胡塞爾一再指出，記號關係的本質（das Wesen des Signitiven）就是「記號與指涉物並無任何關係」。[34]**因此，記號的關係顯然是外在對象與詮釋基模之間的一個特殊關係，這個詮釋基模可用在被稱爲記號的外在世界中的對象上**。我們理解一個記號時，指涉物不會以它本身被詮釋，不會被當成外在世界的獨立對象，而是放在指涉對象的詮釋基模裡被詮釋，後者才是適當的。**把一個詮釋基模適當地放到經驗對象上，意味著，這個對象當作它本身去加以體驗**。例如這張紙上的「A」這個筆畫，可適當地予以詮釋爲某個視覺的圖像或特殊圖形，或不適當地予以詮釋爲「語音A」的記號；語音A的合適詮釋基模，不應由視覺體驗構成，而應由聽覺體驗構成。

將詮釋基模適當地用在記號上面，假如它的可行性事先被經驗或是被知道，而它本身又因此處在一個詮釋基模底下的話，則會混淆上面所說的情況。[35]

以上所言適用於所有對記號的詮釋，無論是孤立的生活或是社會的生活都一樣。值得注意的是，一般認爲：記號總是「表徵著某事物」，這項說法是有歧義的。記號一方面「表徵」它的記號意義，意味著它**所意指的「記號的意義功能」**，但記號也「表徵」著記號使用者的意識體驗。自然世界中，並沒有記號（Zeichen），只有指標（Anzeichen）。本質上記號就是我或別人**所設定的**記號，它之所以被設定乃是爲了要把意識體驗表達出來；記號可以回溯到理性存有者的設定，所以它總是具有**標示設定者**的意識體驗之性質（**記號的表達功能**）。[36]

因此，記號一方面既是人造物，另一方面也是被構成的行動對象。兩者之間的界線並不固定。每一個作爲記號對象的行動對象都可以回溯到行動流程（例如，指向某一方向的手指頭）。無論這個行動指向一個已完成的行動對象（姿勢）或是一個人造物（例如標上「←」的路標）都是如此。[37]

一個有待詮釋的記號完全不需要回頭指涉他我的設定。詮釋者只需具有綜合意義脈絡的知識就夠了，基於他的經驗，這個意義脈絡界於標示者的詮釋基模與被標示者的詮釋基模之間，以便在一個奠基性的掌握當中直接朝向指涉物本身：也就是不必在乎指示者本身作爲外在世界的獨立對象，也不必在意這個指示的設定是經由我還是他人所完成的。然後它就可以完全滿足於記號的指示功能。

是故，我們可以把「記號」界定如下：**記號是行動的對象或人造之物，它們並非根據適用於外在世界對象的詮釋基模而被詮釋，或是存在於每一個當下的經驗脈絡中的對象之**

體驗（適當的詮釋基模），而是基於過去特殊的經驗性體驗被放置在（不適當的）詮釋基模中，它的構成是從對於別的物理性或是理想性的對象之經驗性活動的多元設定而來的。如同我們曾經指出的，對於指涉物而言，適當的詮釋的可應用性本身在指示者本身已被事先經驗到，而這個經驗又作用爲詮釋基模。我們現在把這個詮釋基模稱爲**記號體系**（*Zeichensystem*）。**我們所理解的記號體系就是詮釋基模之間的意義脈絡，記號詮釋者或記號設定者都將相關的記號放在此意義脈絡之內。**

所謂「把記號放到脈絡之中」這個說法具有多種涵義。當然沒有人會認爲記號之間的脈絡是由客觀的，也就是完全無關於記號的詮釋或設定而存在。因爲有意義的脈絡本身就是有意義的（Zusammenhang zwischen Sinnhaftem ist ja selbst ein Sinnhaftes），所以若不是被設定就是被詮釋。嚴格說來，記號之間並不存在著意義脈絡，而是在記號的意指（Bedeutung）之間，那個「記號之所以爲記號者」，也就是設定記號的我思之體驗（Erlebnisse des ego cogitans），或者詮釋記號的我思之體驗。由於這些「意義」都必須透過記號或者在記號當中才能被掌握，因此我們將意義之間的脈絡稱爲「記號體系」。

就過去經驗過記號體系的人而言，記號體系會呈現爲以往所經驗的記號的一個較高層次的意義脈絡。對他而言，每個德文語詞都是處在德語這個意義脈絡之中，地圖上的每一個符號都處在地圖的記號體系意義脈絡，而音樂的體系則更是每個音符所在的意義脈絡。

有著一個記號屬於某一記號體系之經驗，與知道記號的意指**爲何**及使用者的意識體驗並不相關。即使我不懂速記，但當我看到速記時，我還是可以認出寫在紙上的是速記。雖然我不懂紙牌的遊戲規則，但我仍能掌握到這些紙牌背後的規則系統，進而說這是**遊戲**紙牌（*Speilkarte*）。將一個記號放入它的記號體系，發生在每個當下經驗的整個脈絡內。此時我所需要做的只是，在我的經驗中找到記號體系的存在，並找出它的構成之判準的知識庫。我並不需要了解個別記號的意義（Zeichenbedeutung），也不需要「完全掌握」記號體系。例如，我可以判斷某些字就是中文，但這並不表示我對這些中文字的意義有絲毫「理解」。

作爲**被設定的**記號，每個記號都是有意義的，因而也都是可理解的。一般而言，無意義或不可理解的記號是荒謬的。記號唯有相對於一個或多個特定的記號體系才是無意義的，但這不過是說這個記號不屬於某一個記號體系，而屬於另一個記號體系。例如，我們不能斷言一個特定的聲音或書寫符號組合就是無意義的，只能說它放在一個廣義的「語言」裡面不具有意義。一個也許無法讀出的字母堆砌也可能具有「符碼意指」（Code-Bedeutung），它是某人依據詮釋基模所設定，可被他人詮釋。讓我們接著往下看。例如，就歐洲語言而言「Bamalip」這個書寫或聲音符號組合乍看之下似乎是無意義的。也就是說，在經驗中只知道歐洲語言符號系統的人，無法賦予這個符號以意義。但這個說法也只是看起來有道理而已。任何人只要他知道這是形式邏輯中的一個推論詞，也就是三段論法中的第四格第一式，那麼在德語的記號體系中自然就占有一個完善明確的意義。

由此可見，位於記號體系內的記號意指，必須是以前經驗過的，在此，所謂「經驗過的」（Erfahren-haben）記號正好是有待釐清的。假如我們問自己，過去在那個情況下體驗到「Bamalip」與第四格第一式的關聯，我們也許發現是從某位教師或某書本學得的。擁有這種關聯經驗意味著，我們必須在那個情況下，把「Bamalip」設定爲第四格第一式的記號。因此，對記號的理解（更確切地說，在一個既定體系之內進行詮釋的可能性）指向我們過去的設定活動，也就是我們把這個記號當作我們意識內容的表達。

所以每個記號體系都是我們經驗的一個基模，這點可從兩方面來說。首先它是一個**表達的基模**，亦即，無論透過自發的活動或想像，我過去曾至少一次用這個記號來代表指涉物。其次，它是一個**詮釋基模**，亦即，我曾在過去把這個記號詮釋爲被指涉物的代表。這個區別相當重要，因爲正如剛才的例子所指出的，我能把記號體系當成詮釋基模，只要我不是把記號系統僅僅當成表達基模，或知道別人把它當作表達基模來使用的話。在個人的世界裡，記號的表達基模與相應的詮釋基模必定相互一致。例如，我發明一種個人的祕密書寫方式，當我如此設定與使用時，這些祕密的書寫方式原先只是我所設定的符號：它們對我來說是一個表達基模。但假如我事後閱讀這些祕密符號，並想進一步加以擴充的話，也會具有詮釋基模的功能。

掌握一個**記號體系**，例如一套語言，無非就是清楚地認識體系內每個記號的意義。這只有當人們能在過去經驗中，了解到這些記號體系及其組成的個別記號對於之前知識性的經驗活動是表達基模與詮釋基模時，才有可能。每個記號在作爲表達基模與詮釋基模的兩種功能中都回頭指涉過去的前構成經驗。而作爲表達基模與詮釋基模的記號也只有從它的構成性體驗才可被理解，這個體驗正是它所標示的；記號的意義構成於記號的可轉譯性，能夠帶領我們回到已知的事物。就它本身而言，要不是指涉物被放入的經驗基模，就是另一個記號體系。語言學家梅耶（A. Meillet）[38]指出：「我們無法直觀地理解一未知語言的意義。如果我們想要理解一個已經喪失傳統的語言，我們要不是必須忠實地把它翻譯成一種已知的語言，亦即我們擁有一套可靠的雙語文本，就是這個成了問題的語言必須或多或少接近我們所熟知的某些語言，換言之，**它必須原本是被我們熟知的**。」

語言的「已經被熟悉」（Schon-Bekannt-sein）來自於：以往經驗所積累的記號意義在記號使用者的每個當下，乃是垂手可得的（vorrätig）。掌握一種語言，或更一般而言，掌握一套記號系統，一方面在於置入一個說話者基於過往經驗，即使在混淆的情況下，所能掌握的詮釋基模，另一方面也在於，能夠隨時將這個被掌握與建構的經驗對象，轉化爲重新建構的活動，[39]也就是能將被體驗爲詮釋基模之記號體系當作表達基模來使用。

我們現在已經可以接近「何謂**賦予記號意義**」這個問題的答案。這個說法與「賦予行爲意義」有所不同，後者在先前導論章節已把它當作語言的比喻加以說明。[40]記號只有在它的記號意指被放入前給予的記號體系內被掌握的時候，還有從記號設定者以及從記號詮釋者的角度來說的時候，記號才是與意義相結合的。現在我們必須弄清楚，所謂的記號屬於某一既定記號體系的意思。只有當「客觀意義」無論是設定記號者或詮釋記號者如何使用它都是單義的可安置（einsinnig zuordenbar）時，某一記號才屬於一既定記號體系。只要詳細檢查這句話的內容，我們就會發現，任何「掌握」這套記號體系的人，能夠就它的意指功能去理解指涉物，無論它是被誰或在何種脈絡下使用。基本上記號之所以可回溯到先前經驗的意識內容，對詮釋者而言，是透過這個詮釋與表達基模所構築的綜合可一再重複而完成的。在記號體系裡，記號具有「總是再一次」（immer wieder）的理想性質。[41]

這並不是說前經驗記號體系中的記號，只有被應用到經驗者的體驗去才能理解，在這些體驗中記號的經驗被構成。反之：眞正的詮釋基模，並不因爲構作基模的我有不同的體驗而跟著改變。

在詮釋記號者的自我解釋過程掌握到的記號之客觀意指，可作爲記號設定者的意識過程之指標記號之表達功能，它與告知者的被告知記號所在的意義脈絡相對。讓我們透過一個例子來闡明這個事實：

如果我要掌握某個外國語言文字的意指，我可以求助於字典，由此我可以掌握記號在兩種不同記號體系（語言）的客觀意義。不過，包含在字典中的總括整體（Inbegriff）並非就是語言（die Sprache）。字典包含的只是語詞的客觀意指，理解這些意指可以與文字使用者或使用環境無關。在此我們並不涉及胡塞爾所謂的「**基本上主觀而偶因的**」表達，正如之前我們所提到的那般。[42]諸如此類**基本上**主觀而偶因的表達，如「左」、「右」、「這裡」、「那裡」、「這個」與「我」等，當然都可在字典裡被找到，原則上也都是可被翻譯的，但它們之所以具有客觀意義，是因爲它們與**使用它們的主體之間的特定關係**。一旦我將這個人在時間空間上加以定位，就可以說這些主觀的偶因表達在客觀上也是充滿意義的（objektiv Sinnvolles）。**相對於此，所有的表達**，無論是否符合胡塞爾所說的**基本上主**觀而偶因，**對設定者與詮釋者而言，除了客觀意義之外，還有另一個兼具主觀而偶因的意義**。我們首先來看**主觀的**成分。任何一個使用記號的人，藉此他想要向別人指出某物或別人想要藉著該記號對他指出某物，賦予這個記號特定意義，它的來源是具有特定方式的經驗活動，在這些活動當中意義以前知識的方式（in der Weise des Vorwissens）被構成。這附加的意義環繞著記號的客觀意義核心。[43]主觀而偶因的意義既然和個人的語言世界相關，也和整個語言族群有關係。歌德（J. W. Goethe）所採用的「魔力的」（dämonisch）一詞之涵義，在歌德的世界圖像裡有著重要性，雅斯培（Jaspers）[44]使我們明白，只有透過他自己的語言，我們才能懂他的作品；只有透過語言工具的輔助，仔細研究法國文化史，我們才能理解法國人口中「文明」（Civilization）一詞的主觀意義。[45]佛斯勒（Vossler）將整個語言發展史作了如下的描述：「我們研究一個文字的發展，所有使用該文字的精神生命都以某種特殊的方式寫下並凝聚起來。」[46]總之，爲了「研究」文字，我們必須在自己的經驗當中找到所有使用者的精神結構。如果詮釋者想要完全理解記號設定者，那麼除了客觀意義之外，還需考慮當時記號使用者的經驗特性，也就是要考慮記號與指涉物的關聯。

作爲附加意義的第二個內容，**偶加**意指（*okkasionelle* Bedeutung）也放到主觀意義上來講，換言之，附加的意義必定有其使用的脈絡。假如我要理解某個人的談話內容，我就不能只是詮釋他所說的個別文字，還要包括所有與語法相關的文字系列，即所謂的話語（Rede）。系列中的每個文字在其前後文句與整個談話脈絡中都有它自身的個別意義。除非我已經掌握全部語句的意義，否則無法確切理解這個文字的意義，因爲只有從自己當時詮釋的經驗的整體脈絡我才能理解它。在說話過程中，逐步綜合構成，而意義詮釋與意義設定的個別構築活動則不被理會。所以「說」本身就是一個意義脈絡。對於詮釋說話者以及對於說話者來說，說話的構成同樣都是透過這種綜合活動而發生的。德語語詞Wort的兩種複數形式Wörter（字串）與Worte（字群）的細膩區別恰恰精確地掌握了此點。我們可以說，在說話的脈絡之中字串所獲得的偶加意義，正是使得字群之爲字群者。字群之間存在著有意義的整體，而字串只能夠藉由說的整體脈絡產生一個特定的意義。

不過，以上所說的綜合到底是指什麼呢？而可掌握個別記號（語詞）之偶加意義的附加意義脈絡與詮釋基模又是什麼呢？從言說者的角度來看，言說之整全性是奠定在記號設定的整全性作爲言說者行動的整全性之基礎上，因此我們有關行動的整全性之論述也適用於言說的整全性。[47]此整全性在記號設定者自己的構想（Entwurf）中所構成，只要它們沒有消逝終結的話，便是意義詮釋者原則上無法以任何方式接近的。詮釋者只能趨近言說者想要表達的意思，所仰仗的是每一個當下狀態的前知識（Vorwissen）：這個至少是在言說的構成中；因爲只有在整個言說過程結束之後才能「客觀地」掌握該項言說。這裡所謂的言說，指的究竟是單獨的語句、一本書、某位作者的全部著作甚或整個文學流派，而對於意義詮釋者來說每一次的最終詮釋基模又是什麼，完全是個依情況而定的事實問題（quaestio facti）。

我們對記號的主觀而偶加意義所做的闡釋，往往只有舉例說明的含意，它必須回到主觀意義與客觀意義對立的一般性問題去，我們之前已經藉由粗略的描述對於這些略有認識了。接下來讓我們更詳盡地去討論它。

二十五、意義設定與意義詮釋

之前我們已認識了記號的不同功能。記號可以就它的意指功能被理解，這個功能對詮釋者來說，乃是一個自我詮釋的過程，是在把記號歸位到曾經經驗過的記號體系中構成的。詮釋者還能夠針對記號的主觀與偶加意義進行探討，也就是記號作爲表達功能與言說脈絡的某一環節時所具有的意義。這一點對每一個被設定的記號的解釋皆是如此。當我根據詮釋當下的境況，在一個照射性的觀看（in einem einstrahligen Blick）中去注視我自己的意識中構成記號設定的多元活動時，我可以根據記號的主觀意義，去詮釋一個由我所設定且要去詮釋之記號。當我單一地注視他人構成此記號設定的意識體驗時，我也可以理解「你」所設定的記號之主觀意義。對他人使用記號所欲表達之意的詮釋，包括兩個部分：關於記號本身的一般含意（客觀意義底下）之經驗，也就是那個「意義流蘇」（Sinnfransen）或意義設定者在其體驗中藉助於他的意義脈絡而加在記號上之「背後意義」（Hintersinn）的經驗。且讓我們以兩個人之間的交談作爲例子來進行分析。當某人說話時，意義設定者逐步構築的意義流程同時被意義詮釋者所掌握著。換言之，有待詮釋的意義並不是以製作完成的整合體呈現給詮釋者的，而是在多元結構的意義設定活動中逐步構成的，也在多元結構的意義設定活動中逐步獲得詮釋，意義詮釋是詮釋者在意義設定的流程中展開的。說者與聽者在其交談過程中體驗他們的多元結構活動（polythetisch gegliederte Akte），這個活動包括了持存與前攝，摻雜了再造與預先回憶，也銜接了多樣的側顯和交錯，而兩人都可以把這個活動交替地當作單元的整合體（monothetische Einheit）加以看待。向我進行言說的人，他的言說之意義對於他**與**我來說，是由他的言說的個別語句所構成，而這些語句則是由在時間次序中逐步具有語構性的（syntaktisch）文字所構成的。對於言說者與聽者來說，交談是個別語句的意義脈絡，而語句則又是語詞的意義脈絡。

針對記號設定者的意識活動進行眞正理解乃是在同步性或是擬同步性中發生的，如同對於其他非溝通性的行動之理解一樣（參考之前的第二十二節）。詮釋者把他所知覺到的記號放置到他所設定的行動去，並在此設定中意向性地確定他的意識體驗。他詮釋他人所設定的記號之主觀意義，猶如這個記號是他自己所設定的一般。詮釋者有關於記號設定者以及他所特有的表達基模與詮釋基模的全部詮釋經驗，當然都進入這個詮釋之中；每一個朝向主觀意義的轉向，都指向詮釋者在經驗的當下所擁有的，關於記號設定者的整個前知識。這個前知識會不斷藉由與記號設定同時或幾近同時成長的經驗之持存而擴充。

類似的過程也在記號設定者的意識中進行著。他設定記號是爲了被意義詮釋者所理解。而且，他所企求的不只是客觀意義，還希望傳達自身的體驗。他的聽者應該能夠設身處地的理解他透過言說所要表達的。他言說的構想以未來完成式勾勒出他的意義脈絡，是聽者在詮釋當中能夠逐步跟隨的。在此他依照詮釋的習慣詮釋他所設定的記號，他依據過去詮釋他人語句時所建立的習慣來選擇語句，當然他也會考慮到自己針對意義詮釋者的特殊經驗而形成的詮釋基模。

但是當意義**設定者**把目光朝向意義詮釋者意識中的建構活動時，他至多只是對意義詮釋的想像，而這個想像帶有預期，預先回憶與比較不空洞的前攝的特質。意義詮釋者所實際進行的意義詮釋，相對於意義設定（更確切地說是意義設定者所作的意義詮釋）來講，還是處在落實或落空（Erfüllung oder Nichterfüllung）的關係裡。意義設定者對意義詮釋所做的預先回憶必然是不明確的，因爲詮釋者的眞實詮釋活動總是尙未到來而有待確定的。

意義**詮釋者**的處境則全然不同：對他而言，他我的意義設定是以已完成終結的活動被給予的。他可以從聽到的語句之客觀意義著手，從而轉向主觀的表達功能。爲了掌握意義設定者所使用記號的主觀意義，詮釋者必須透過想像來追問意義設定者的想法，然而這個構想只能以已完成及流逝的設定活動去得到。對於意義詮釋者而言，意義設定者的構想一點都不是處在落實或未落實的狀態。從詮釋者的角度來看，意義設定者的構想先於意義設定的動作，早已透過動作落實或未落實，但構想本身並不**落實動作**。詮釋者是以過去完成式的方式從設定的記號回到意義設定者先前的構想去的。

由於意義設定者選擇的語句不一定能表達他的意義，因而意義詮釋者不免懷疑自己是否適當地理解了意義設定者。固然當意義設定者的構想確實被行動實現這個前提存在時，一切都顯得確定無疑，然而這項前提本身卻是必然不確定的。

讓我們用別的方式來更加清楚地說明這一點。意義設定者對自己說：「如果我談話的對象是以我所理解的方式來掌握我所說的語句，那麼我必須選用這些和那些用詞，以便能夠清楚表達我的想法。」意義詮釋者對自己說：「如果意義設定者的用詞就是和我必須要連結的意義相關聯的話，那麼他一定就是要表示這個和那個意思，因爲他用了這些語詞。」從這個事態可以解釋我們先前已經指出的，意義的設定或詮釋會回溯到他人的詮釋或表達基模。

意義設定者用在自己所寫語句上的詮釋基模不僅決定於自己的詮釋習慣，也和他人的詮釋習慣有所關聯。首先我當然習慣以如下的方式詮釋自己基於告知目的所寫的語句，就好比我用自己的詮釋習慣去理解別人的語句一般。但是藉由我的書寫，我不僅要讓讀者了解這些文字的客觀意義脈絡（也就是文字本身的意義和句子的語法結構），而且還包括文字的主觀意義脈絡：讀者應該不只是理解個別的文字在我書寫脈絡裡具有什麼涵義，他也應該理解這些相關的語句對於我還有我的意識來說處在什麼樣的意義脈絡裡，他更應該要能夠透過這些記號體會記號所要表達的內容，例如存在特質判斷活動中的內容。極有可能的是，我在考慮後得到一項結論，即那些我所寫下來的語句對於我所構想的目標不具有重要性。考慮到讀者特殊的詮釋習慣，我或許會擔心，他們會「誤解」其中的某些文字。對他們來說，我想要表達的思想透過這些語句「無法顯示清楚」，換句話說，讀者將不能夠在詮釋記號當中體會判斷的內容。如此一來我可能擔憂，讀者會根據一個不適用於我的意義設定之基模來詮釋我的語句所處的意義脈絡，我的語句一方面根據客觀的意義內容（也就是記號的意義），再者，根據主觀意義來說，都是屬於我對意識體驗的表達。讀者的詮釋基模是由他經驗裡的幾個詮釋基模當中挑選出來的，例如，決定於他「湊巧」對這些記號有某一種詮釋性的注意樣態。

另一方面，讀者也可能以如此的方式得知書寫者的表達基模，他針對一個句子去想像自己會怎麼寫這個句子，因此可以在書寫過程中將自己的意識體驗意向地確定下來，然後回頭看整個構想的構成過程。一旦他這麼做，就可以去比較自己的構想與他所讀語句顯示出來的構想兩者之間的一致或不一致之處。他的結論可能是：「我理解他試圖表達的意思，但是他並沒有達到他想達到的目標，他表達成別的意思了。我要是他的話，就會用另外一種表達方式。」基於過往經驗，假定讀者熟知書寫者的表達習慣，可能會得到如下的判斷：「書寫者使用這些文字，我固然能夠理解他的意思，因爲我熟知他關於這項主題的想法。但我懷疑，換成別人的話，是不是眞的能夠了解。」在這一個例子裡，讀者對於構成活動的事後重建可能有三種層次：首先，他以自己平常的詮釋習慣出發去清楚的理解這個句子；其次，基於過去經驗而了解寫作者表達的習慣，且能夠看清楚寫作者的構成活動和構想所在的意義脈絡，而這個讀者**平常**是**不會**去使用那個被作者預設爲表達基模的詮釋基模的；第三，他可能把他對於書寫者表達習慣的經驗從他的詮釋基模中排除，如此去進行詮釋，就好比另一個對書寫者的表達基模完全陌生的人在進行詮釋一般。這無非是說，他根據一般類型的人所採用的詮釋基模在作詮釋。

上述分析對所有的記號設定者與詮釋者來說都是如此。在此我們應清楚地了解，在詮釋他人使用記號的主觀意義時，或是在預期他人詮釋我們使用記號的主觀意義時，我們都必須留意自己所要傳達的對象是什麼人。他人和我們的親密或匿名程度自然與此大有關係。在我們的例子裡，我們已經針對在周遭世界的社會意指中（in der umweltlichen sozialen Bedeutung）的記號設定與記號詮釋做了分析。然而，在其他社會生活領域裡，我們同樣會發現記號的設定與詮釋，例如共同世界與前人的世界，在這些領域中我們將會看到，伙伴的匿名程度會逐步增加。記號的意義構成與詮釋理論，應用到這些領域時，自然會經歷各種樣態，我們將在第四章確認這些樣態。即使在直接的社會關係中，參與者顯然也不可能實現我們在第十九節所談及的掌握意味意義這個設準。詮釋者掌握到的主觀意義，頂多只是趨近記號使用者的意味意義而已，不可能掌握到意義本身，因爲一個人對他人觀點的認識必然受到限制。同理，記號設定者也是永遠無法完全正確地被理解。

藉由以上這些說明，我們只分析了告知者透過他的告知所想要表達的內容。除此之外，告知活動本身就是一個有意義的行動，我們必須探討別人對它所作的詮釋。

二十六、告知的意義脈絡——重點回顧

就得知者這方面來說（seitens des Kundnehmen），對於被用來進行告知的記號之客觀意指（objektive Bedeutung）和主觀表達功能的詮釋，必須先於追問告知者透過告知（而非告知內容）想要表達什麼才行。要探討這個問題，他會先找尋告知者的目的動機（Um-zu-Motiv）。因爲基本上，每個告知行爲都有其行動目標（Handlungsziel）。我之所以會對「你」說話，是有理由的，可能是要喚起「你」的特殊態度，或只是單純要對「你」說明一些事情。是故，每個告知行爲都有目的動機，可用某種方式予以確認。

讓我們從得知者的角度，也就是意義詮釋者的角度去看這個關係，我們將會明白，當他追問告知者的意義設定本身想要說什麼時（不是那種意義設定，其詮釋在將記號放入詮釋基模或是表達基模時就窮盡了），實際上是要詮釋告知活動的目的動機。無論「你」對我說了什麼，就在當下狀態的情況裡，「你」現在對我說話就是爲了引發我的某種行爲，讓我能夠了解。探究「你」的目的時，我必須追問「你」的「構想」，這也就是追問那個「因何緣故」，那個「目的動機」，將它當作「你」的行動之基礎。

追問告知者的目的動機一點也不是告知者的特權。每一個意義詮釋者都可以對它有所斟酌，就算他並非被告知的對象。例如，作爲一個在社會周遭世界中的觀察者、「作爲不參與的第三者」，我可以同時詮釋兩個人之間的談話，只要我懂得他們的語言。假如我想認識告知活動欲導致的行動目的的話，我是可以、乃至必須追問告知活動之目的動機的。進一步來說，自明的是，對於某個他我的目的動機之追問，於詮釋行動之時可以不過問告知的目的，如同我們在第二十二節的分析所已經顯示的那般。我們曾說，被觀察之行動者的體驗流程，只不過是從他的行動目的那裡被掌握，換言之，透過回顧該行動如何被構想以及依據想像力設身處地去構想構行動形成之時的意識活動。在沒有告知意圖的行動當中，那個被完成的行動是被詮釋爲行動目的，也就是那個在構想中被確定下來之目的的實現。假若我對被執行的行動只是更爲廣泛範圍之構想的一個中介目的、只是一個達到高階行動目標的一個媒介而已這一點有所認識的話，則我便會從那個高階的行動目標開始解釋，也就是基於這項目標的緣故，那個被意會爲整體而加以執行的行動才被設定了。

無論如何我可以在探索目的動機之外，也去追問眞正的原因動機。原因動機是設定目標以及構作行動者（告知者）的目的動機之緣由。這當然預設了我對於他的目的的設定是有所認識的；換言之，追問可被陳述的動機這個動作本身已經預設了目的動機或構想是被詮釋了。要是我追問原因動機，則我已經預先給予那個作爲以完全被構成的對象性之他人目的動機的主觀意義脈絡，由此出發，我並且追問那個作爲主觀意義脈絡基礎的底層之構造情形。當然這並不是說，那個被我所觀察的人實際上把「目的」意義脈絡的底層，也就是眞正的原因動機，當作意義脈絡來加以體驗，以致於他實際上注意或僅僅只是可以注意那個多重主題的構造活動，而根據我的詮釋該活動乃是構造其目的動機者。完全相反，要說行動者（意義設定者）注意到自己行動（意義設定活動）的原因動機，是完全缺乏任何明證性的。他固然活在他自己的體驗與活動當中，而這些正是在我詮釋了他的目的動機之構成意義後，被我詮釋爲他的構想之原因動機；但他通常不會去注意這些體驗，他絕不會作爲行動者去注意這些體驗，而是在自成一格（sui generis）的活動中，但是從該行動脫離而獨立出來，作爲詮釋者本身，並且在一個相應於透過他我所作的意義詮釋過程中，只不過差別在於，自我對於自己已逝生命流程的認識與內容的掌握，通常（但也不是總是）要比他我豐富得多。

稍後我們將描述不同社會領域的目的動機和原因動機的關係，在此我們只說明告知、記號設定與理解他人所涉及的複雜結構。對記號設定者而言，記號位於某個帶有許多個別事實的意義脈絡裡，不過這個說法還需要進一步被釐清。

首先，當我設定記號時，記號意指的體驗對我而言，位於某個意義脈絡，因爲它們是一種已構成的綜合，所以我把它們視爲一個整體單元。

其次，對我來說，記號必須是記號體系的一部分，否則我不可能使用它。記號在使用之前就已經被詮釋過了，但這個記號詮釋是一種多元結構體驗的綜合，形成於某種特殊的意義脈絡，處在被意指的經驗性體驗之意義脈絡，與作爲記號對象的記號之經驗性體驗脈絡之間的經驗性活動，就在這個活動中，新的綜合，也就是所謂的記號之歸屬基模便被創立了（das Zuordnungsschema wird gestiftet）。

第三，記號的意義設定活動對記號設定者來說是一種特殊的意義脈絡，因爲，在某個程度上，每個記號設定都是一種表達的行動。由於每個行動都包含一個意義脈絡，行動者可以看到行動的所有逐步構成的體驗系列，視之爲統整的行動，因此每個表達行動也都是一個意義脈絡。這並非指每個記號設定在本質上都是告知。在孤獨的生活情境當中，記號只是一種表達，而不具備任何告知功能。當然，也未嘗不可以是。

第四，「作爲已然行動的記號設定」（Zeichensetzung als Handlung）之意義脈絡，可作爲「記號設定即告知的已然行動」（Zeichensetzung als Kundgabehandlung）這個較大意義脈絡的基礎，而且尚不須考慮告知的個別對象。

第五，告知的對象，即告知內容的接收者可以被放入一個較廣的意義脈絡中。此時告知就不只是爲了告知接收者的緣故而產生，告知內容是爲了促使被告知者產生一種特定的態度、一個特定的行爲。

第六，**此時此地以這種方式**向被告知者提出告知內容，這個情況可藉由特定的目的動機而被置於較廣的意義脈絡裡。

這些意義脈絡對於詮釋者來說，基本上都是開放的，可以被他用某種方法揭示出來。詮釋者所追問的究竟是何種主觀意義脈絡完全依照他的興趣，也就是依他對設定記號的意義詮釋所關注的問題而定。正如同我們所看到的那般，㊽問題的選定是在自由的自發性注視動作中進行，而最後只能回溯到每個注視當下對生活之注意（attention à la vie）。

我們之前提到，所有意義脈絡原則上都留有詮釋空間，這項說法必須稍被限制。正如同我們一再提到的那般，社會世界的結構並非同質性的。他人及其所設定的記號，都可經由不同方式呈現給我們。而探究記號與其所表達的主觀經驗也有不同的方法。就算沒有被設定的記號可供詮釋，我們依然可以僅憑藉指標（Anzeichen）就可以朝他人的意識看過去。就好比說，我們可以透過對人工製品的詮釋回溯到製造者的意識體驗去。

二十七、主觀意義與客觀意義——製造品（Erzeugnis）與證明（Zeugnis）

我們已經明白在探討眞正理解他人這個問題上哪一些取徑（Zugangswege）是開放的。詮釋者在自我詮釋當中詮釋自己對他人活動著的身體或人造物的體驗，這些可以回溯到他我的製造活動去（Erzeugung durch das alter ego）。在這兩個例子裡，他都是藉由詮釋客體化之物（Objectivation）去進行理解他人的活動，他人的意識體驗藉著這一些客體化之物呈現出來，客體化之物也許是被構成的行動對象（Handlungsgegenständlichkeit）（動作、姿態，或其他的行動結果），或是人造物（狹義的記號或被製造出來的外在世界對象，例如：工具、紀念品等等）。這些客體化之物的共同特點是，它們只有透過理性存有者（不論是我或是「你」）的設定才可能存在。**因爲它們是行動的製造品**（*Erzeugnis*），**而製造品便意味著它是行動者意識的證明**（*Zeugnis*）。値得注意的是，**並非所有證明都是記號**，但所有的記號卻都是證明。因爲一個證明要成爲一個記號，必須能歸屬到一個記號體系中。這種性質在某些證明中並不具備，例如，一個器具或工具固然不是記號，但卻都是製造者意識流程的證明，或者是那個將某個自然物當作器具來使用的人，他的意識流程證明。並不是只有外在世界中的東西才可以被當作證明；更不是只有爲了使用才被製造出來的工具㊾才能被當作證明，而是已完成的行動、已經完成的判斷和已經被公開告知的內容等等均可被當作證明來看待。

主觀意義與客觀意義的問題可以延伸到各式各樣的證明。也就是說，任何人接觸到某個既存的製造品時，可以用兩種不同的方式加以詮釋：一方面他可專注於它的對象性，包括：眞實或理念的對象性，而不去在意它與製造者之間的關係；或者，他可以把它看成製造者意識流程的證明，也就是製造者如何在逐步的設定過程當中製造出對象來。假如被製造出來的東西僅僅被當作製造品來看、被當作對象本身來詮釋，則我們可以說詮釋者在進行自我詮釋時把他關於這個對象的經驗放在自己的詮釋基模之下。假如該製造品被當作證明來看，那詮釋者的目光就會轉移到製造者（自己或他人都無所謂）的意識活動去，而且是處於構成中的意識活動，被製造的東西正是在這些製造活動當中被構成的。

稍後我們會更詳細討論主觀意義與客觀意義的關係。**製造品的主觀意義指的是，製造者的體驗所在的意義脈絡被我們所在意著，換句話說，當我們能夠同步或擬同步地進行（或事後進行）製造者所體驗到的多元活動時（而在該多元活動中製造者的體驗逐步地構作起來），我們便是在談主觀意義**。

我們掌握到他人的體驗，就在它的流動過程中，看到它在每個當下的狀態，看到他人的意識如何逐步地構成。對我們來說，製造品是「你」的那些體驗的指標（Anzeichen）。這些體驗對於製造者而言，位於一個意義脈絡之內。我們透過一個特殊的明證性明白這一點，我們可以透過眞正的理解他人看到他人意識中的構成過程。

相反地，我們可以把製造品的客觀意義看成是製造品的已構成意義脈絡，這時我們並不理會它的實際產生過程。製造品是產製過程的最終結果，是已完成的、完整的。它不再是處於製造過程的一部分，而是只能夠回頭指涉這個早已結束的過程。然而製造品本身並非過程，而是一個實存物（ein Seiendes），它是從已經結束的製造過程得出來的沉澱物。當然在我們對製造品進行客觀意義的詮釋時，這項詮釋活動也是以逐步的多元方式進行的。它位於詮釋者關於製造品的經驗組織，處於詮釋活動的意義脈絡。正如我們曾說過的，詮釋者全然不理會製品原本的逐步形成過程，這不是因爲他沒有覺察到這個過程的發生，只是他並不在意。是故，**客觀意義只處於一個對於詮釋者意識而言的意義脈絡，而主觀意義則除此之外還指涉了對於設定者意識而言的意義脈絡**。

僅僅當在客觀意義脈絡中的被給予者是從作爲意義脈絡的一個「你」所產生出來時，主觀意義脈絡才出現。然而這裡**僅僅**提到主觀意義本身，完全不涉及意義脈絡的種類，也不涉及體驗的存在特質（Sosein）。

我們已經說過，詮釋者以同步或擬同步的模式來掌握他人的意識經驗。眞正的同步比較常發生，雖然它是這種過程的一個特例。它緊貼著社會的周遭世界，預設了詮釋者親身經歷製造品的實際形成過程，交談就是一個例子，意義設定者逐步進行的設定活動，聆聽者都亦步亦趨的伴隨著。閱讀一本書則是擬同步的例子，讀者彷彿親身經歷作者的設定活動。人們也可以擬同步地想像人造物或者器具是如何被製造的。當我們說，我們能看到製造者的主觀體驗時，只是說我們能掌握到在「你」之中確實有體驗在構成著。至於它是**如何**發生，實際**內容**又是什麼，我們都沒有多作說明。這一類的問題只有在後面的章節（當我們分析社會的共同世界、周遭世界以及眞正我們關係時）才會得到最終的解釋。在此我們已經可以說，所有對主觀意義的轉向都預設了對於特定的「你」（這個設定製造品的「你」）的先前知識（Vorwissen）。當我們追問一個製造品的製造者的主觀意義，也就是他人意識體驗的主觀意義時，我們是把目光轉移到這個特定的「你」的多元構成的體驗上。如此一來，所有那些體驗乃被放入一個對於體驗著的「你」而言的意義脈絡裡，而這個「你」在每一個特定的當下都是一個特殊的「你」，我們對此有著經驗。這個「你」是不可替換的，不可被另外一個「你」，甚至於下一刻的「你」所替換。

另一方面，我們不能將眼前製造品的客觀意義詮釋爲特定「你」的特殊經驗證明，而是它已經被構成且被設定了的，是從每個主觀的體驗流與存在於此流中的每個主觀意義脈絡脫離出來的，因此是被掌握爲帶有「普遍意義」的客體化之物。固然「有待詮釋之對象是一項產物」這樣的宣稱已經回頭指涉了「你」，但在追問客觀意義時，我們卻不曾將那個他我的思慮與體驗放在眼裡；他的生命流程與體驗內容，以及隨之而來的那些存在特質暨個人的特殊性都不在考慮之列，**他被隱藏在非個人的某人**（*Man*）（**某個人或是任何其他人**）**背後**。這個匿名的「某人」只不過是個用來代表我們不去考慮特定的「你」是否實際上存在或者曾經存在過的語言名稱而已。我自己、每個眞實的他我，某種理念類型或每個人，都可以被放到這個位子上來，而不會對製造品的客觀意義造成任何改變。我們不可能去談論匿名「某人」的經由主觀表達而達到客觀意義的構成過程，因爲匿名的「某人」並不具有生命流程，也沒有時間向度，它的時間是我們附加給它的，這是一個想像出來的時間，不能夠被體驗。因此，從詮釋者的觀點來看，製造品的客觀意義對我們詮釋者而言是不變的，也就是說，相對於每一個任意設想出來的意義脈絡而言是不變的。客觀意義包含著「而且如此繼續」（Und so weiter）及「人們總是能再一次」（Man kann immer wieder）[50]的理想性質，某種程度上獨立於其創造者及其當初形成的環境。這個製造品是從個別的意識中脫離出來的。客觀意義無非就是將對製造品的經驗性體驗放入詮釋者的經驗整體脈絡之內。

由以上的說明可知，每一個對主觀意義的詮釋都指涉某一個特定的「你」，這個「你」

必須是詮釋者有某種經驗的一個人，這個「你」處於構成過程中的意識活動可被同步或擬同步地經驗到，相對而言，客觀意義則是從每一個「你」脫離出來而呈獨立狀態。我們必須強調，在稍後的章節我們將有機會，把這項對比當作一種兩極對立的情況以便作詳細的說明和更進一步的確定。在理解主觀意義以及理解純粹客觀意義之間，有著基於社會世界的獨特結構而來的一系列的中間階段，這個結構包括：周遭世界、前人世界、共同世界與後人世界。我們將在第四章討論這些不同的世界，同時特別著重每個世界的匿名化（Anonymisierung）過程。主觀意義與客觀意義的兩極對立將會以意義詮釋的方法論原則的理想形式（idealistische Formulierung heuristischer Prinzipien der Sinndeutung）顯露出來。這方面仍然還有必要進一步的研究。

二十八、附記：人文科學中主觀與客觀意義理論的應用

在此要指出的是，我們在上一節所發展的有關製造品之兩種意義詮釋的理論，對於人文科學（Geisteswissenschaften）具有重大意義，而且不僅侷限在此。首先，我們要探討所謂的文化對象（Kulturobjekt）之涵義，也就是諸如國家、藝術、語言等理想性對象（ideelle Gegenstände）之涵義究竟爲何？根據我們的理論，這些都是製造品；因爲它們回頭指向（zurückweisen）他人的製造活動，它們都是他人的意識流程之證明。所有文化客體化現象

（Kulturobjektivation）因而都可以用兩種方式來加以解釋。一方面它們可被視爲已經完整構成的對象，無論是在同時代或歷史中，對詮釋者而言，它們都是以如此這般方式存在著。人們可以簡單描繪這些對象，或透過理論的構作而成爲基本知識的對象，也就是人們可以用這種方式來研究國家、藝術及語言。

另一方面，這些製造品都可被視爲製造者意識中的意識流程之證明。而對高度複雜的文化對象本身還可以進行更詳細的研究。國家可以被詮釋爲公民趨向政治秩序之活動的整體，或可詮釋爲特定歷史活動的最終結果，所以國家本身就是一個歷史對象，或者也可將它視爲統治者意志的具體化。特定時代的藝術，我們可以把它詮釋爲該時代的一種特殊藝術趨勢的表達，或是決定所有藝術表達的一種詮釋世界方式的表達，換言之，是一種特殊「觀照」方式的表達。然而，還可進一步把它詮釋爲一種歷史的發展，呈現出與歷代截然不同的形式，無論是源自學派的演變或世代遞嬗。這些不同的可能性不過只是衆多例子當中的一個而已，每一個理解方式都有一個特殊的詮釋基模與之相應，以及在詮釋對象上特定的賦予意義方式。

我們已經提到，相對於製造者的活動之製造品的意義內容之不變性（Invarianz）是依賴於製造者的匿名程度而定的，而製造者的意識流程也正是在這個匿名程度之中被掌握的。純粹某人的理想性（die Idealität des reinen Man），使得對製造品的掌握進入理想性的「而且如此繼續」及「人們能再做一次」成爲可能。我們就以經濟理論爲例看這種情形如何發生。理論國民經濟的命題，就如卡塔拉克提克（Katallaktik）命題，[51]毫無疑問的是以人的行動爲對象，但重點在於作爲製造品的已然行動（Handlung als Erzeugnis），而非製造中的行動（Handeln als Erzeugen）。這些命題的意義內容之得以形成，完全是因爲已然行動被置於詮釋者（即理論的國民經濟學家）的詮釋基模之中。固然每一個被理解的經濟行動都可回溯到從事經濟活動的人身上，但這個行動者卻是絕對匿名的，它不是你、我、企業家或經濟人（homo economicus）等，只是一個普遍的人（ein allgemaines Man）。[52]這就是理論經濟學的命題之所以具有「普遍有效性」的原因，因爲它具有「而且如此繼續」及「我能再做一次」的理想性質。當然人們可以研究經濟行動者的意識流程，不過這就不是探討理論國民經濟學，而是經濟史或經濟社會學，韋伯在他的《經濟與社會》（*Wirtschaft und Gesellschaft*）一書中已經爲我們提供了絕佳的例證。總之，這些科學的命題之所以不具備普遍有效性，乃是因爲它們只探討特殊歷史個人的經濟觀點，不然就只是探討經濟活動的類型，而產生出來的經濟行動對這些類型來說乃是證明。

爲了要從其他領域舉例來說明提出這項問題的特別含意，且讓我們指出主觀意義與客觀意義的區分對於眞正的詮釋科學（in den eigentlichen Wissenschaften von der Interpretation）所具有的重要性，亦即語文學與法學。在語文學中，向來存在著一個基本問題，即，我們要研究的是一個字在某特定時代的某個特定的語言範圍內的客觀意義，或是這個文字在某個特定作者或某個特定語言圈子使用下的主觀意義，又或是在談話的脈絡中所具有的偶加的意義？每位法學研究者都熟悉，以語言學或法學的解釋規則去看法律條文在法律系統中的位置，以及從「立法者的意志」這個角度去看法律條文，有何區別。所有這些區別都可以回溯到製造品的主觀與客觀意義的差異，如同先前所說的那般。

除此之外，找尋每個存在事物的主觀意義是如此深植於人心，以致於發現對象的意義以及認爲對象被某些心靈賦予意義，兩者是密不可分的，因而世界上的每件事物都可被詮釋爲製造品的製造者之意識流程的證明：世界被看成是上帝創造的製造品，人也是上帝所創造的，他的生命乃是上帝的存在與創造活動之見證。在此我們只能簡單觸及這個超出嚴謹科學之外的問題領域（Problemkreis）。總之，主觀意義與客觀意義的問題乃是所有神學與形上學的入門問題。

【注釋】

① 在此請參閱第一章章末的「補記」。

② 見胡塞爾《笛卡兒的沉思》（*Cartesianische Meditationen*）（尤其是第V章），在此書中已經以非常深入的分析將該問題的重要性整個呈現出來，並且針對其解答提供了重要的起點。

③ 見《邏輯》，頁二一二。

④ 見《知識的形式與社會》（*Wissensformen und die Gesellschaft*），頁四七五以下。

⑤ 參閱前文第五節，以及第六節的注釋。

⑥ 此處請參閱胡塞爾《觀念》，頁一六七：「此外，進一步的觀察還會顯示，**同一本質內容的兩個體驗流程**（兩個純粹我的意識範圍）是**不可想像的**，正如……沒有哪一種某人**全然特定的**體驗，是可以歸屬他人的。對兩者來說，只有同一內在性質之體驗才可能是共通的（儘管就個體而言，並非是同一共通的），然而，兩種體驗仍然絕不會具有完全相等的「暈輪」（Hof）的。」

⑦ 見《觀念》，頁六十八。

⑧ 見《邏輯研究》，II, 1.，頁三十四。

⑨ 在此請參閱前文第三節。

⑩ 亦參閱前文第十五節。

⑪ 參閱胡塞爾《笛卡兒的沉思》（*Cartesianische Meditationen*）：「被經驗的他人身體，只能在其不斷變換，但也隨時保持協調的行爲（Gebaren）中持續且實際顯示爲身體，其方式就是，行爲所具有的生理層面，能夠顯示並表徵出心理層面，該心理層面必須只能在原本的經驗中，以落實的狀態出現，所以行爲在各個階段中持續變換。假使行爲因此而出現前後不一的情況，該身體就會被經驗爲僞身體……如此一來，在原本不可落實的經驗（原本不是自身賦予的，卻表徵出一貫證實的經驗）所運用的方式中所經驗者，就是他人（Fremdes）。」（前揭書，頁一四四。）

⑫ 在此也請參閱胡塞爾《形式與超驗邏輯》（*Formale und Transzendentale Logik*），頁二一〇。

⑬ 見《生命流程與同時性》（*Durée et Simultanéité. Apropos de la théorie d'Einstein*）, deuxième édition,（Paris, 1923），頁六十六。

⑭ 前揭書，頁八十八以下。

⑮ 同樣見胡塞爾《笛卡兒的沉思》：「基於其意義之構成，亦即我那已然客體化的我（我的原初世界）之意向性樣態（intentionale Modifikation），就一定會出現：現象學所謂的作爲我自身的模式化之他人。」（前揭書，頁一四四。）

⑯ 在胡塞爾的《笛卡兒的沉思》中，他從截然不同的出發點達到相同的結論（前揭書，第五十五節，頁一四四）：「現在我們再回到關於他人經驗的事例上面來，該經驗就在其複雜構造中於以下兩者之間進行（透過再現所引介的）類似的連結，其一者就是具體自我（也就是其原初範圍）在不間斷的生動性中邁進的經驗，另一者就是在前者中再現的他者範圍之經驗。它進行結合的方式，就是透過原本既存的他人身體的同一化結合（identifizierende Synthesis），以及以同樣的身體，只是在不同的顯現方式中附現出來，並由此擴展地透過同一化結合，既是以原本顯示的方式存在，又是被證實的本性（Natur）。如此一來，就造就出我的我（乃至我的具體自我）和他人的我兩者的同時共存（Koexistenz）了：我的與他的意向性生活，以及我的與他的實在，總而言之就是共同的時間型態，甚至就從各種原本的時間性那裡，獲得了客觀事物之個別主觀的原本表現方式的單純意指。」

⑰ 胡塞爾的《笛卡兒的沉思》（*Cartesianische Meditationen*）中，也達到了類似的結論（頁一五一以下）。他所形成的「互爲主觀的自然」（Nature intersubjektive）之概念，就相當於我們「周遭」（Umgebung）的概念，並於「在此處」（hic）與「在彼處」（illic）兩種統覺模式之間，作出了深刻的區別：「它在該過程中，首先附現出在彼處該身體中的掌控，並間接顯示出對其知覺所呈現的本性之掌控，該本性與彼處的該身體以及我的原初本性，屬同一的本性。但只有在這樣的呈現方式下，也就是我彷彿站在彼處代替他人的身體一

般，才是同一的本性。該身體是同樣的，對我是在彼處，對他是在此處，也就是以中心身體（Zentralkörper）的型態而存在，而「我的」整個本性，是和他人的是同一的，它在我的本原範圍中，就是如此構成我的多樣事象的同一統整性——構成作爲處於絕對此處的零點身體（Nullkörper），圍繞著我的身體的交替導向中的同一統整性等等……。」

⑱ 參閱以下第四章第三十三—四十一節。

⑲ 爲了不使說明太過繁雜起見，關於主要爲當下的體驗者，在此就不予考慮。

⑳ 見胡塞爾《觀念》（Husserl, *Ideen*），頁八十五。

㉑ 在此，我們完全不想談到那種向來根源於形上學的，或是原理性的前提的詮釋學（Hermeneutik），近來，該學說與理性的掌握相對立，並被以「理解」（Verstehen）一詞稱之。

㉒ 譯註：舒茨在此使用 Nebenmensch 這個字，與他平常所賦予的涵義——同時代人——有所不同。

㉓ 可參閱胡塞爾的《邏輯研究第六》第二冊，第二部分，頁八十九。（*VI. Logische Untersuchung*, 3. Aufl., II. Band, 2. Teil, S. 89.）

㉔ 當然，只要是將外在世界被稱爲「身體」的事物理解爲「具有靈魂的他人身體」，甚至理解爲「某個他我的身體」者，所有這些都是「在」一定設定「之內」的。

㉕ 韋伯所使用的「社會關係」（soziale Beziehung）一詞，其中的概念並沒有得到充分的解釋，我們將在下文中（第三十一節）詳盡分析。

㉖ 關於這點以及對擬情理論（Einfühlungstheorie）的批判，請參閱謝勒《同情的本質與形式》（Scheler, *Wesen und Formen der Sympathie*），頁二七七以下。

㉗ 請參閱以下第四章第三十三節。

㉘ 見胡塞爾，《邏輯研究》，Band II.，三十一頁。

㉙ 前揭書。

㉚ 在此請參閱前文第三節。

㉛ 不過關於這一點，要等到「共同世界」（Mitwelt）的分析，才能夠提供必要的線索。參閱以下第三十七節。

㉜ 《邏輯研究》，頁二十五—三十一，II. Band, 1. Hälfte, S. 25-31。在此亦請參閱本書第三節。

㉝ 關於該概念請參閱胡塞爾，《邏輯研究第六》（*VI. Logische Untersuchung*）。

㉞ 例如《邏輯研究第六》（*VI. Logische Untersuchung*），II. Band, 2. Teil，五十五頁；*Ideen*，七十九頁以下。

㉟ 在該兩種詮釋基模之上的這個詮釋基模，相當於法利．考夫曼（Felix Kaufmann）所謂的歸屬基模（Zuordnungsschema）。《數學中的「無窮盡」與其排除》（*Das Unendliche in der Mathematik und seine Ausschaltung*, Leipzig/Wien 1930, S. 42）。

㊱ 在此不難發現，我們在某些論點上，並不同於胡塞爾在《邏輯研究：第五、第六》（*V. und VI. Logischen Untersuchungen*）中所闡述的觀點。

㊲ 所以對於漢斯．弗雷耶（Hans Freyer）在行動的觀相術層面，及其在物質的外在世界中的客觀化之間的所作的根本區別，我難以苟同。見弗雷耶《客觀精神理論》（Freyer, *Theorie des objektiven Geistes*, S. 29ff）。

㊳ 引述自弗斯樂《語言中的精神與文化》（Vossler, *Geist und Kultur in der Sprache*, Heidelberg 1925, S. 115）。

㊴ 參閱前文第十四節。

㊵ 參閱前文第六節。

㊶ 參閱胡塞爾，《形式與超驗邏輯》（*Formale und Transzendentale Logik*），頁一六七以及前文第十四節。

㊷ 前文第五節。

㊸ 我們甚至可以說，某記號的客觀意義之掌握，原則上只是個不可落實的設準，這無非等於說，就相關的記號而言，其主觀和偶然的因素只能透過合理的概念形成盡可能清楚明白地解釋罷了。只要根據情況將所有這些主觀且偶然的意義作充分解釋，該說法就算是「精確」（präzis）的了。

㊹ 見雅斯培《世界觀心理學》（Jaspers, *Psychologie der Weltanschauung*, 3.Aufl., Berlin 1925）。

㊺ 參閱克提司《法國》（Curtius, *Frankreich*, Stuttgart 1930, Band I, S.2ff）。

㊻ 弗斯樂《語言中的精神與文化》（Vossler, *Geist und Kultur in der Sprache*, S.117）

㊼ 在此請參閱前文第九節。

㊽ 在此請參閱前文第十六以及第十八節。

㊾ 海德格在《存有與時間》（Heidegger, *Sein und Zeit*, S. 102）所用的這個術語，指的是那些外部世界的「及手的」（zu Handen）對象。

㊿ 參閱前文第二十四節以及第十四節。

51 譯註：一種探討市場經濟如何藉由行動達到交換數量與金額平衡的經濟學理論。在此經濟活動個體進行選擇對於價格的形成有所影響。它所要解釋的不是價格應該如何，而是事實上如何。卡塔拉克提克的法則不是關於價值判斷的命題，而是志在達到精確、客觀而普遍的效度。這個理論首先由奧地利經濟學家米塞斯（Ludwig von Mises, 1881-1973）所提出。

52 關於「人們」（Man）這個概念是如何得到進一步解決的，請參閱下文第三十九節中對共同世界的匿名性之探討。

第四章

社會世界的結構分析：社會的周遭世界、共同世界、前人世界

A. 導論

二十九、對更多問題之提出的預覽

我們在第三章論述了有關理解他人理論的主要特質，並且探討了以他我體驗爲基礎的對他人意識體驗之掌握（Erfassung）。藉由一個你的假定，我們便進入了社會領域，並且這個概念指的是對個別的「我」來說被眾人所經歷的世界。如同我們一再指出的，這個生活於人群中的人所投入的社會世界並非同質的，而是以多種方式被架構出來的，它的每個領域或範圍，都分別有著經驗他人之意識以及理解他人的特定方式與技巧。

在這一章，我們將討論社會世界的結構性劃分（die strukturelle Gliederung der Sozialwelt）。我們將必須先探討這種劃分如何成爲可能？根據這項劃分我們才得以能夠具有充分認定存在著兼具統整性與分化性之社會世界。此外，在這些劃分中，何者可以根據目的地（zweckmäßigerweise）作爲分析理解他我的基礎？只有在回答這些問題之後，我們才能把置於這樣被凸顯的社會領域之內的諸種不同理解他人的方式描述出來。

光憑這一點，涵蓋我們整個研究的目標是還沒有被達成的。先前的研究成果顯示，唯有從意味意義的問題（Problematik des gemeinten Sinnes）出發，對於每種社會科學來說至關重要的那個如何適當理解他人的科學方法問題才能夠被提出。因爲我們在日常生活中對他人意識體驗的素樸理解方式，與我們在社會科學中所使用的理解方式十分不同。我們的任務就是要去釐清下列這兩組範疇的差異，即，社會世界中以自然的世界觀生活的人所建立的範疇，也是社會科學的研究素材，而且這個範疇不同於社會科學用來歸納區分這些既有素材所使用的第二組範疇。

然而這兩個領域之間不免有所重疊。因爲，即便在日常生活中，就某種意義而言，我也是一位「社會科學家」，也就是說，當我不是以體驗的方式而是以反省的方式朝向他人及他人行爲的時候。作爲眾人之一，我**和他們共同生活**，在我的周遭世界我遇見鄰人，而那些對他們的存在與存在特質的體驗都是歸屬於我生命流程中的當下狀態，就像我對當下環繞著我的世界的一般體驗那樣。只要這個世界是空間性的，它就含括了他人的身體以及他的動作，這個身體不僅作爲物理－生理的客體（physisch-physiologischer Gegenstand）而已，而且還是身心整合體（psychophysischer Gegenstand），也就是一個能表達他人體驗的領域。並且依據「關於『你』的一般設定」（Generalthesis vom Du），**我不只體驗到鄰人，而且和他一起生活，和他一起成長老化**，我能夠朝他的意識流程看去，正如同我能夠朝自己的意識流程看去那般，所以我也能夠朝他的意識體驗看去。在共同體驗與共同成長老化當中的鮮活意向性，將我從一個當下帶到另一個當下，而藉由對「你」的意識體驗之適當的目光轉移到我「理解」了我的鄰人，而不需要特別留意我的理解活動本身，因爲我正是活**在**理解他人的活動之中，也正是在體驗著「你」的當下與「你」一起活著（lebend），而且也一起體驗著這個世界，這個世界不僅僅是我的，而且也是「你」的。如此一來，「你」和「你」的體驗對我來說不僅是**「可及的」，也就是可被我詮釋的，而且其存在**（*Dasein*）**與存在特質**（*Sosein*）**都毫無疑問的被給予**。這是從我們的嚴格定義來看，因爲，所有建構對此特別的「你」的特別意識體驗之理解的基礎層次，以及所有對他人的動機所進行的意義詮釋、接收與回溯等等，簡單地說，所有我們在研究中已分析的過程，都不被我自己所注意。它們停留在深層之中，而且對我而言不成問題，因爲在這個時候，我的意向性與我的注意乃是放在其他目標上面。然而，我**能夠**隨時改變這種情況，不把它視爲理所當然，而讓它變成問題所在，去關注理解他人的個別活動本身。例如，假設我問：「我對『你』的理解是正確的嗎？」、「『你』的意思是否不是我所想的那樣？」、「『你』的這些行動代表什麼意思？」這些都是我在日常生活與他人相處中，多少會被迫思索的問題。當我提出這些問題時，我已經從單純體驗「你」的獨特性與特殊體驗，也就是鮮活的意向性中脫離出來。我的注意力已經轉變了：我的興趣轉向先前被視爲理所當然而未被察覺的更深層次。我不再以一種與他人共存的方式來經驗他人，而是在「思考關於他的問題」。這時我的舉止便像一位社會科學家經常會做的那樣，因爲後者（作爲**社會科學家**，而不是作爲普通人，雖然他也是一個普通人）體驗他人意識的方式是把它當成思想的對象，而不是直接去掌握它們發生的當下。所以社會科學的問題以及整個範疇都已經存在於前科學的領域中，也就是我們在「社會世界的生活」這個標題底下已經——即使不是很完整——描述的。當然，作爲對這類問題進行學術研究的社會科學，在說明所有這些問題時所使用的方法與概念，與單純生活在社會世界中的一般人是不同的，這個問題還有待我們進一步去討論。

假定我們暫時先離開這個稍後在研究過程中才會變得比較清楚的，也就是關於社會科學的特殊進行方式的問題，而將焦點先放在社會世界生活的現象上面，則我們不難發現，有關身爲眾人之一的「我」的行爲之分析，也必須要涵蓋我們剛剛已經指出的，被視爲所有社會科學的**起點**的那些事態。在日常生活領域，鄰人以及他的特殊體驗不僅是我們體驗的對象，也是我們思考的對象。這種對鄰人及其體驗所做的思考，對他人意識之構成的追問本身，可以是我反省的最終目的，也可以是達成進一步目的的手段，而被放到更大的意義脈絡之下。例如：當我努力去清楚理解我的鄰人及其體驗，以便能夠讓我未來的行動有所依循；或者，當我構想一項行動，以促使我的鄰人有某種特定行爲或行動，並且評估我以未來完成式構想出來的手段，是否有助於實現這項目的：當我想要實質影響鄰人，亦即透過我的行動導致我的鄰人有某種特殊的意識體驗時。

然而這並不表示，所有朝向鄰人的行動或目的動機在於導致鄰人某一特定行爲的行動，必然或經常預設了我先把目光轉移到他人體驗的基礎層次（Unterschichten der fremden Erlebnisse）。相反的，即使我的行動是朝向他人，企圖導致他人有某種特殊的行爲，只要我是以作爲眾人之一的身分去體會他人的體驗，我就是被鮮活的意向性所承載，使我專注在毫無疑問被給予的基礎層次上（den Unterschichten des Fraglos-Gegebenen）。

正由於我們的工作主要在於說明理解他人的構成過程，我們有必要去描述和澄清這些基礎層次。我們的研究將先以描述「我」的那些在構想中包含了「你」以及「你」的體驗的已然行動爲目標。因此，我們要特別討論韋伯的**社會行動**概念，而後是檢討他的**社會關係**概念。在此我們將能夠有機會仔細地研究在我的行動構想內所具有的特殊回溯關聯（Rückbeziehung），也就是他人的意識體驗指向我的意識體驗。但所有這些分析都只是進一步解決社會世界生活的問題（Problematik des Lebens）時所必須準備的工作而已。

爲了更清楚說明這點，讓我們先指出一個事實，也就是我會以不同的樣態（*Modifikationen*）來面對他人：例如，我對他們有不同的**掌握觀點**（*Auffassungsperspektiven*），並以**各種不同的親密程度**去體驗他人的體驗。這些樣態不僅僅存在於我掌握他人體驗的內容（das Was）上，還擴展到在我**自己鮮活意向性**當中對他人意識體驗的掌握方式（das Wie）上。當然這些樣態對他人和我自己的體驗都是一樣的，因爲我們擁有相同的周遭世界：當下狀態這般環繞著我的世界，相當於環繞著「你」的世界；我的此時此地包括「你」，以及「你」對我的世界之認識，正如同我和我的意識內容屬於「你」的此時此地世界。但是在此所說的**周遭世界**只是各種社會領域之一而已。就如同我在每一當下知覺到的世界，此世界是透過我朝向於它的活動而被我所意識，只是我的整個經驗世界中的一個片段而已，而這又是所有我可能經驗到的世界的一部分，所以社會世界（作爲「整個世界」的一部分）就其作爲在我的生命中每一當下狀態的片段而言也只是我的社會周遭世界，而此世界亦會再一次依掌握觀點之不同而劃分。在這個與我有著時空相關性的周遭世界之外，還有其他的社會領域。這些領域有的是我曾經直接經驗過，且原則上我**可以**用相同的方式再次去經歷；有的則是只要我願意就能直接經驗，但到目前爲止我還不曾經驗過的。我們可以把這些領域當成一個整體，並且稱之爲**社會的共同世界**（*die soziale Mitwelt*）。這個世界與我共同存在（koexistiert mit mir），它與我的生命流程是一同前進的，但它並不是我的周遭世界，畢竟我只是**「與」它一同活著**，而非**體驗**到它。如果我們把**周遭世界中的他我稱爲鄰人**（*Mitmensch*），**共同世界中的他我**稱爲**同時代人**（*Nebenmensch*），則我們可以說，我，**和鄰人一同活著，是直接經驗到他們以及他們的體驗，但我對於一同活著的同時代人卻不直接掌握到他們的體驗**，儘管我可以**合理地推測**他們的類型性體驗流程。不過我倒是可以對同時代人採取行動，也可以將他們的行爲與體驗設定爲我的行動目的，簡單地說，**我可以對共同世界採取行動也可以對它進行觀察，如同我在周遭世界中一般**。除了這兩個世界以外，我還知道一種社會世界，它先於我的過去存在，和我的體驗與我的生命流程不是、也永遠不會一同存在，因爲在我能夠注意到它之前，它已經過去、完成了。這個領域就是**社會的前人世界**（*soziale Vorwelt*），**又稱爲歷史，對這個世界，我只能觀察而不可能行動**。最後我還知道一個在我的生命終結之後將由其他我居住的世界，一個社會的**後人世界**（*soziale Folgewelt*）。[1]基本上我對後人一無所知，所以對他們的特殊體驗也不具有任何的認識；甚至於對他們的體驗類型也不可能知道，除非假定他們的體驗流程在類型上和我的共同世界或前人世界的人大致上是相類似的。對於這個世界，我只能做大概的描述而不可能有任何直接的體驗。

我們在談周遭世界、前人世界、共同世界與後人世界之時，無非意味著，別人對我來說分別是鄰人、同時代人、前人，或後人，反過來，我對別人來說則分別是鄰人、同時代人、前人，或後人。我可以用一種特別的方式去看（hinblicken）這些人的意識，如同他們可以看我的意識一般，我和我的體驗可以是他人行動的目的，即便在不同的程度上，正如同他人及其體驗可以是我的目的一般。所有這些論述都只是用來描繪存在於社會世界中的複雜問題，而社會科學的任務則是藉由方法論去顯現這個問題。在本書當中，我們僅限於探討廣義的理解他人的理論，這個理論包括記號與其他製造品的使用與詮釋。對我們來說，探討的途徑可以說已經相當明確了。我們必須確定如何從他我的一般設定，也就是以自我與他我意識的同步性與擬同步性作爲起點來認識這些領域；以及以何種方式能夠獲知這個世界中的製造品所包含的主觀意義。我們也有必要去了解意義設定與意義詮釋是如何進行的，以及去發現存在於這些領域之間的過渡階段，以便能夠決定哪一些領域是社會科學方法所能觸及的；或是應該使用哪一些社會科學方法，以便適切地研究它們。就讓我們進一步的探討吧！

B. 社會行爲、社會行動與社會關係

三十、韋伯的「社會行動」概念——朝向他人態度與實質影響他人

在第一章②之中我們已經探討了韋伯對於社會行動的定義：「『社會行動』指的是，依據一個或多個行動者所意味的意義，與**別人**的行爲有所關聯而且在其過程中以他人的行爲爲導向的這種行動。」值得注意的是，當韋伯論述社會**行動**時，不是指我們在本書第二部分所提及的「一般行爲」的那種「行動」，而是任何一個內在或外在的「行爲」（就這個語詞尚未被釐清的意義而言），只要行爲者與它有「意義」的「關聯」。依此看來，這個概念不只包含所有源自自發主動性的意向活動，無論它們是不是被構想的行動，也包括所有被動浮現的意識體驗，只要它們與他人有意向上的關聯。

從我們的專門用語來看，我們不以社會行動或社會行爲作爲探討問題的起點，而是將**指向他我的意向性意識體驗**當作開端。我們這裡指的是關聯於**他人**的意向性體驗，也就是與擁有生命、流程與意識的他人有關的意識體驗，而不是只以他人**身體**作爲外在世界之物理對象（而不當作他人意識體驗的表達領域）的活動。在意識中以自發主動性形式出現的，意向地指向他我的體驗，我們稱之爲社會行爲（*soziales Verhalten*），如果這種經驗是預先被構想的，我們則稱之爲社會行動（*soziales Handeln*）。所以社會行爲包含所有「表態的」、

特殊的「自我活動」（Ich-Akte），它們都意向地指向一個「你」，亦即指向一個具有意識與生命流程的他我，這些活動涵蓋同情、憎惡、情慾態度，以及各種情緒活動等等。根據韋伯所引用的例子來看，所有這些意識體驗毫無疑問是社會行動。但是，由於他另一方面將社會行動定義為**以**他人行為「**為導向**」的行動，所以被限定為**預先構想的行為**。因為只有**事先構想的**行為才能夠說是**有所導向的**（*orientiert*），因為導向只能基於構想而發生。但也不是說所有事先構想好的行動就一定是「指向他人」的社會行動。假如我把他人的身體只是當作物體對象來對待，完全不去在乎這個他我的意識流程，則依據上述的定義，我對於這個行動的意識體驗並不能說是**指向他人的**，而我的行動也談不上是**社會的**行動。韋伯顯然也會同意這一點，他曾提過，兩個自行車騎士相撞並不算是社會行動，兩人事後的爭論才具有社會行動的含意。對一位被麻醉的病人動手術的醫師，雖然是「針對病人的身體」而行動，並不具有韋伯社會行動的意思；進行分列式的士兵跟著前面士兵的步伐前進，也不是社會行動，因為他的行動並非以前面的人的意識流程為導向，而只是依照其作為外在世界對象的身體，不是依照作為他人意識體驗的記號的這個身體的某個特別動作。

然而，只根據以上與他人有所關聯的意識體驗的解釋，仍未能充分說明韋伯所說的社會行動之定義。根據他的定義，社會行動應該是與他人的**行為**，而完全不是與他人的存在（Dasein）或存在特質（Sosein）富有意義地有所關聯。如此一來便衍生出一些問題，其中之一便是，如前所述，韋伯的行為概念完全沒有被釐清。根據韋伯的觀點，行為甚至於不必是充滿意義的。我們也許可以將韋伯所說的「**以他人行爲爲導向**」（*Orientierung an fremdem Verhalten*）理解爲已經包含在我們對他我的一般設定之中，**也就是「你」的生命流程持續著**（*das Du dauere*），或者說他具有特殊體驗以及對這些體驗的意識。如果我們接受這樣的詮釋，那麼，社會行爲必須以他人的**行爲**爲導向的這個要求，便只是意味著，自身的行動並不必要與作爲外在世界對象的他人身體，而是必須與他人的生命流程和意識體驗有所關聯。究竟這個「你」（就我們的術語來說）實際上是否有任何行爲發生，或眞的有任何意識體驗從自發性的活動中產生出來，完全無關緊要。

山德（F. Sander）③曾經多次對韋伯的社會行爲概念做過相當尖銳但卻不失中肯的批判。他指出，根據韋伯的定義，每一個對他人行爲的知覺活動都可以算是社會行動，這樣的概念不適合用來確定社會科學的研究對象，因爲它過於寬鬆而不精確。④山德的說法頗富啓發性。毫無疑問地，即使是對他人意識體驗的理解性知覺（verstehende Wahrnehmung），也是有意義地指向他人行爲並以此爲導向的行動，也就是韋伯定義底下的社會行動。用我們的話來說，它也是一個意向地關聯於他我的意識體驗，前提是，眞正的理解他者的動作實際存在，意思是說，確實關注到了他人的意識流程（相對於此，詮釋自己**對**他我的體驗的活動，完全不是意向地關聯於他我的活動）。任何源自於自發主動性並指向他我的意識體驗者，根據我們的定義便可以算是社會行爲了，要是這個社會行爲是被預先構想的，那社會行動就產生了。後者就好比說當我將注意力轉移到他人的意識上，**以便**觀察它的流程。如此一來，知覺地朝向他我的目的動機（以及那些隸屬於它的注意樣態）便在理解他人意識體驗的行動目標中被耗盡。在此情況下，我行動的目的動機固然在於掌握他人的意識體驗，卻沒有進一步引起他人某種意識體驗的打算。

我們已經分析了對知覺他人的問題，將之當作所有意向地相關於一個他我的意識體驗之基本性質的例子，無論這些意識體驗是行爲還是行動。它們都是藉由自我對他人生命流程的態度（Attitude）所標示出來，這個生命流程是奠定在「你」作爲意識擁有者與體驗者的一般設定之基礎上的。**我們把自我對於他人生命流程的態度稱爲「朝向他人態度」**（*Fremdeinstellung*）。它只發生在社會領域當中，因爲它不只是奠定在超驗的他我，而且也奠定在世俗的他我的設定這個基礎上。但是它只以「你」（Du）的存在設定（Daseinsetzung）爲基礎，而不是以「你」的存在特質設定（Soseinsetzung）爲基礎。它設定有一個「你」活著、持續著，也因此具有經驗，這些經驗的內容與含意爲何，則是未定。再者，「朝向他人態度」基本上**可以單方面**出現：與他人有關雖然是它的本質，但它本身和它的流程與他人是否也有「朝向他人態度」並沒有依存的關係。因此，「朝向他人態度」不一定跟一個不管哪一種類型的外在世界的實質行動緊密關聯；它並不一定會有一個表明或表達的行動，也不一定會有一個設定或詮釋記號的動作。「朝向他人態度」原則上包含了**所有**「我」有關於「你」的表態活動，以及情感活動，例如，愛與恨。將所有「朝向他人態度」的活動都稱爲「社會活動」（soziale Akte）是否合適，當然可能被懷疑。

但是，當韋伯談到社會行動對他人行爲的**意義關聯**時，他顯然完全不是指我們先前標示出來的，廣義的「朝向他人態度」的活動。他所想的似乎只是社會行動與他人行爲之間的一種**特殊**連結。對他來說，只有在兩種情況底下，社會行動才存在，當：一、社會行動者意圖藉由行動去**引發**他人的某種**特別**行爲時，也就是，當他的行動目的在於對他人的意識流程產生某種特定影響時；或者是，**當二、這個被稱爲「社會的」行動乃是由他人的行爲所引發的**，也就是說，當知覺與詮釋他人已完成的行爲乃是自己的行動的眞實原因動機時。韋伯的社會行動概念涵蓋了這兩種情況，因爲，就如他所說的，社會行動可以「以他人的過去、現在，以及可預期之未來的行爲爲導向」。[5]這裡又再次出現了雙重的概念糾纏，我們在前面已經多次提到：韋伯沒有區別「以他人的未來行動爲導向」與「以他人過去行動爲導向」兩者之間的不同；也沒有區分眞實的「原因動機」與「目的動機」之間的差異，結果是他把幾個完全不同的情境全部都放在同一個概念底下。我們往後所做的分析必須從這一點著手。

意向地與他人有所關聯的活動，只要它們是行動，也就是依據構想而產生的行爲，有可能是在引起他人的特定意識體驗，也就是實質**影響**他人這個目的動機下進行的。我們把這種類型的社會行動稱爲**「實質影響他人」**（*Fremdwirken*）。這種行動都是在「朝向他人態度」當中進行的，而且是作爲一種社會行動，但並不是每個「朝向他人態度」或每個社會行動都是「實質影響他人」。顯而易見的是，**「實質影響他人」**乃是限定在**來自自發活動**的預先構想好的社會行爲，也就是我們所定義的眞正的**社會行動**之上。爲了對一個他我的意識流程社會行動地產生影響，我必須看向他人的生命流程，並且我以未來完成式構想，亦即以預先回憶的方式，想像在他人之中構成著的意識體驗，無論是作爲我的最終目標或作爲更廣的意義脈絡下的中介目標。假如我行動的目的動機在於被他人所理解的話，則他人的某種意識體驗，便是我構想實質影響他人的最終行動目標；如果我在行動構想中，除了想要被他人所理解之外，還想像地將他人的某種特定行爲包含進來的話，他人的某種意識體驗便只是我行動的一種手段或中程目標而已。顯然地，社會**行爲**（soziales *Verhalten*）不具有構想的特質，所以並不等同於「實質影響他人」，歌德著名的詩句「即使我愛你，與你又何干！」就是一個「朝向他人態度」的情感活動極欲避免「實質影響他人」的例子。

顯然地，**「實質影響他人」**，或者我們從現在開始稱之爲**「社會實質行動」**（*soziales Wirken*），才是韋伯社會行動概念所使用的模式。如果我們接受這項前提，就可以很容易地把它的定義適切地轉移到我們的用詞上來。社會行動必須要與他人的行爲有意義上的關聯，意思是，社會實質行動者必須專注於他我的意識體驗之構成過程，因爲他的實質影響乃是在「朝向他人態度」之中發生的；社會實質行動者必須在其行動過程中，有意義地以他人的行爲作爲導向，這等於說，這項專注活動發生在一個特定的動機脈絡之中，而他人的意識體驗必定是以未來完成式在實質行動者的構想裡被預期著。

到目前爲止，我們所談的只是對他人**未來**意識體驗的預期而已，透過這個預期，自己的行動以「爲了目的」（Um-zu）的方式被激發。但是，韋伯曾特別強調，社會行動也能以他人的過去行爲爲導向，那麼根據他的說法，只要對他人意識體驗的關注可以作爲自己行動的眞實**原因動機**，⑥就算是社會行動。然而，我們的研究顯示，眞實原因動機的意義脈絡只能由**過去已被激發的**意識體驗所構成。將一個行動歸結到一個眞實原因動機去，作爲現有的經驗「格準」（Maxime），當然也是可能的。無論被激發的體驗是否關聯到他人，都是如此。無論如何，只有在行動發生後，或至少行動構想已經形成後，探討眞實原因動機才有意義。以韋伯所舉的例子來看，假定我想要報復過去所曾遭受到的攻擊，那麼，我的計畫早在人們能夠合理指出我的行爲乃是受到攻擊所「激發」的報復行動之前，就已經被構想出來了。我也可能會猶豫，對過去遭受的攻擊應該「以牙還牙」還是「不去計較」。我甚至有可能直接接受這個攻擊，而完全沒有那些構想或選擇。我的態度的社會特質，並不是由它是否受到他人行爲或其他狀況引起所決定。我的「反應」不會因爲是對**他人行爲**（而非自然事件）有所回應便成爲社會行爲，而是因爲我的意向對象是我所期待的他人行爲。

所以我們不應該將**實質影響他人**（*Fremdwirken*）看成是**「受他人影響的行動」**（*fremdbewirktes Handeln*），受他人影響的行動一詞應該是來自於眞實的原因形式（in der Weise des echten Weil），是行動者注意過去他人的意識體驗而被激發的行動。這不是指這樣的行動在不具朝向他人態度的情況下也會發生。在我……的時候，我毋寧是意向地執行了一項與一個他我相關的活動，而那個原因脈絡本身也是依賴於注意的模態，而該注意模態所看去的是我自己的關於他我之（以過去完成式所看到的）經驗性體驗，而且這是從早先執行過的朝向他人態度而來的。如果我要尋找原因動機，那麼在我指向他人的活動發生之前，我的行動早已被構想出來。但由於這個行動本身並非意向地與他人有所關聯，所以不是社會行爲。被構想的行動則不同，那個針對已構成的構想或是針對已完成的行動所進行的特殊注意活動是不同的，眞實原因動機的意義脈絡正是在後者之中被構成的：在受他人影響的行動裡，發生在朝向他人態度之中的是原因動機的意義脈絡，而不是這個行動本身。我們在探討社會關係時會更深入地分析這一點。

讓我們從對韋伯的批評所得到的結論作一回顧。我們可以得出一個連續系列，這個序列以意向地關聯於他人的意識體驗爲出發點，中間階段包含社會行爲、社會行動等，而以社會實質行動（soziales Wirken）爲終點。我們把實質影響他人（Fremdwirken）與系列中我們標示爲朝向他人態度的其他部分，對立起來，並不是毫無根據的。且讓我們回顧一下社會世界中的意義設定與意義詮釋，以便說明這樣區分的意義。

在第三章的最後幾節裡，我們曾經談到將每個製造品的主觀意義看成是他人意識流程的證明。現在我們明白，任何對主觀意義的注意只能在朝向他人態度之中進行，而它的正當性也只能來自於這個朝向他人態度。要是不從朝向他人態度去看的話，則每個製造品與記號在我的經驗世界的建構中，對我而言都具有它的客觀意義。然而，我也可以在一個朝向他人態度的活動中，將製造品詮釋爲他人意識體驗的證明。我們再次強調，在朝向他人態度的活動，而非在實質影響他人的活動當中。因爲，當我閱讀一本書，回溯他人的思想歷程，或是追問一項工具的產生時，我雖然對製造品的原創者具有朝向他人態度，卻不能對他有任何實質影響。

假如我自己也製造一些東西，例如，設定有意義的記號，情況便有所不同。當然，製造與意義設定並不一定要在社會領域中進行，我們從我為自己發明的祕密文字的例子，看到了一個在孤單的「我」的領域設定記號意義的例子；為自己製造的工具、為自己完成的圖畫等等都是。但只要我是在社會世界中為了他我的緣故而設定製造品，那麼我就是在進行朝向他人態度的活動了，而且是一種特殊的，也就是實質影響他人的活動。在朝向他人態度之中設定記號的意義乃是告知（Kundgeben），而告知的目的無非就是引起被告知者意識當中的特定意識流程，也就是讓這個記號被理解。**因此我們認為所有的告知都是社會實質行動**（*soziales Wirken*）**，所有的得知**（*Kundnehmen*）**也同樣都是在朝向他人態度中進行的**。即便在不同的細微差異底下，先前關於記號設定與記號詮釋所宣稱的，對於在社會領域中的所有產物之設定與詮釋都是普遍有效的，就算它們的產生並非帶有告知的目的在。假如我完成一個別人可以使用的工具，則這些他人的意識體驗是作為我的行動之最終目的，在我的構想中以未來完成式被預期著。而這些意識體驗該透過工具的使用而被引導出來（例如，其他人將會認出，這些對象都是「為了某一目的而存在的工具」）。

接著我們要指出的是，在每個社會領域之中朝向他人態度與實質影響他人的構成性構造都會呈現不同的樣態。這一點最明顯地表現在他我的**匿名程度**當中，在每一個這些領域裡，朝向他人態度與實質影響他人都與他我的匿名程度有關。依據韋伯的說法，與社會行動有所關聯的「他人」，究竟是「各別的個體，並且是行動者所認識的，或者是一個不確定的多數而且完全不認識」⑦完全未能確定的。韋伯也沒有說明，與他人的熟悉程度以何種方式影響我的社會行為的「導向」。問題的重點在於，周遭世界與共同世界中的朝向他人態度及實質影響他人分別具有哪些不同的樣態。這些不同樣態都可以歸類到我們上面所提及的一般定義當中去。

三十一、韋伯的社會關係概念——朝向關係（Einstellungsbeziehung）與實質行動關係（Wirkensbeziehung）

在第三十節的定義裡我們沒有提到，當我意向地朝向他人時，他人的意識體驗為何？而當我實質地影響他人時，我所試圖引發的他人意識體驗又是為何？我們提到，朝向他人態度雖然是建立在一個「你」的「存在」（Dasein）上，卻不是建立在他特別的「存在特質」（So-Sein）上。就朝向他人態度來說，最重要的是他人的存在，而非他人具有某種特質。尤其是，所有朝向他人態度與實質影響他人原則上都可以是單向的。實質影響他人或朝向他人態度的概念並未蘊含我所注視或是對待的對方，必須對我同樣有著朝向他人的態度（對韋伯的社會行動概念來說也是同樣）。他我的一般設定已經顯示，「你」也可以藉由適當的注視看到我的意識體驗之逐步構成過程，正如同我看出「你」的意識流程那般，因爲我對於「你」這個鄰人而言同樣也是鄰人。當然你甚至**可以**注意我意識體驗中的那些意向地與你相關的部分，並且因此在其中我的對於你的意識體驗之經驗活動乃構成著，正如同我可以注意你的意識體驗中的那些意向地與我相關的部分，並且因此在其中你的對於我的意識體驗之經驗活動乃構成著。「你」我都知道這些可能的注視，而且我們兩個都可以盤算這個「知道」，而且我們的社會行爲、行動或是實質行動可以以這個盤算爲「導向」。

韋伯將許多人的行動在其過程中彼此互相以對方爲導向（wechselseitig orientiert）的現象稱爲「**社會關係**」。它是指：「一種就意義內容而言，多數行動者彼此互相**朝向**並因此互爲導向的行爲。」他接著說：「社會關係的形成完全只**存在**於，能夠以（有意義的）方式社會地行動的**機會**（*Chance*）之中，也就是，這個機會的基礎所在。」[8]

韋伯認爲只有在有意義的社會行動中，才有社會關係的出現。這裡有一個我們在第一章已經指出來不清楚的地方，而且幾乎出現在韋伯社會學的所有基本概念上。這是因爲他沒能明確地區分日常生活中對他人意識體驗的主觀掌握，以及社會科學中對於社會世界的客觀詮釋。社會行動的存在機會是指**對在社會世界中行動的人**而言，或是**對作爲觀察者的我們**，也就是社會科學家而言？一方面韋伯說，兩個社會行動者的行爲是彼此相關的：「**只要參與者一方預設對方有著（也許是全然或部分誤解的）特定的態度，而將其行動導向這種期**

望。**這通常對行動及其關係形式有一定的後果**。[9]」[10]這裡談到所謂的**主觀機會**，也就是行動者的意識體驗，他的行動是以雙方互相朝向態度之期待爲導向。相對於此，就在同一頁他卻又說：「爲了避免錯誤的印象，我們必須一再強調**只有**在這種機會之中——也就是說讓意義相符應的行動有或多或少的『**機率**』能夠發生——才談得上社會關係的『存在』或『維持』。所謂存在著一種『友誼』或一個『國家』，其意思不過是：**我們作爲觀察者**，判斷是否有或以前有過某種機會，使得一些人根據他們特定的態度而會**做出一般意義下（相關的）**、特定類型的行動，除此之外什麼也不是。[11]」這個機會的概念與處在社會關係中的一個或兩個伙伴的意識之意義脈絡沒有關聯（主觀機會），而是與站在外面的觀察者，即社會科學家，所下的判斷之內容有關（客觀機會）。因此我們可以在韋伯那裡看到社會關係的雙重概念。一方面互相朝向已經呈現，假如一個社會行動者認定、揣測、預設他的伙伴以他的行動或行爲及意識流程爲導向，就如同他自己以伙伴的意識流程爲導向一般；另一方面，假如一個觀察者下判斷說有兩個或者多個行動者彼此之間正有著或者已經有過互相朝向的關係。

這兩種情況並不相同。因爲我們很難說那個在社會關係中的**行動者**會考慮到社會關係的存在，即便對於**觀察者**而言這個社會關係似乎是存在的。反過來看，一個行動者活在其中或是他認爲自己活在其中的社會關係，對於觀察者而言是未呈現的。所以我們必須找出能夠確認此一關係存在的判準，一方面對於觀察者來說，另一方面則是對於活在社會關係中的人來說。

讓我們從對於外在觀察者來說是存在著的事態（Sachverhalt），也就是我們根據韋伯的說法，稱之爲社會關係存在的**客觀機會**開始來看。從觀察者的立場來看，被觀察者的身體是這些意識體驗的表達領域。他的身體動作是自發主動性之意識體驗的指標。他所完成的文化對象是他意識構成過程的標記。我們要問的是，「在被觀察的情形下，兩人或多人之**意識體驗相互關聯」這句話**意味著什麼？顯然地，這句話無非是說，**對觀察者而言，他所看到的外在指標乃位於和某些意識過程的對應關係中**。例如，觀察者注意到他所注視的兩個人，正一起執行一項任務，或對外在世界一起產生實質影響。又或者觀察者看到，當A有某項行動過程，B就會用特定的行動過程加以回應。然而，這些行動系列對觀察者來說，都只是行動者意識流程的指標而已。觀察者是在詮釋自己對他們的體驗，並以此建立這些意識體驗可能的意義脈絡：他們的目的動機與原因動機，他們的行動目標和較大的意義脈絡等等，在較大脈絡之中，這些目標都只是中介目標而已。當觀察者想像地重建這些意義脈絡的構成過程時，他的詮釋結果和他對社會世界的全部經驗交融在一起，並與被觀察者的組合情況（Konstellation）相調和。一般而言這些都是正確的，無論是觀察一個或多個個體意識過程，或是觀察平均的或類型性的意識過程，也無論被觀察者是屬於觀察者直接經驗的周遭世界、共同世界，或是前人世界。在各種情況中，觀察者都是以「朝向他人態度」面對被觀察者，也才使得理解主觀意義成爲可能。

觀察者由指標出發回頭尋找它所代表的意識體驗，並根據對應關係（Korrespondenz）回頭確認社會關係的存在。但**指標的對應關係**對他來說，並不是被觀察者之意識流程彼此有所關聯的**客觀機會**，也並不是每一位被觀察者實際上都在進行「朝向他人態度」的活動，更不是說這些活動是互相回應的。**指標的對應關係**這個概念就已經表示了，它只能是**兩個已經流逝的意識流程之間**的關係。只有從反應（Reaktion）才能確知它是對應著過去已經發生過的行動（Aktion）。當我們說對應存在時，基本上是以過去完成式在談已結束的流程。當然我們並不排除同步進行的對應之存在，因爲它的存在可以被當作經驗可重複的準則，當作觀察者意識中現有的詮釋基模，因而對他來說是「可及的」（zuhanden）。[12]

然而觀察者可以確定社會關係存在之客觀機會，卻有各種不同的明顯程度。原因在於，外在指標與意識體驗之可關聯性（亦即兩者間的對應關係），預設了觀察者對被觀察者具有各種不同程度的認識，或者是如我們所說的，有各種不同的**可詮釋程度**（*Deutbarkeitsgrad*）。當我觀察他人的日常活動，並想要確定他們是否處於社會關係時，對我來說並不困難。我可以明顯地看到這些關係就在於他們的行動與反應的系列中，以及在某個人的原因動機與另一個人的目的動機之歸屬整合（Zuordnung）之中。即使是觀察告知行動，例如，使用記號，也是同樣情形，雖然我並不是被告知的人。由於我理解記號的詮釋基模，因而我能把告知行動當成一個對應關係存在的指標。更一般來說，**包含實質影響他人的社會關係，比包含朝向他人態度之意向活動的社會關係，更能夠被明確地指出來。我們把**

第一種社會關係稱爲「實質行動關係」（*Wirkensbeziehung*），而把**第二種稱爲「朝向態度關係」**（*Einstellungsbeziehung*）。認定兩人之間具有實質行動關係所具有的客觀機會，要比確定他們彼此相互對待的態度，例如同情或憎惡，要來的高。這種結論的可靠性都依賴於觀察者對被觀察者的了解程度，他們之間存在著無數多**詮釋的可能性**。例如，假定一個社會關係的基礎並不是實質影響的活動，而是雙方進行著同一種類的行動，例如以一個共同的詮釋基模爲行動導向（它可以是一種語言、一種法律制度、一種共同的藝術概念、一個共同的趨勢或共同的生活習慣），於此情況下，觀察者想要確認社會關係存在的客觀機會就依賴於很多不同的因素。它一方面必須依據「指標」與觀察者對過去共同的詮釋基模之認識的對應關係，另一方面依據指標與被觀察之行動構想內的詮釋基模的對應關係。

有關社會關係存在的假定——相當於客觀機會——如何轉換成確定的？我們姑且假定行動與反應**如預期般地**發生了，例如，被詢問的B回答了提問者A的問題，只是一個社會關係可能存在而非必然存在的判斷。與他人之間的相互理解是否眞的存在，只有處於社會關係中的人才能提供線索，就在A既表明他的行動乃針對B，而B也表示他的行動乃是針對A而執行時。只有透過徵詢被觀察者，觀察者才能確認這兩位被觀察者彼此之間是否存在著社會關係。然而當觀察者開始詢問被觀察者時，他自己就會和他們其中一人或兩人進入一種社會關係中。然而觀察者對於社會關係存在與否的判斷，無論是「極爲可能」、「可能」或是「揣測性的」都依賴對處在社會關係中的人之詢問。這個「可詢問性」（Befragbarkeit）

就是一種周遭世界觀察（umweltliche Beobachtung）的特質，這點我們稍後將會加以說明。

在探討觀察者判斷社會關係存在的判準問題後，接下來我們要探討參與社會關係者的判準。

對生活於社會世界中的我而言，只有當我在一個針對我的對象所進行的朝向他人態度活動中，確定他人也有朝向我的態度時，社會關係才存在。在我能夠確定他人對我有相應的朝向態度之前，我必須先有朝向他人態度的活動。

我可以用不同的方式知道他人對我抱持著「朝向他人態度」：要不是我的伙伴對我進行實質影響的活動，而我賦予注意力；就是，我將注意力移轉到他身上，並確認在我執行一項朝向他的活動之前他已經朝向著我了。這兩種情況的社會關係都是經由我自己的注意活動而構成。另一方面，我也能夠有意地影響他人，如果要達成影響行爲背後的構想或目的，則需要他也注意我。然而這一切並非對於社會關係特殊**給予方式**的描述，而是對於這種關係如何**產生**的描述，或者以維塞（L. Wiese）的說法來講，這是一種對接觸行動（*Kontakthandeln*）**以及接觸情境**（*Kontaktsituation*）的描述。

於社會世界中生活的人，可以用兩種方式覺察別人的「朝向他人態度」與他自己的「朝向他人態度」是相互對應的。他可以生活**在**這些互相關聯的意識經驗中；或者是他跳出社會關係，把後者當成觀察的對象。前一個情況是，我對我的伙伴抱持著「朝向他人態度」，而他也同樣朝向著我。當下，我直接掌握到一個事實，即他覺察到我對他的注意。於此情況下，我、「你」都生活在社會關係中，這是由於「朝向他人態度」的意向活動所致，此一活動將我和「你」，也就是**我們**由一時刻帶到另一時刻，並以一種特殊的相互朝向對方之注意樣態來進行。**我們生活於其中的社會關係，是由我的「朝向他人態度」所經歷的注意樣態所構成的，而此一樣態又是經過對我有著「朝向他人態度」的他人直接的自身呈現**（*die unmittelbare Selbsthabe des Anderen*）**的這個過程而形成的**。

這種**鮮活的社會關係**，也正是我們對剛才所描述的意向活動想要用的名稱，可以經由各種不同的樣態呈現出來。稍後我們會指出，**以它的純粹性與完整性來看，這種關係與周遭世界中的「你」緊密關聯著。由此看來，它是「鮮活的周遭世界關係」**（*lebendige umweltliche Beziehung*）**，或「純粹的我們關係」**（*reine Wirbeziehung*）。所有那些不屬於社會周遭世界領域的朝向他人態度之活動都是由此導引出來的，所有主觀意義的詮釋方式，所有朝向共同世界與前人世界的目光朝向之可能性，無非都是由此而獲得其根本而原初之效力的。本章研究的主要任務就是去研究共同世界與前人世界的社會關係，是如何從純粹我們關係導引出來的，並闡明方法論上的根本理由。

作爲生活在社會世界中的我，也可以將注意力轉到社會世界本身，也就是說，我可以跳出來，將世界當成觀察或思考的對象。**這時我以過去完成式注視自己在「朝向他人態度」的意向活動中所執行過的活動，而且注視這項活動所掌握到的，也就是別人對我所採取的「朝向他人態度」。在這個注意的基礎上，我還能夠以自我觀察者的角色進一步確認相互**

朝向的客觀機會。例如，如果我試圖影響他人，那麼只有當我的行動，無論成功或失敗，結束之後，我才能知道他人是否朝向我。當然，我的社會實質行動（soziales Wirken）之構想被別人也會執行這樣的活動之前攝所伴隨著。然而，只有在這些前攝都被**充實**之後，身爲自身行爲觀察者的我，才能對社會關係的存在與否進行「合理的揣測」。在這種情形下，我的態度與外在觀察者並沒有什麼不同。同樣對我來說，我的伙伴的與我相關的朝向他人態度的出現，也就是一個社會關係的存在，只具有客觀機會而已，而這個關係本身因此在不同的程度上是可見的而可被詮釋的。所以這種社會關係本身具有不同程度的證明與可詮釋性。當然，這種自我觀察，與處於關係外的第三者所做的觀察雖然大不相同。因爲當我注視自己的構想時，我確切知道自己行動的目的動機。所以我能隨時在再次的體會中去釐清動機的意義脈絡，即使回顧起來，我對意義脈絡的認識可能只是模糊或錯亂的。透過行動的過程，我能確知自己的構想是否已經得到實現。我可以將行動過程中出現的空洞構想獨立出來；我還能夠隨時更進一步地去注意較大的意義脈絡，在此脈絡底下，我對他人所做的行動只不過是中間階段的目標而已。最後，我還能回憶在我的注意活動指向他人的當下，我所經歷過的注意樣態。在這些複雜的自我觀察過程中所用的詮釋基模，與第三者進行觀察時所用的詮釋基模可以說沒有任何差別。社會的實質行動關係之構成比起單純的朝向關係對我來說容易確認得多，兩者之間存在著多種層次的可確認性。

我們先前已經探討過，在社會世界中生活的人如何知道他處於社會關係中的判準。在此我們還要更進一步探討韋伯社會關係概念中的第二種情況：**也就是，作爲在社會關係中採取行動的「行動者」之「行爲」導向的社會關係得以產生之主觀機會的環節**。並非所有位於社會關係內的行爲都以這個關係的存在作爲導向；因此我們必須將意向的指向他人，並且**基本上預設**他人對自己具有「朝向他人態度」的活動，與社會關係裡所有具備「朝向他人態度」的活動區分開來。只有這樣，我們才能夠確定，行動者假定他的伙伴在朝向著他，而自己的行爲又是以這項假定爲導向的這種宣稱具有什麼含意。

對於這項分析來說，先前提到的朝向關係與實質行動關係之間的區分便非常重要。讓我們拿愛情關係當作「朝向關係」的例子，這樣的關係並沒有落實爲互相的實質行動（Wechselwirkung）。這裡我們必須在愛戀者或觀察者所欲認定的事實，即朝向關係可能存在著，與另一種說法之間——即在這種朝向關係中所進行的活動乃是以此朝向關係之知識爲導向——做區分。我的伙伴是否或者如何朝向我，絕對不是我對他的愛的朝向態度之前提。任何關於我的伙伴的態度之知識對我來說只不過是**伴隨的知識**（*Begleitwissen*）。因爲別人是否朝向我、注意我，對我的愛的朝向態度加以拒絕或有所回應，雖然可能是我所期待的，但也可能是我不在乎或甚至不願意見到的。從我們的例子來看，對於**朝向關係**活動而言，它的重點不在於知道這些活動是否以互相朝向態度爲基礎。當然，這並不意味著，他人的這種朝向態度的產生，不可以是我的行動目的，或是我不可以去追求它的實現，不可以以我的實質行動之成敗爲導向。但是，這樣一來純粹的朝向關係將會轉變爲實質行動關係，後者以一項截然不同的事態作爲根基。如果一個人的行動乃是針對另一個人，並預期對方會有所回應，或至少會注意的話，就存在著一種實質行動關係。實質行動關係並不以交互性的實質影響（Wechselwirkung），也就是預設伙伴也會採取以我爲目標的社會實質行動作爲條件，而是只要我的伙伴對我有著「朝向他人態度」的活動，注意到我，看過來，能夠掌握到我所設定的製造結果是我的意識體驗之證明就夠了。別人不一定要採取具體的行動回應，只需要注意到我就行了。前提是我的伙伴具有一種特別的、當然會改變他所有的意識體驗的注意態度。

所以每一個**實質行動關係**基本上都是以**社會實質行動**爲基礎的，行動的目標在於引發他人的意識體驗，並且預設了對方具有朝向他人態度。不過並不是每個**實質影響他人**的活動都是在實質行動**關係**或在社會**關係**之中進行；並非每個**實質影響他人**的行爲都預設著**別人**對我有著「**朝向他人態度**」。有時候有些實質影響他人，甚至是在他人沒有覺察到我的情況下發生的，我才可以在不被注意的情況下繼續實質影響他人。這些例子都屬於**純粹實質影響他人情況的衍生模式**，在這些衍生模式裡，作爲行動者的我**希望繼續保持匿名**，不是作爲鄰人的鄰人出現，而只是想要藉由採取一項行動引發他人的某種意識體驗，至於這項行動到底是在何時、由何人在何種情況下所完成並不重要。

然而**只要**實質影響他人以「意圖讓他人知道**我**[13]正在影響他」爲導向的話，就一定存在**一個實質行動關係**，因爲他對我的注意態度已經進入我實質影響他人構想中的目的動機之內。它已經成爲我影響他的「目的所在」，無論它是最終目的或是中介目標。所以每個設定意義的活動，都是在期待對方的意義詮釋中完成的，而這個期望也會被我放到較大的目標脈絡中，並在其中產生意義。**據此看來，社會的實質行動關係就是一個動機脈絡，並且是一個互爲主體性的動機脈絡**。實質行動關係構成的必要條件之一便是，他人的「朝向他人態度」乃是自己實質影響他人的動機。接下來我們將探討動機脈絡的獨特結構。

三十二、實質行動關係的動機脈絡

如果我在構想行動時想像，「你」在理解我的行動後，會受到影響而產生特定行爲來，我就是把「你」對我的行動之詮釋當作是「你」的行爲之原因動機。當我向「你」提出一個問題時，我的目的動機不僅是希望「你」了解問題，還希望從你身上獲得答案。「你」的答案便是我提出問題的理由。在我的構想裡（我提出問題之前的構想），我想像地投射出我已經提出問題，而你已經理解了我的問題，而「你」的該項理解已經促使「你」回答了我的問題。當然，由於「你將回答」是基於想像與預先投射而來的，於是「你將回答什麼」便在這個特殊的意義脈絡裡（提出問題與等待答案）持續維持不確定而空洞。毫無疑問的是——當我們使用「期待」這個字時已經表明了這一點——每一個這樣的想像都伴隨著一種願望，一種情感的活動，也就是但願那被期待的事件流程和事先的構想能夠相互一致。可以完全確定的是，那個在我的想像之中所完成的判斷，也就是我的行動（即，提問）將會**導致**「你」的某種反應，是可以從奠基於此種判斷的願望中脫離出來而被獨立研究的。因此我們將不去注意情緒方面的活動，而只去分析，爲什麼我在社會關係中（特別是在實質行動關係當中）所設定的行動，會使得行動對象（Adressaten）產生特定行爲。

讓我們仍舊以提問與回答爲例子進一步思考。發問者以未來完成式在他的構想中想像，被提問者將會回答問題。他因此想像，他的問題將會是被問者給予答案的眞實原因動機，並以此去架構他的問題。這個情況和我們之前的分析[14]中所提到的：原因動機只能以過去完成式被掌握，並回頭從已流逝的、受動機所引發的行動出發來加以理解，豈不是互相矛盾？也許有人會提出反駁，認爲提問者既然在構想當中以未來完成式想像答案（其內容當然是保持空洞而不確定）已經出現，則對於提問者而言，被問者的回答動作已經被想像出來，而被問者的原因動機也已經以過去完成式老早顯現了。然而這並不能滿足精確分析的要求。發問者根據什麼可以去假設「他的問題是回答者回答的眞實原因動機」？提問者的這種預期，無疑是每個提問的先決條件。因爲，被問者有「機會」受到他所理解的問題的激勵而回答，這樣的判斷本身反過來又是激發提問者行動（即，提問）的目的動機。發問者「知道」這樣的「機會」是可能存在的，就像他從經驗所得知的任何事一樣。他知道過去**他**自己回答問題時，別人所提的問題就是他的回答行爲的眞實原因動機。他之所以回答是**因爲**有人問他。而且不只是他，他所認識的其他人也一樣，之所以回答是因爲他們被問了。因此，提問是回答的眞實原因動機，乃是提問者從過去經驗脈絡中得出的一般性準則。

當然發問者並沒有任何的證據可以證明他所設想的眞實原因動機是否眞的會被回答問題者在回答的當下意識到（假定構想中的回答活動確實發生了）。這樣的證據即使是根據被問者所給予的答案，發問者也無法擁有。當所期待的過程眞的出現時，發問者的構想以及依附其上的空洞前攝與預先回憶雖然得到實現，但是被問者是否將這個問題當做他回答問題的眞實原因動機，又被提問者解釋成答案的回答是否根據這個問題或與問題無關，也就是說，它是否眞的被認爲是「答案」，仍然是不確定的。再者，被問者對問題的回答，爲了提供消息給發問者，他有必要先完成他對發問者所提之問題的詮釋。對提問者採取告知活動的構想是**以自由的自發形式**（aus freier Spontaneität），發生於一個純粹的目的脈絡之中。當然對問題已經有所理解（也就是對於提問者有著一項朝向他人態度）得優先於這項構想，而該項告知也應當以下列事項爲導向：也就是提問者將假定告知內容與其提問之間的意義脈絡，特別是以如下相同的方式：提問者的行動是以被他想像地預期著的被問者之意識體驗爲導向的。但是那個提問與回答之間眞正的原因動機之意義脈絡，只藉由對於回答問題與在其之前的提問詮釋活動之已完成的構想這般特別的注意，才得以在回答者的意識中被構成。這是一個他——假若眞如此的話——當然並非作爲行動者，而只是在一個對其自身行動的自我詮釋之新的過程中可以執行的注意。如果我們加上前面提到的感覺要素來完成這個圖像，那麼這一點就會十分清楚。我們注意到發問者希望獲得答案，並期待著被問者能夠回答。但被問者並未注意到他當下的情境，**如果他有所注意的話**，也不是以行動者的身分，而只是處在對於自己的行爲進行一項自我詮釋的過程之中而已。僅僅在被問者確實認識到他自己要回答的準備狀態，他才能夠將提問題當作實際回答的原因動機。而他只有注視著回答的構想或是回答活動本身，才能夠明白這一點。當回答者明白發問者獲得回答的期望心理，發問者的提問才算得上是眞實原因動機。

必須特別注意的是：回答的概念本身總是已經預設了問題的提出。它也預設發問者會詮釋被問者聽到問題之後的行爲，並把它當成是針對問題所作的回答。提問題與回答問題的照面情境（Gegenüberstellung），只不過是高度複雜事態的縮影而已，因爲它涉及了意義建立與意義詮釋相互交錯的過程。當我們利用簡單的例子分析了這種過程後，我們很清楚提問題是回答的原因動機，而回答是提問題的目的動機。重要的是，**在實質影響關係中針對他人行動者，必然預期自己行動的目的動機，就是對方預期行爲的眞實原因動機，反過來說，他也能夠視對方的目的動機爲自己行爲的眞實原因動機**。該項洞見十分重要，因爲它點出了日常生活與理解社會學在探索他人的動機時所使用方法的不同，後者在概念的使用上當然是比較精緻一些。

所以社會關係中的每一個實質行動都預設了與伙伴的「朝向他人態度」有關的行動，而自己的目的動機則被設定爲伙伴的眞實原因動機。這不表示，此一脈絡對於行動者來說，或多或少是明顯可見的；只不過在任何時候他都可以藉由適度的留意而加以闡明。但這樣的闡明發生在社會關係以外，而不是在關係內。行動者必須先離開社會關係，並回頭詮釋他自己在關係內的行動。在這種情況之下，他可以在過去經驗裡發現到構成他人反應的動機脈絡：這可能是特定對方的特定行爲經驗，也可能是某人以類型性方式影響他人時，對所預期之類型性反應的認識。行動者可以使用在他的經驗中已經儲存起來的設準。這些設準被視爲理所當然，因爲它不被行動者所懷疑，行動者也不會去探究它的生成過程。有關於「你」的儲存經驗在各個不同的社會領域中都有所不同。因而與被期待的反應之主觀機會所在的可能範圍（Spielraum）也有所不同。實質行動關係的動機脈絡也是從周遭世界的社會關係取得效力基礎的，相對於周遭世界的社會關係，所有其他實質行動關係都只是從它衍生而來的。在你我都生活於其中的周遭世界的實質行動關係之鮮活意向性當中，在這個眞正同步且具體的「你」的預先被給予之中，「你」的意識會被放入我的實質作用構想中，事實上，我自己的目的動機與他人的原因動機，彼此間是互相補足與修正的，彼此都成爲相互關聯的「朝向他人關係」之對象。

以上面的論述爲基礎，我們將可以開始分析社會世界的結構。我們將從社會的周遭世界與構成這個領域的純粹我們關係開始著手。

C. 社會的周遭世界

三十三、社會的周遭世界與我們關係

假如有一個人在我的社會周遭世界之中，與我在時間、空間上共存，則我把他當作「你」。說他**與我在空間上**共存意味著他有著「身體性」的存在，也就是**作爲他自己**，作爲這個**特定的「你」**，而他的身體則是充滿了表徵意味。說他與我在**時間上**共存則表示，我**可以**在**眞正的**同步狀態下朝他的意識流看去，就是說他的生命流程和我的生命流程同步前進著，[15]也就是我們一同成長老化（zusammen altern）。周遭世界的情境是奠定在他人的生命流程與我的生命流程有著眞正的同時性之上，正如我們在第三章的第二十節藉由「他我的一般設定」所做的解釋那般。此外還有他我在空間上的直接性，藉此他我作爲表達性場域的身體以充滿表徵的方式呈現出來。

空間的與時間的直接性乃是周遭世界情境的本質。所有在周遭世界情境內進行的「朝向他人態度」與實質影響他人的活動，都因爲基於周遭世界的「你」而來的空間的與時間的直接性之基本狀態而顯現出獨特性。

我們首先以參與者的觀點來看周遭世界情境的構成方式。要對此情境有所覺察已經預設了一項意向地朝向周遭世界中的「你」之意識體驗、一項**周遭世界中的朝向他人態度**，或者，如同我們想說的，**朝向你態度**。其本質乃是首要的描述對象：

首先，「朝向你態度」可以被標示爲活生生出現在我面前的一個特定的「你」的純然表現形式。光是從我認出周遭世界中的一個鄰人（作爲「你」），並賦予生命，也就是意識的稱謂，就足以構成朝向你態度。但是這樣的描述並不完全符合事實，因爲我們這裡所處理的**並非判斷上的精準**（*urteilendes Prädizieren*），而是一種**前述詞的經驗**（*vorprädikative Erfahrung*），在此「你」是**作爲一個自身**（*als ein Selbst*）被體驗著。**我們可以將周遭世界的「朝向你態度」界定爲：「我」的活動的特殊意向性，在這些活動當中「我」經驗到以原初**[16]**自身模式**（*im Modus des originalen Selbst*）**存在的一個「你」**。每個以原初自身形式進行的外在經驗無不預設了**被體驗者在時間與空間上活生生地直接呈現**。

在此我們強調，周遭世界中的「朝向你態度」所指向的是他人的**存在**（*Dasein*），而不必是他人的**存在特質**（*Sosein*）。因爲「朝向你態度」這個概念並不蘊含認識到他我**特殊的意識體驗**。作爲**「純粹」**的「朝向你態度」，它的意向關係僅僅指向另一個具有生命與靈魂的純粹「你」，在此他的存在特質被擱置一旁，或至少可以被擱置一旁。實際上，「純粹的」「朝向你態度」是一個形式概念、一個學術概念，或以胡塞爾的用語[17]來說，是一個**「理念界線」**（*ideale Grenze*）。因爲在周遭世界裡我們所碰到的都是具有特定存在特質樣態的「你」，而我們所體驗到的周遭世界中的「朝向他人態度」也不是**「純粹的」**「朝向你態度」，而是它與每個**實際化或具體化程度**的相對應項（Korrelat）。

我將「你」看成一個鄰人（Mitmensch）所採取的行動之所以特別，是因爲，只要「你」覺察到我的話，**對「你」來說我也是一個鄰人**。而你是否注意到我又與你對你的周遭世界所採取的注意樣態有關，所以周遭世界的**「朝向你態度」**可以是**單向**或是**雙向**的。如果我們其中只有一人注意到他人的呈現，那麼它就是**單向**的。如果我們彼此都覺察到對方，也就是我們彼此對另一方都具有「朝向你態度」，則就是**雙向的**。**周遭世界的社會關係便是這樣**由「朝向你態度」所構成，我們已經在第三十一節提過了它的判準問題。**在周遭世界的社會關係中，兩人都可以彼此經驗著對方，因此它可以被稱爲純粹的我們關係**（*reine Wirbeziehung*）。但這個「純粹我們關係」只是一個極限概念。每一種被體驗到的周遭世界社會關係都是一種特別的我們關係的實際化與具體化，它是一種**「具有內容」的我們關係**。讓我們透過以下的例子來說明。

假定我和你一起注視著一隻在天空飛翔的小鳥，則首先在**我的**意識中所構成的對象「飛翔的小鳥」對我來講具有一個在自我詮釋中所掌握到的意義，而「你」也可以從**自己的**意識體驗去做同樣的活動。但是，你、我或任何其他人都無法確認我的「飛翔的小鳥」的體驗內容是否與你的體驗完全相同。實際上，你我都不得不承認，這個問題是得不到任何確定答案的，因爲自己的和他人的意識內容是不可能完全相符合的。⑱

雖然如此，就在小鳥飛翔的時候，我和「你」已經一同成長老化，對我來說「你」的生命流程（deine Dauer）與我的生命流程同步前進著，正如同對「你」來說，我的生命流程與「你」的生命流程同時前進著一般。也許在我注視著小鳥飛翔之際，我從眼角瞥見「你」的頭轉向與我相同的方向，因而我可以說我和你，**我們**看到了小鳥在飛翔。因爲在小鳥的飛翔過程中，我在時間層面上整合一系列我的經驗與「你」的經驗，我將我的意識流程與「你」的意識流程加以並列，但此時我只不過是假設，在「你」的意識中有著一般的體驗（Erlebnisse *überhaupt*）在進行著，它和我所知覺到的小鳥飛翔「相對應」。至於「你」的體驗**內容**，或是它們的**特殊構成方式等任何知識**，我則完全擱置一旁。我只要知道「你」是個鄰人，而且也注視著相同事物就足夠了。而如果「你」也以類似的方式來整合我和「你」的經驗，那麼**我們**兩人就可以說我們看到一隻小鳥在飛翔。

對我來說，「我們」的基本關係在我誕生於社會的周遭世界之時就已經是預先被給予的，基於這個基本關係，我對於在我們關係中所揭示的「你」的經驗，以及**我的周遭世界**作爲**我們的共同世界**之一部分，這項經驗的確定性才得以確立。就這點來說，謝勒的見解相當正確，他說：「我們」的經驗（在周遭世界中）奠定了「我」對世界之經驗的基礎。⑲究竟這個「我們」是如何由超驗主體所構成，又身心整合體的「你」該如何藉由回到身心整合體的自我去說明，這些都是艱深的現象學問題，我們不打算在這裡處理。⑳但是，即使不去追問他我的超驗構成，我們依然可以從被給予的世俗的「你」這個預設出發，從純粹的「我們」關係去描述有關「你」的經驗之構成。

讓我們以社會周遭世界中的**實質行動關係**爲另外的例子，也就是基於溝通目的而存在的設定記號與詮釋記號，來說明對「你」的經驗如何根源於「我們」關係。根據我們對主觀與客觀意義脈絡所做的說明可以知道，從我對客觀意義脈絡的掌握轉移到對你的意識之中的主觀意義脈絡之構成的掌握，只有在當我對「你」的構成活動同步地進行詮釋與建構時才有可能。因爲，只要我們是在**共同成長老化**之中體驗這種同步性（Gleichzeitigkeit *gemeinsam alternd* erleben）；因爲，只要我們活或原則上可能活**在其中**的話，那麼活**「在」**主觀意義脈絡中就不無可能。但是「我們關係」本身不可以和主觀意義脈絡混爲一談。主觀意義的說法只能夠用在製造品的解釋上，也就是被我們詮釋爲他我的設定活動之證明。只有從構成性的設定活動出發我們才能說，它是處在一個主觀的意義脈絡裡，也就是對於意義設定者來說也是一種意義脈絡。在我把記號詮釋爲設定者與意義構成者的意識體驗的證明時，我同時能夠注視著它們。但是對於主觀意義脈絡的掌握之原初**效力**只能夠**從眞實的或潛在我們關係中導出來**。因爲，只有在這種關係中，「你」才能在生命流程的特定時刻作爲自身（Selbst）被體驗著。我們可以用下列這句話來表達該觀點：**在「你」的主觀意義脈絡中的生命，只有作爲周遭世界中充滿內容的「我們關係」中的生命**（*Leben im inhalterfüllten Wir*）**才有可能**。

這點對理解他人的所有層次來說都是有效力的，在這些層次之中朝主觀意義的轉向乃得以發生。因爲所有我對（首先是：周遭世界的）「你」的體驗，不論是一致的或是不一致的，無不屬於「我們」的領域。我對我們關係的關注，反過來又可擴大我在自我詮釋中所獲得的關於一般的「你」，和我所關注到的特別的「你」的客觀經驗脈絡的認識。所以未分割的「我們之流」（eine ungeteilte Strom des Wir），總是不斷充滿著各式各樣形成中的和消逝中的內容。因此，「我們之流」就像我持續不斷進行中的生命流程一樣。但這只是一個相同點，因爲「我們關係」不僅在生命之流中進行，也在空間中進行，而且，他人的身體與他人的生命流程也包含在「我們關係」之中：他人的身體是他人意識體驗的指標，是表徵的場域。雖然如此，我可以說，在所有超越自我的體驗之中，「我們」體驗（das Erlebnis des "Wir"）是最接近我的生命流程的。

進一步來說，只要我生活在「我們關係」之中，我就確實生活在**「我們的」**生命流程之內。如果我要反省我的生命流程中的體驗，我就必須從中跳脫出來，置身事外，並且使體驗之流靜止不動。同樣地，我和你，我們也必須從周遭世界的社會關係中跳脫出來，才能檢視「我們領域」的體驗。我們必須將「我們關係」中直接針對**「你」**的注意力，以一種特別的方式轉移到**「我們」**自己身上，才能夠注意到「我們」。在周遭世界社會關係中，**而且只有在此之中**，我們才是生活**在**「我們關係」**之內**（*im Wir*），而在對「我們」（*auf das Wir*）進行反省時，我們已經從中跳脫出來了。所有在分析自我時所提到的現象時間所具有的較高層次在這裡也都適用。注意我們關係的經驗同時預設了這些經驗是已被實現的，也是孤立出來的。對我們關係的關注方式從最清晰到最混淆之所有程度皆有可能，它也可以設想各種可能的意識程度，就跟對自身體驗的關注一樣。對**「我們關係」越關注，我投入在**

「我們關係」生活中的程度就越小，而我也就越少**體驗**到**純粹被給予的「你」**。因爲只有**在「我們關係」之中生活著**，我才是**朝向一個鮮活的「你」**。**在反省「我們關係」當中，我只是把「你」看成經驗對象的一個整體脈絡**（*Gesammtzusammenhang*）。

一旦釐清了「我們關係」這個概念以後，接下來就讓我們更加精確地描述藉以區分周遭世界的我們關係與所有其他社會關係之不同的那些特質。

三十四、周遭世界的社會關係之分析

在前面幾節，我們藉由他我的空間直接性與同步性等概念，探討了「朝向他人態度」與周遭世界社會關係形式的特質，並且將「朝向你態度」與「我們關係」以及「朝向他人態度」與一般的社會關係區分開來。雖然我們已經藉此獲得分析周遭世界「朝向他人態度」與周遭世界社會關係的出發點，但這項分析本身卻仍未落實。

假定**純粹的**我們關係只是一般社會關係的一種樣態，它可能會被認爲相當於周遭世界的朝向關係和實質行動關係。但嚴格說來，純粹我們關係對於周遭世界的朝向關係或實質行動關係而言是**預先被給予的**。構成**純粹**我們關係者無非是互相的純粹「朝向你態度」，在此態度之中周遭世界的他人意向地被掌握爲自身（Selbst）。但是這個純粹朝向你態度，其本質在於，指向他人的一般性**存在**，而非他人的特別**存在特質**。只要我們是存在著，而且相互地朝向著，這個原初經驗就構成了純粹我們關係。**除此之外**，**社會**關係的概念還要求我對於伙伴朝向我的態度之特殊存在特質有一種特別的認識，而我對他人如何注意我的認識乃是，在我生活的社會周遭世界之中，也就是在我和「你」一起生活的世界之中，藉由我們彼此相互關聯的意識體驗中的鮮活意向性去進行的。

先前所說的，純粹的我們關係與周遭世界的社會關係之間的奠基脈絡（Fundierungszusammenhang），只有對**那些從我們關係中脫離出來並注意到這種關係的人**才是清楚可知的；相反地，**那些單純生活在我們關係內**，**生活在我們關係的鮮活意向性中的人**是無法以**純粹形式**，也就是以**空洞的單純事實**去體驗我們關係的，而是**生活在我們關係的各種具體化和實際化內容之中**。換句話說，「**純粹的**我們關係」（*reine* Wirbeziehung）只是一個**極限概念**（*bloßer Limesbegriff*），是爲了去描述，或者理論地去掌握周遭世界的情境，但是，並沒有任何處在我們關係中的人所具有的**特殊**體驗與之相應。因爲處於我們關係中的人在不被分割的活動中，把「我們」掌握爲只是包含種種具體內容的獨一無二、不可重複之關係。

這些可被體驗和已被體驗的「當下的我們關係之**具體化內容**」之間並不具有相同的體驗直接性：它們引起我們的注意力的**密集度**（*Intensität*）各不相同；它們的**親密程度**（*Intimitätsgrade*）也各有不同；它們讓我們的**理解角度**有較寬或較窄的遊戲空間。因此，在我們關係中，朝向「你」的意向性活動，可以以他人的體驗爲注意力的**核心**，或者是多少**邊緣地**注意到他人體驗的外在表現。

這些區分和它究竟是朝向關係或是實質行動關係並不相干。我生活在所有這些具體化或實際化程度的轉變之中，在「我們」之中體驗到你，而且透過「我們」把「你」體驗爲一個自身（als ein Selbst），而且是朝向我的一個自身，只不過這種體驗當然**具有完全不同的體驗距離**（*Erlebnisnähe*）。我們可以透過兩種周遭世界社會關係的具體化程度去說明這種情況，分別是在性交活動以及談話活動之中擁有自我的「你」。在這兩個例子中，**我**不僅在**我的**意識底層體驗到**我們**，我自身（mein Selbst）不僅是這些不同親密領域體驗的中心，我也把**「你」**體驗爲**另一個**具有不同意識底層的**你的**自身。之前所用的語詞「體驗距離」不僅與我對相互專注的體驗有關，也與你的體驗，也**就是**我所專注的對象，有關。**因此不同體驗距離的程度都是我們關係本身的描述詞**，或者說周遭世界的朝向關係與實質行動關係，「我們關係」就在這當中個別地具體化。

個別具體化程度的**實現方式**也是一樣。在談話中我可以對「你」有著比較「投入」或「不投入」、「專注」或「不專注」的態度，我的注意力可以是比較「高的」或比較「輕忽的」。在談話中我們可以只是「談談表面的」，或者是「說出最隱私的」。

有關體驗距離的問題對於從周遭世界到共同世界關係的轉化相當重要，我們在後面的章節將會再度提到。[21]首先值得我們對**周遭世界的社會關係**之**本質特徵**去做一般性的描述。

我們認爲，在周遭世界的社會關係中，「他我」（das alter ego）對「我」（das ego）而言，是以鮮活的方式，也就是**充滿表徵**的方式被預先給予的。例如，「我」不僅預先設定他我所發出的記號與表徵的各種意義，以及建立在這些意義之上的含意，而且還預先設定許多表徵的可能意義，例如：聲調、表情、「表達」等等。因爲我的生命流程中的某個時刻，和我所能夠注意到的他我的生命流程中的某一時刻相吻合，因此我對「你」的意識體驗的掌握，遠比對自己的意識體驗還要來得多。或許「我」可以**知道**自己全部的過去，只要它能夠以清楚可分的體驗被回顧的話，但是「我」自己絕不可能在鮮活的當下狀態中「被給予」，因爲「我」就活生生地**活在**自己的許多當下與如此狀態**之中**，只能在回顧中注視自己既往的體驗。相反的，「我」對於周遭世界中的「你」的過去也許一無所知，但是「你」的當下狀態對我來說卻是鮮活的現在。

當我在周遭世界經驗「你」時，「我」把**先前所有關於一般的你**以及眼前這個**特殊的你的知識**，全都用上。這些原先儲存的關於「你」的經驗也包括了有關「你」的詮釋基模與詮釋習慣、所使用之語言符號系統、被視爲理所當然的「你」（作爲一般的同時代人，和作爲現在這裡如此出現在我面前的這個特別的鄰人）的目的動機與原因動機等知識。在周遭世界的社會關係裡，我**有關於「你」的新的詮釋基模**會因爲我對於「你」在每一個當下狀態的認識而**增加**：在「我們關係」中的每一時刻，「我」有關於「你」的**經驗儲存會越來越豐富**，並且透過不斷的修正而**改變**。因爲，在周遭世界的社會關係中，與「你」有關的各個意向活動都不是孤立的，相反地，這種關係都是**由連續一系列的這種活動所構成**，具體而言，朝向關係是由朝向他人態度之意向活動所構成，而實質行動關係則形成於意義詮釋與意義設定之活動中。所有這些被經驗到的有關於「你」的活動對於我來說都是在具有多樣展現方式的脈絡中。首先是只經驗到一**般的「你」**（*Du überhaupt*）的意義脈絡，而後是經驗到**這個特別的**「你」之意義脈絡，再來是經驗到**現在在這裡，以如此方式**呈現的「你」。當我不只單一地注視著**我的**體驗的建構階段，而且還注意到**「你」的意識體驗**之形成過程時，這些意義脈絡是「主觀的」。再者，我確知你注意到我的意識流程正如我注意到你的意識流程一般；所有我所說、所做、所構想者，而且是針對你所做的構想，**對你而言**，不僅處於一種客觀意義脈絡之中，而且是被當作**被我**所說、**被我**所做、**被我**所構想者，也就是**也處在一種主觀意義脈絡之中**。你對我的體驗會回溯到我對你的體驗，這樣的認識也屬於我對現在這裡如此的你的經驗的意義脈絡。也因爲這樣的認知進入到我對你的經驗之中，它決定了我的構想和我的行動，以及兩者對我而言所處的意義脈絡。但是，我也知道，你對我的意義脈絡的轉變已有所知，它們對你而言也是意義脈絡，而且我的行動以此爲導向等等。如此這般對於「你」的意識之注視的相互交錯、互爲依據，這樣一種彷彿對著一面化爲千面鏡片的磨光鏡子，映照出「我」自己的影像的目光，正是周遭世界社會關係的特別之處。然而，因爲作爲所有對周遭世界的「你」之經驗基礎的純粹我們關係，在周遭世界的社會關係裡並沒有被**反省地**掌握到，而只是**單純地**被經歷著，所以這些個別的映像並沒有被獨立出來，而是以整體的方式呈現（als Einheit in den Blick gebracht）。**在這統整性中「我」可以同時注意到自己意識中逐步建立的體驗過程，以及「你」的意識流程，並且把這兩種意識流程體驗**

為一種，亦即共同的我們之意識流程。

這項事實對周遭世界情境具有特別的重要性。在「一起體驗」他人的構想與行動過程中，**「我」**在這個周遭世界關係中也能夠**透過他人的行動得知他的構想實現與否**。當我**從**我們關係中**脫離出來**時，我可以**用判斷的方式估算**他人構想得到落實的**客觀機會**，當我**生活在**周遭世界的社會關係**之中**時，則是能夠透過他人的行動一**起體會**這個機會的落實。

再者，周遭世界社會關係的本質是，「你」、「我」的**環境**（Umgebung）相同。[22]「我」首先只能用與「我」的環境相符合的環境來做為「你」的配備。[23]這裡，在周遭世界的社會關係裡，而且只有在這裡，我才能夠比較確定地假定我看見的桌子和「你」看到的桌子是相同的（而且在各種不同的側顯樣態〔Abschattungsmodifikationen〕中是相同的），而我在面對共同世界中，或甚至於前人世界中的「你」時，則比較不能如此假定。所以當我和「你」處於周遭世界的社會關係中時，我可以在我們一起擁有的環境裡，指著某些物體說「這邊的這個」或「那邊的桌子」，**並藉由對環境中的對象之相同經驗，去確定我的詮釋基模相對於「你」的表達基模是否適當**。對社會生活的實踐來說相當重要的是，我有理由認為我對一個對象的詮釋和「你」對它的詮釋沒有兩樣，至少就**同一個周遭世界的對象**而言是如此的。

我的環境與「你」的環境，也就是我們的環境，是一體而共同的。「我們」的世界（*die Welt des Wir*）**並不是我的或你的私人世界，而是「我們的世界」**（*unsere Welt*），

是一個我們共同的、互爲主體的世界（*eine uns gemeinsame intersubjektive Welt*）**，是在那裡預先被給予的**。只有從這裡，從周遭世界的社會關係，從我們對世界的共同體驗出發，互爲主體的世界才可被構成，並且從這裡獲得其原初且眞正的效力。㉔

存在於我們關係中的這種環境的共同性，使得我一直能夠**證實我對他人意識體驗的詮釋。原則上只有在周遭世界的社會關係裡，我才能向「你」提出問題**。但我所能問的，不只是「你」用在我們共同擁有的周遭世界之上的詮釋基模，我還能問「你」對自身的體驗如何作詮釋，並藉此修正我自己有關於你的經驗基模，而不斷增加其廣度和豐富的程度。因爲我對你的體驗之詮釋和你的自我詮釋之間一致與否的這種經驗，隸屬於我們領域的較高層次，而且擴展了我有關於一般的你和這個特殊的你的客觀經驗脈絡。

一旦確定了你和我正處在一種周遭世界的社會關係中，我已經做了一個關於**特定的注意樣態**的描述，在這些樣態之中我和你都專注在自身意識的當下狀態。換言之，對你我而言，**我們對自己的意識體驗的關注，隨著每一次的相互關聯而有所改變**。因爲，只有當周遭世界中的「你」**以任何一種方式注意到我時，社會關係才眞的開始**。而所有我對於自己意識的體驗，以及「你」對於自己意識的體驗，也都從周遭世界的處境中經歷到一些特定的轉變。這個特別的注意樣態，即周遭世界社會關係中的雙方對對方的關注，對於周遭世界的實質行動關係有著特別的重要性。**在所有實質行動關係中，行動者會預設他的伙伴有一些經常性的眞實原因動機或目的動機，而且是根據他對這個特別「你」的行爲，以及對一般的**

「你」的行爲的經驗而來。他的行爲首先便是以這些被認定無疑的經常性動機爲導向，無論這些被認定的動機是否眞的在他的伙伴的意識裡出現過。這一點顯現出周遭世界實質行動關係的特殊性。其特殊性並不在於相互性動機脈絡的特殊結構內，而是在一種特別的、對他人動機的**揭顯方式**（*Erschlossenheit*）裡。即便在周遭世界實質行動關係裡，與我自己的行動構想有所關聯的他人行爲也都只是想像出來的，它僅僅是**被期待的**他人行爲，並帶有空洞而未被充實的前攝（Protentionen），而且他人的實際行爲對我的預期而言，只以充實或未充實的模式呈現。但是藉由特定的注意樣態（這也是在我們關係中我對於伙伴的注意同樣經驗到的），我能夠在周遭世界的社會關係中**體驗**到**他人意識之中的動機脈絡的構成**，**並能夠朝它看去**。我把在每個當下狀態所注意到的你的意識體驗看成就是「你」，並且把它和「你」一起放在你未來的（以期待而不確定的預先回憶的方式）體驗的「目的脈絡」之中，或是放在你過去的（事先經驗過的）體驗之眞實原因脈絡裡。我的行動便是以你的這些動機脈絡「爲依據」，正如同你的行動以我的動機脈絡「爲依據」那般；但是，這種**「自我—導向」**（*Sich-orientieren*）**在周遭世界之中卻是以一種特殊的「一起體驗」的方式進行的**（*in der spezifischen Weise des Mit-erlebens*）。在周遭世界的實質作用關係中，**我一起體驗到**，你如何對我的行爲有所反應、你又如何詮釋我的行爲的意義、以及我的目的動機如何引發「你」相應的原因動機等等。在我構想他人未來的行爲與他人眞正的行爲之間（透過他人的實際行爲我的構想得以實現或未能實現），我已經「成長老化」，並對他我有了新的體驗及經驗，我必然會在其他的注意樣態中把實際上已經流逝的看成只是在構想中的。但是，**在周遭世界的社會關係中，不單只有我成長老化了，而是我們一起成長老化了**，而且，我不只注意到我對於你未來被期待的行動之想像，更看到你的行動如何在「你」的計畫中構成，此外也看到了你的行動本身，看它如何「在我的眼前」進行，而且還看到你已經流逝的行動，也就是你的已然行動，透過它，我的想像和你的構想可以被實現或落空。在這整個過程裡，我與你同時看到你的意識流程和我的意識流程：我和你一起生活在充滿內容的我們關係裡，而不須反省到這層關係。在一個整體的、未分割的時間之流裡，我的生命流程將你的行動構想以及你的行動之眞正落實作爲一個整體涵蓋進來。我生命流程中的這一片段持續不斷充滿了對你的體驗，而這是我以「我們」的方式（in der Weise des Wir）覺察到的；同樣的，你也能夠對你的生命流程和你我的關係作描述，而我也會注意到並且知道。

三十五、周遭世界的觀察

截至目前爲止，我們已經探討了周遭世界的社會關係，並說明了純粹周遭世界情境的特質。這項分析仍然有補充說明的必要，因爲它完全沒有提到「我」對周遭世界的他我所特有的朝向態度，也就是，「我」雖然以朝向他人態度注意到他我，卻十分確定這種朝向態度是單方面的。在所有可能的朝向他人態度中，我們感興趣的是對周遭世界他人的行爲進行觀察的態度。對觀察者態度的分析，將有助於我們取得後續研究所需的、關於社會科學如何經驗社會世界的特別辦法。在第三章我們已經說明如何詮釋他人行爲。在這裡我們首先要探討觀察者在面對周遭世界中的被觀察者時所持有的一種特殊的「朝向你態度」，以便確認這裡所使用的詮釋基模與在周遭世界關係中所使用的詮釋基模如何不同。

周遭世界社會**關係**內的「朝向你態度」是**相互的**，而在周遭世界對他人行爲的**觀察**裡，它卻是**單向**的。假定，周遭世界的或直接的觀察者的「行爲」乃是以被觀察者的行爲「爲導向」，但是，被觀察者完全不「知道」他正在被觀察，或者是「未加以注意」。我們的問題是，觀察者如何能夠解釋被觀察者的意識體驗在各個階段中的構成？對觀察者而言，被觀察者的身體乃是他最直接的表達場域。在注視著被觀察者時，觀察者可以將他對被觀察者的知覺解釋成被觀察者意識流程的信號。這時他將目光放在他所知覺到的過程上（被觀察者的肢體動作、他所設定的製造品，例如符號等等），如同放在被觀察者的意識體驗之證明上一樣。他不去注意所知覺到的標記的客觀意義脈絡，而是主觀意義脈絡。周遭世界的觀察者可以在一個單一的、未分割的關注中，掌握到「製造品」的產生以及他人意識體驗的構成。對意識體驗的構成而言，這些製造品乃是證明，因爲他人的意識體驗及流程與觀察者對他的談話及姿態的詮釋在同一時間進行著。

對周遭世界的觀察者來說，他人同樣是以身體的存在呈現出來，也就是充滿內在生活的標記。觀察者所獲得的每個有關他人的經驗都豐富了觀察者對他人的認識。觀察者與被觀察者兩人的環境是一致的，所以他們的意識體驗也可能是相對應的。但是**這種機會——與在周遭世界社會關係中不同——原則上是不能變成完全確定的**。在周遭世界關係中，我可以藉由直接的、外在世界中的共同對象，隨時隨地檢測我的體驗和他人的體驗是否相同。但在周遭世界的觀察中，由於處在社會關係之外，**我無法藉由被觀察者的自我詮釋來證實我對他人體驗的詮釋**，除非我將自己的角色改變爲社會關係中的參與者。**對於觀察者而言，「你」基本上是無法被詢問的**。但是另一方面，周遭世界的觀察總是相對於共同世界或前人世界的觀察而言具有優位性，畢竟它能夠輕易地轉換成周遭世界的關係，在後一種關係中的「你」是可以被詢問的，所以關於他人體驗的詮釋結果乃是可以求證的。

由於觀察者對於對象的朝向態度是單向的，**所以在觀察者眼中被觀察者的體驗所處的主觀意義脈絡，並不相應於在被觀察者眼中觀察者的體驗所處的主觀意義脈絡**。也就是它缺少周遭世界關係所具有的多重反射與相互映照之特質，藉此，在周遭世界社會關係當中，自己的意識內容被解釋爲伙伴的意識內容。被觀察者的行爲，並非以觀察者的行爲爲導向，並且與他完全無關。隨著周遭世界社會關係中的參與者知道對方的行爲指向他的可能性或確定性的增加，他覺察到對方意識體驗下的注意樣態的可能性或確定性也跟著增加。他還能將這個注意樣態拿來跟自己的注意樣態做比較，藉助於此，那個處在周遭世界社會關係中的行動者專注於其伙伴。**觀察者缺乏得知他人的注意樣態的管道**，至少他不能夠藉由專注於自己的意識的方式去得知任何與這些樣態相關的訊息。**他也沒有辦法對被觀察者的行爲「產生實質影響」，也不能設想自己的目的動機可以成爲被觀察者的原因動機**。觀察者無法僅僅藉由他人行爲來判斷該行爲是否經由計畫或構想所產生。在極端情況底下（例如，觀察一個「表達的動作」），他甚至可能懷疑他人是否眞的構想了一個行動。因爲，也許他所看到的只是他人純然無目的性的行爲。觀察者如果想要詮釋被觀察者的動機，可以透過三種間接的途徑來達成：

一、他在回憶中尋找自己類似的行動，並由此發現目的動機與原因動機之關係的普遍性原則。接著他假定這個原則適用於他人的行動以及自己的行動，並且也藉由自己也可能怎麼做來詮釋他人的行動。這種把自己的假設性動機當作他人的動機有可能是一次（in einem Zugriff）完成，也有可能分階段完成。㉕

二、在缺乏這種指引的情況下，觀察者可以重新回顧自己對被觀察者的習慣性行爲的認識，由此導引出被觀察者的目的動機與原因動機。例如，如果有一位來自火星的訪客，先後進入演講廳、法庭、教堂，就外在情況來說，這三個地方對這位火星人來說是完全相同的。如果有人告訴他其中一位是教師，另一位是法官，還有一個是牧師，那麼火星人才能夠詮釋他們的行動，並指出他們的動機。

三、但是一旦觀察者缺乏有關被觀察者的相關訊息，他就必須藉由探討行動的實際結果回頭找尋行動的目的動機。㉖在某個意義下，他必須把整個過程當作「結果在原因之前」

（effectum pro efficiente）這個比喻來加以解釋。

之前所發展出來的根據動機的理解類型還各有不同程度的或然性（Wahrscheinlichkeit）。越是遠離具體的我們關係去進行詮釋，一些被視爲理所當然者就越是值得懷疑，是否眞的如此。所以光是知道被觀察者是一位牧師，還不足以讓人認定，他在面對眾人集會講話時就是在宣揚教義。從實際上完成的行動，回頭推論行動構想中的目的動機，本身更是大有問題的，因爲構想中的行動也有不被實現的可能。

眞正的原因動機情況則不同。原因動機在周遭世界的社會關係裡，只有當它從已完成的行動出發，以過去完成式回顧他人引發動機的（位於已然行動之前）體驗時，才是可理解的。從周遭世界的社會關係過渡到周遭世界的觀察並不會改變這個詮釋方式，除非被觀察者的體驗對於觀察者來說不是像在社會關係當中一樣，是以充滿標記的形式呈現出來的。

對於一個社會**關係**所做的周遭世界觀察固然會比較複雜一些，但是原則上方式是一樣的。觀察者必須回到他對社會關係的一般經驗中、回到對特殊社會關係的體驗、回到對特殊對象的體驗中。觀察者的詮釋基模不可能和關係內的那些個體相同，因爲他們的注意樣態大不相同。此外，對於觀察者來說，處在社會關係中的兩個伙伴之意識流程是在其當下狀態中同時被給予的，而對於處在社會關係中的人而言，在此一方式底下只有他的伙伴之意識流程是被前給予的。觀察者也可以在最有利的情況下得到對於其詮釋基模更多的知識，也就是說，當他對於社會關係中的一個伙伴有著比另一個社會關係者更多的經驗時。

例如，非參與的旁聽者能夠確認，雙方的討論已經是「雞同鴨講」了，然而這兩人對這種情形卻可能絲毫無所察覺。但另一方面，觀察者則在此也缺乏一種可能性：將社會關係中一位參與者的目的動機解釋爲另一位參與者的眞實原因動機，只要這些目的動機並不是明白可知的話。

以上所有關於社會關係觀察的內容，若放在以下這個前提的話是有效的：處在社會關係中的人的表達基模可被觀察者當作詮釋基模。情況若非如此，觀察者可以從他自己的經驗來補充詮釋基模的不足之處，這點與前面所說的有關他人目的動機之取得過程類似，所以也不必再深入去談。

D. 社會的共同世界與理念型

三十六、轉移到社會的共同世界問題——連續性的社會關係

我們已經在社會的周遭世界中說明了「我們關係」如何以不同的具體程度呈現出來，並且看到周遭世界中的「你的自我呈現」會隨著親密度、密集度與體驗的距離的差別而有所不同。我們提到，體驗的距離乃是「我們關係」本身的直接述詞，因爲我不僅是在**我自己的**各種邊緣的或核心的層次中，體驗到被視爲是在周遭世界情境中自我呈現的「你」，而且我在

體驗周遭世界的他我時所掌握到的，也是**他人**各種不同層次的部分。每個**被體驗到的**周遭世界情境都有某種特定的具體化和實際化的階段，不論它有多麼邊緣或是有多麼少的體驗距離。即使是乘坐電車時站在我旁邊的人和隔壁桌的那位先生，我對他們也都抱有周遭世界中的朝向你的態度。相反的，**「純粹的」**（*reine*）朝向你態度和**「純粹的」**我們關係，都僅僅只是爲了抽象地指涉他人在時空中的單純存在而使用的極限概念而已，並沒有任何實際化和具體化階段的內容。它們**本質上**是無法被體驗的，只是一種純粹的理論化觀察中的抽象產物。**但是，我們也未嘗不可以把它們看成是，周遭世界關係中所能獲得的較低層次之經驗範圍，也就是說，那種最邊緣的與最表面的認識他人的方式**。

在周遭世界中所呈現出來的「朝向態度」所具有的體驗鮮明度，隨著**身體上與空間上的直接性**的遞減，也由周遭世界的社會經驗逐漸地轉變成爲共同世界的社會經驗。與周遭世界還有所聯繫的中介階段，乃是透過身體**徵兆的遞減**以及「你」出現在我的**視域的逐漸窄化**而標示出來。和朋友道別時，我與我的朋友四目相視、握手說再見。接下來他逐漸遠去，在還聽得見的範圍內對我呼喊。然後，我還可以看見漸行漸遠的他在揮手。最後，他消失在我的視線中。要精確指出朋友是在哪一個階段離開我的周遭世界而進入共同世界是不可能的。另一個例子是：讓我們設想，有一個面對面的對話，逐步被電話交談，再來是被信件往返，最後則是經由第三者傳達訊息等等所取代，從這裡便可以看到由周遭世界逐漸轉移到共同世界情境的過程。在這兩個例子裡，我所能夠觀察到的你的反應與身體的表徵逐漸減少，少到只剩下少許個別的身體表徵。我們可以說共同世界乃是周遭世界情境諸多變化與改變中的一種，因此我們可以認識到周遭世界與共同世界並非相互矛盾的對立，而是兩極的對立關係。

社會世界形式理論的課題，重點應該在於就這些周遭世界的轉化模式去探討其特殊的意義內容。對於接觸情境（Kontaktsituation）之研究，特別是那些共同世界之得以轉變爲周遭世界的接觸情境，以及人的行爲之「相即與相離」——簡言之，就是整個維塞的「關係理論」——作爲社會世界的形式理論在我們的作爲社會世界之形式理論問題範圍內獲得其正當性。看到這個問題，並且在解決方法上提出了極有價值的看法，無疑是維塞，也是山德最近[27]的偉大貢獻。

目前研究的重點不在於對與社會世界的形式理論（Formenlehre），以及與其有關的問題作全盤的探討，或甚至於爲它找尋答案。但顯然地，在我們描述共同世界的情境之前，我們必須先弄清楚這個情境究竟如何由周遭世界的情境所構成。

在日常生活的實踐當中，我們通常不會去注意到周遭世界的情境如何過渡到共同世界的情境的問題。因爲我們通常會在遠遠超過每個當下境況的更大意義脈絡中，去詮釋自己與他人的行爲，因此，我們通常不會去在意，我們所參與或觀察的社會關係究竟帶有周遭世界或是共同世界的特質這個問題。我們之所以忽視這個問題的更深層理由在於，周遭世界的情境，縱使已經成爲過去而且只能再造地被體驗，但是，它總是仍然保有其所有原初構成的標記，只不過帶有過去的時間特質。通常我們根本不去想：那位才見過面的「你」離開之後便產生結構性的變化。我們和這位「你」的「存在特質」才剛剛照過面，並且對這個「你」是喜愛或厭惡或有所思索的。因爲我們無法看出的是，甚至十分違背常理的一種想法是，去認爲我們曾經喜愛過的那個「你」，當他不存在於我們的周遭世界時，便變成「另外一個人」了，或是，我們對他的態度或是對他的經驗改變了，畢竟我們對周遭世界的「你」的體驗的回顧頂多只是帶有過去的時間特質。然而我們還是應該嚴格地區別對**周遭世界情境的再造**（*Reproduktion*）與**指向共同世界中的他我的意向活動**兩者間的不同，前者儘管屬於過去，但還保留著所有**周遭世界**的印記。**當我和你處於周遭世界的我們關係之中，並且在鮮活的意向性的反射性映照中體驗到你的存在特質之時**，當我能夠同時注意到你的體驗之構成時，這個「你」鮮明地直接呈現在我眼前，他的種種**表徵**隨我詮釋，而我對這個「你」的經驗也在不斷地修正和變得越來越豐富。透過我對他的特別關注，透過純粹我們關係中的我的生命，「我們關係」才得以延續，而我就生活在我們關係的各種具體化與實際化階段之中。我們關係之流（der Strom des Wir）乃是一個持續不斷、充滿各式各樣變化內容的過程。它相當於我和你的生命流程（Dauer），它是我們的意識流程，在此流程之中我的意識流程只是其中的一部分。而所有這些之所以如此，只有當我**活在其中**，只有當他我乃是在我的**周遭世界**中被給予時才有可能。然而你——我的**鄰人**，卻成了我的**同時代人**。我已經不再「擁有」「你」當下的自身（jetziges Selbst），而只是「你」過去的樣子；「你」

和我雖然具有同步性，**但我卻無法得知「你」的新的存在特質**。自從「你」離開我周遭世界中的純粹我們關係之後，「你」成長老化了，在新的注意模態當中有了新的體驗，而這些新的經驗、新的綜合方式以及興趣的改變讓「你」成爲另外一個人。但是在日常生活的活動當中，我根本不把這些改變當一回事。我依然以熟悉的圖像來記得「你」。只要不出現新的特殊經驗，我就會一直把對「你」的過去印象當作是不變的。如果不是這樣，我就會把「你」當作是共同世界的一員，當然這個「你」和我曾經有過周遭世界的我們關係，對彼此都有親身的體驗與相互豐富的經驗。

在這裡我們可以舉韋伯稱之爲「一個具有持續**重複發生**機會的意義相應的（也就是說，因此是一個有效而被期待著的）行爲」的那些社會關係爲例。㉘我們向來把婚姻或友誼當成基本的周遭世界關係，而且是特別親密的社會關係。這是因爲我們傾向於把一個行動的過程或一連串的行動任意看成是一體的，而沒有去留意這樣的統整性是否依照行動者的意味意義，也就是行動者的構想被理解。

然而在實際生活中，婚姻或友誼乃是在漫長的時間裡所發生的各種情境中形成的。有些情境屬於我們先前嚴格定義下的周遭世界社會關係，有些則是共同世界的社會關係。將這類關係稱爲「持續的」實際上是極爲中肯的，因爲非連貫性與可重複性正好必須被視爲這類「重複的」關係的判準。那麼當處於這類關係中的人們提到他們的「友誼」時，所指的究竟是什麼？大致上可以區分三種意義：

一、當A談到他和B的友誼時，他可能是想到過去和B一同分享的一**系列**周遭世界社會關係。我們之所以說一「系列」，是因爲A記得在他和B的友誼過程中，有些時候他是「孤單的」，也就是根本不在與B共構的我們關係中，或者是和其他人，和C，和D，和N在一起。

二、當A談到他和B的友誼時，A也可能指在周遭世界情境外，他的一般行爲或是他的某種特別行爲乃是指向B的預期行爲，或指向B存在的事實——即B是這種人。在這個例子裡，A對B具有共同世界的朝向他人態度是指向同時代人，或甚至處於共同世界的社會關係之中，而這種關係可以是朝向關係或是實質影響關係。[29]例如，A可能爲了B的緣故想去採取某項行動，因爲他認爲B會贊同這項行動，並且B一旦知道A的行動一定會有所反應。這個與周遭世界的社會關係尚有交集之共同世界的社會關係乃具有如下特質：行動者不再如同於純然的周遭世界的社會關係當中那般一同體驗伙伴的執態活動（die Stellung nehmenden Akte），而是只能期待，他人會採取一項對他而言相應的態度。在**周遭世界社會關係**中的行動者彼此間是有著**相互朝向態度**的。然而處在**共同世界**社會關係之中的行動者則往往只能期待彼此的行動存在著相互**關聯性**。這種期待首先只是單向的，它是對他人行動的想像，至於它的實現與否則是事後才得以被行動者所知覺。所以共同世界中的社會行動所具有的相互關聯性只存在於行動者的想像中，而周遭世界的社會關係中的相互朝向性則爲行動者雙方親身體驗，每個行動者都知道他**活在**我們關係中。在這兩種情境之間，我們可發現許多過渡階段。當我「想起」一位朋友，並與他進行「內在交談」，當我針對一項有待設定的行動自問，「我的朋友會怎麼說」，假如我是「爲了他的緣故」，或者「爲他」做某些事，則這三個例子只是表現出共同世界社會關係的三個等級，也就是「我對B的友誼」。

三、當A談到他和B的友誼時，他可能是指實際上，只要排除外在阻礙，他就能夠隨時和他的朋友恢復周遭世界的關係。這時，他當然也估算到他的朋友隨時願意重溫過去在共同的我們關係中一起經歷過的那些體驗。這個過程類似於我們在另一個完全不同的領域，也就是判斷的領域所認識的過程。我們在分析「知識」概念時曾經指出，知識是由已完成的被構成之判斷對象性（Urteilsgegenständlichkeiten）的總合所組成。知識如同儲存庫，可藉由再度判斷而於任何時候被置入。同樣的，當A談到他和B的友誼時，他可能指涉著過去對B之經驗的儲存庫。並同時假定這些記憶中的經驗在重新恢復的我們關係當中能夠再度形成，在這個基礎上，雙方都能如往日般地在一起。當然，此處所恢復的並非在我們關係內的特殊經驗，而是對周遭世界的我們之體驗，也就是可以重新產生的（例如，在下一次的見面時）。

之前我們已經描述過周遭世界情境與共同世界情境之間的過渡領域。我們只涉及既屬於共同世界又屬於周遭世界的交界領域。我們越往社會的共同世界靠近，對於「你」的體驗之距離就會越大，而「你」也越加地匿名化。這個社會的共同世界有各種不同層次的領域：我曾經有過的周遭世界，現在是我的共同世界，而且可以再度成爲我的周遭世界（例如，我那不在場的朋友A）；我周遭世界中曾經有過的周遭世界，也就是你過去的周遭世界，可以成爲我的（並再度成爲你的）周遭世界（例如，你那位我尚未認識的朋友）；我的共同世界，首先應該成爲我的周遭世界，而且我現在對他就已經具有共同世界的經驗（例如，我已經知道他的著作，並且應該要認識他本人的那位X教授）；我的共同世界，我知道它們的存在，但只是作爲某種類型的功能過程中的歸屬點（例如，處理我的信件的郵政人員）；我的共同世界之社會集合體（soziale Kollektiva meiner Mitwelt），我認識它們的功能與組織，它們的特定成員對我而言仍是匿名的，儘管我原則上可以對它們具有周遭世界的經驗（例如，德意志帝國議會）；本質上匿名的社會集合體，原則上我絕無可能和它們有任何周遭世界關係的接觸（例如，國家、民族）；本質上以匿名方式出現作爲我的共同世界之意義設定活動的客觀意義脈絡（例如，「貿易法」、「法文文法」）；最後是任何種類的人爲製造品，也就是廣義下的器具，作爲製造品可以回溯到製造它們的那些陌生人所設定的主觀意義脈絡；所有這些都是共同世界逐漸匿名化，以及從相對接近體驗到絕對遠離體驗的階段過程的例子。

共同世界的特有經驗方式以及對於共同世界之同時代人的體驗之特殊構成乃是以下所要探討的。

三十七、作爲理念型的在共同世界之中的他我。「與你們關係」（Die Ihrbeziehung）

共同世界之處境的本質在於，他我的**身體**固然不呈現出來，**也就是不具有時間與空間上的直接性，但是我知道他和我共同存在**（*Koexistenz*），**他的意識體驗和我的意識體驗一同前進著。這種知識總是間接的**，對我來說共同世界的他我從來不是**以自我的方式**呈現。**他不會以具有周遭世界之涵義的「你」的形式出現**，不會是**鄰人**（*Mitmensch*），而只會是跟我沒有純粹我們關係的**同時代人**（*Nebenmensch*）。當然我們不能排除一個狀況，就是這個同時代人有可能曾是我的鄰人，或將成爲我的鄰人，我和他曾經有過或將擁有眞正的我們關係。但就算我考量到，將來我或許有機會跟他處在一個周遭世界的關係中，我或許可以前回憶地想像構思這個共同世界的情境，也都改變不了該情況，亦即在我構思他人的每一當下及如此當中，我意向性的意識體驗所朝向的他人只是一個共同世界中而不是周遭世界中的他我。

現在我們要探討的是**共同世界的**構成方式，並指出，「朝向他人態度」（Fremdeinstellung）和「社會關係」（Sozialbeziehung）概念在這個世界內所經歷的模式改變顯示出，我只能以**間接**的方式與同時代人接近，而他的意識體驗也只能以**類型化**的方式被我所知。

只要我們檢視這兩種社會經驗模式之間的差異，就不難明白其中的道理。當我在周遭世界中與「你」接觸時，我所掌握到的「你」乃是在特別的當下所顯現出來的一個特別自我。只要「我們關係」持續存在著，我們就可以彼此接觸對方的意向活動。在經過所有我們關係的各種具體化轉變之後，「你」仍然是你自己。生活在我們的生命流程之中，在與「你」一同成長老化之中，我經驗到「你」的所有轉變以及在「你」身上展現出來的意識體驗，只要這些體驗是在我們關係的當下具體呈現，也就是**直接而具體地呈現出來**。

在共同世界的情境裡，情況便十分不同。此刻的「你」對我來說並非如同在前述詞經驗中所被直接掌握到的那般。「你」的**存在**甚至無法作爲獨特的個別的共同存在，具體而同時地被我所確定。如果說周遭世界的理解是奠定在個別的「你」之存在的原初經驗（Urerfahrung）上，而「你」的存在特質也在我們關係的具體化之中被掌握，則共同世界的我們關係乃是奠定在，對他我的特定存在特質所做的**間接**設定上，也就是建立在對他所做的特定描述功能的**判斷**上。

爲了釐清這個**間接性**（Mittelbarkeit）概念，我們必須對同時代人的經驗加以探討。共同世界構成的**其中一種方式**我們已經提過：我的認識是源自過去我對這個人在周遭世界中的接觸。我們得到以下的結論：所有我們在周遭世界中對一個鄰人所得到的經驗，所有我們在我們關係中所獲得的有關他的存在特質的知識，都將被引用到共同世界中的同時代人身上。我們先前親身體驗到的「你」會從我們關係的淡化而轉變成共同世界中的同時代人。我對共同世界同時代人的認識之所以是**間接的**，[30]是因為它已經遠離我直接觀察的範圍。我對他的意識體驗之推論，是根據我假定自從上次離開之後，他一直沒有改變過。[31]雖然從另一個層面來看，我非常清楚他必然有所改變。但是他如何改變，我只能用間接的方式或其他管道得知。

共同世界的另一種呈現方式，也就是**以我周遭世界中的「你」過去的周遭世界出現的一種共同世界**（例如，我的朋友向我描述他的哥哥，而我並不認識他的這位哥哥）。只是前一種構成方式的變形。我也能夠藉由一些固定的概念或類型來理解共同世界中的他人，而且是藉由他人所定型下來的、源自過去周遭世界的經驗。當我從**自己**過去的周遭世界經驗出發去構作共同世界時，我可以把自己體驗過的一些鮮明經驗恢復過來，一旦我是從**他人的**周遭世界經驗出發去構作共同世界，則他過去所處的周遭世界不僅對於當下的他來說是共同世界，對我來說也是。在第一種情況裡，我把過去曾經親身經歷過的、你的特殊存在特質設定為不變的，在第二個情況裡則是透過媒介，也就是**透過一個周遭世界的他我**（我朋友）所設定的**不變的意識體驗**，也就是把**他先前經歷過的**周遭世界，**現在是我們的**共同世界的「你」（朋友的哥哥）的體驗加以固定化。

到目前為止所描寫的構成方式都與我們自己以往的周遭世界或者共同世界之經驗有關，也與別人對自己過去的周遭世界之說明有關，也就是與所有從朋友、老師，還有從書本以及從不知名人士的報導所得知的共同世界有關。明顯的事實是，如此這般構成的共同世界經驗乃是從對周遭世界中的「你」之原初經驗獲得其效力（Recht）。但是到目前爲止，所提到的情況仍未能窮盡所有共同世界的可能樣態。所有我的有關於事物與物質世界過程的經驗，關於所有類型的製造物，各種眞實與思想中的對象、工具、文化對象、制度、行動過程等等無不指向我的共同世界，[32]因爲我可以把這些對象都詮釋爲設定這些器物、對象等等的意識流程之證明。而關於他人意識流程的證明之推論，屬於間接的推論，它仍是以過去的周遭世界經驗爲基礎。出現在我面前的製造品是一個已經完成的製造品。如果我在週遭世界的我們關係中參與整個製造過程，則在純粹的我們中我可以一同體驗製造者的意識多元構成過程，但假如在共同世界中，則我只能夠接觸到這些意識活動的成果。假定我對於他人構作性的意識活動缺乏任何同步性的周遭世界經驗，那麼我對於已構成對象就不可能有任何分解成逐步構成階段的任何經驗，而這個外在世界的事物或是過程也不能被當作是共同世界的製造品。它將會像是環繞在我身邊的物體與過程那般的一個自然物或過程，無法回溯到一個「你」的身上去。因爲我們之前稱爲「他我的一般設定」者，也就是「你」和我同時存在，一起成長老化，只有在我們關係中才可以被原初地體驗和經驗著。在這個情況裡，對於共同世界的他我，我也只能夠有間接的經驗，而它是奠定在之前有關於「你」的經驗活動或是一個特殊的「你」之上。**但現在這個共同世界中的「你」只是我的同時代人，不可能以個人的與前述詞的方式當作一個自我被體驗。所有對共同世界的經驗都是述詞性的**（*prädikativ*），**都是在我對一般的社會世界之經驗儲存所做的判斷性解釋中進行**（雖然這些解釋有著不同的清晰度與模糊程度）。

即使是間接的朝向他我之態度也是「朝向他人態度」，而可以是任何一種類型的「朝向他人態度」：單純的「朝向他人態度」、社會行爲、社會行動或是社會的實質行動。**我們會把意向地朝向共同世界之他我的活動稱爲「朝向你們態度」**（*Ihreinstellung*），以便與周遭世界中的「朝向你態度」相對應，並努力去描述它的本質。

「朝向你們態度」一詞指的是意向地朝向共同世界的意識流程之活動所具有的重要特質。在「朝向你態度」中所掌握到的他人的意識體驗，基本上屬於**同樣一個**生命流程，也就是與我處於我們關係的鄰人的生命流程。他者的意識體驗處於一種主觀的意義脈絡之中。單就它們歸屬於同一生命流程而言，它們乃是對特別的「你」的特別體驗。相對於「朝向你態度」（Dueinstellung），共同世界中的他我之體驗，本質上具有或多或少的**匿名性**。[33]我對社會的共同世界之體驗，並不一定會關聯到他人在單一的眞實生命流程中的意識體驗。因爲**共同世界**態度的對象**並非**一個具體個別的「你」的**存在**，也就是**眞正被體驗到的**他人的生命流程，以及在其中**建構體驗活動**的意識內容，也不是他人在眞實生命流程中構成意識體驗時所在的主觀意義脈絡，而是**我**對一**般的**社會世界以及對一**般的他人的**意識體驗的經驗，**完全不去管這些意識體驗是否屬於某一眞實的他人的生命流程**（*Dauer*）。所以我只是以判斷或推論的方式認識共同世界，而這種認識**主要**[34]在**客觀的**意識脈絡之中進行。原則上我並不去追問在誰的意識中、和在何種特別的情況下，構成了我那些共同世界的他者

（即同時代人）的體驗。**由於它們從形成它們的主觀意義脈絡中脫離了，因此具有「總是再一次」**（*immer wieder*）**的特質**。它們**被視爲他人類型性的意識體驗**（*typische fremde Bewusstseinserlebnisse*）**，也因此基本上是同質性的而且可重複的。共同世界中的他我的統整性**（*Einheit*）**，最初並非構成於他自己的生命流程**（*Dauer*）**之中**（因爲，共同世界中的他我是否眞的具有任何的意識流程，是個非常困難、有待我們更詳細探討的問題），**而只是在我自己的生命流程中對他所做的詮釋活動之綜合裡。這種綜合是一種再認的綜合**（*Synthesis der Rekognition*），在這種再認的綜合裡，我單一主題地（monothetisch）注意著我那些意向地朝向他人體驗的意識體驗，無論這些他人的體驗屬於某個或多個特定的他我，甚至匿名的他我。就在這個再認的綜合裡，我把對共同世界的他我之經驗建構成一種**人的理念型**（*personaler Idealtypus*）。

我們必須弄清楚的是，當主觀的意義脈絡被一系列高度複雜且相互糾纏的客觀意義脈絡所取代時，共同世界中的伙伴會逐步匿名化。**因爲，經由再認的綜合，我對他人意識體驗的經驗——不論這些意識體驗屬於一個還是多個生命流程——才可能變成爲理念型，更因爲再認的綜合，不是把一個唯一的「你」的特殊存在特質，在其鮮活的意識流程之中加以掌握，而是把所有他人當下境況的變樣與轉變當作是相同的，所以人的類型從來不會跟一個具體的他我或一群具體的他我們相等同。這些具體的他我們一方面可以參與人的類型，另一方面與我之間則可以存在著鮮活的「與你的關係」**（*Dubeziehung*）。

正是因爲如此，人的類型才具有「理念性」（Idealität），而韋伯的用語「理念型」也才得以獲得充分理據。

這些論點的意義要在後面的章節才能完全釐清，我們姑且藉幾個例子來讓這些論點明朗化。當我到郵局寄一封信，並且假定我的共同世界中的一些成員（郵政人員），會以一種特定的方式處理這封信，例如，這些同時代人（Nebenmenschen）會依照我透過信封上的地址所表達出的願望解釋它，並且眞的將它送到第三者的手中，[35]我並不是把這個或這些相關的同時代人當成個別的人來對待。我不認識他們，也幾乎不可能會去認識他們。韋伯所指出的，把貨幣當作交易工具乃是奠定在共同世界的其他人，也準備把它當作交易工具的一種主觀機會上面，指的其實只是一種特定的，針對某種典型的共同世界之行爲模式的「朝向你們態度」（Ihreinstellung）會顯現出來。如果我，用韋伯所舉的另一個例子，[36]特別採取或是放棄某一些行爲，以免讓某些穿著制服的人找上我並且將我囚禁在某個孤獨的處所，又假如我的行爲是以法律條文以及執法機關爲導向的話，那麼我與我的（類型性個人化的）共同世界便是處於一種社會關係之中了。

在這些例子當中，作爲行動者的我總是在估算著他人在特定機會底下會表現出特定的行爲：郵政人員、受款人、警察。在我的行動構想中，我以想像的方式朝他們看去，我是以行動或實質行動的方式朝向他們的，我跟他們是處在一種朝向態度的關係或是實質行動的關係裡。但是我在社會關係中的伙伴們並非以他們個別的如此狀態，而是**以**「郵政人員」、

「受款人」或是「警察」**的身分出現**。我賦予他們一種特定的行爲、一種特定的功能：只有當他們承載著這些特定的功能時，在我的共同世界朝向態度裡他們對我而言才算是相關的，也就是作爲類型，而且是理念型。至於他們如何體驗他們的行爲，以何種樣態注意他們的行爲，我並不理會。我依照過去的經驗認定**「有些人」**會表現出「類型性的」行爲來。這些（脫離他人意識構成過程的）行爲——「是郵政人員」、「是受款人」等等——對我而言，首先一開始只出現在一種客觀的意義脈絡之中。在我的朝向社會共同世界之態度中，我所擁有的並不是具有自我的個體，而是**「像**你們這一類的人」（Leute *wie* Ihr）、**「跟你們同類**的人」（Menschen eures*gleichen*），簡單的說，就是把**類型**當作伙伴。

我們千萬不要誤以爲對他人行爲的類型化掌握跟共同世界的社會經驗是完全等同的。每一個共同世界的經驗固然都是對他人行爲的類型化掌握，但是類型化的經驗並不僅侷限於共同世界。對**前人世界**的理解也是以類型化的再認綜合模式來進行的，因爲有關人類行動過程的類型與他人的人的理念型的經驗就是經驗一般社會世界的詮釋基模，它們也會進入正處於周遭世界鮮活的我們社會關係之中的「我」的經驗儲存之中。**這意味著，先前經驗過的理念型也是周遭世界的詮釋基模**；只不過它們會在眞實的「朝向你態度」之中，被鮮活的我們關係的意向性所吸引與修正。理念型多少只是空洞的形式，只是「我」套用在周遭世界中的「你」，並且透過每個我們關係的具體化與實際化階段而同時被實現，但是它們的**類型性**本質也被掠奪了。因爲，在這個過程裡，它們不再以類型的樣態呈現，而是以不可重複的自我的形式出現的我們關係的具體實際化。這個情況可以舉個例子來說明：

在周遭世界的情境裡，「我」有時候會同時處在幾個他我之中，而且可以注意到他們的意識體驗。但是，周遭世界中的「你們」原則上可以被分解成一個個的「你」和「你」和「你」，而我可以分別與每個「你」處在「我們關係」中。假如我在周遭世界中對三個鄰人進行觀察，明白他們處在一個社會關係裡，譬如玩牌，則我可以分別注視每一個人的意識流程。當我這麼做時，我是把每個人當成一個「你」，而且是獨特的「你」。在這種「朝向你態度」之中，我所觀察的對象不僅是在玩牌（這不過就是對我的意識體驗之一項自我詮釋罷了），他對遊戲的特別關注方式也顯現在我眼前，他的注意樣態、他的行爲所處的更大意義脈絡等等也被我知覺到。決定每一個玩牌者的主觀意義脈絡的這些因素各不相同。

但是，我**可以**脫離我們關係，而把這三個玩牌的人**從我周遭世界中的人轉變成我的同時代人**。然後，我可以採取類型的方式去描述他們，大概是這樣的形式：「你們正忙著玩牌」。嚴格說來，這種描述只有當「玩牌」這個特別的行動與每位玩牌者的某種特定體驗過程相符，並且對他而言具有一種主觀意義脈絡時，才會與**每位個別**的玩牌者的意識體驗有關，例如，**每位**玩牌者的行動都是以他認爲有效的撲克牌遊戲規則「爲導向」。但這項陳述並不只是與被我所觀察的三個人，也就是周遭世界中的三個個別自我有關；它更關聯到我在**共同世界**所發現到的「玩牌者」理念型。任何人在任何時候只要他在玩牌，就不得不以遊戲規則作爲導向。[37]只要我所觀察的A、B和C三人符合「玩牌者」的理念型，只要我不把他們當成個別的自我，不去注意他的意識流程和把他先前的體驗當作特別的主觀意義脈絡，只要A、B和C三人的行爲「和你們一樣」，也就是「和你們玩牌者一樣」，則剛才的描述對A、B和C而言就是恰當的。A的眞正體驗與B的眞正體驗絕不會完全相同，因爲他們各自的體驗分屬於不同的、活生生而眞實的意識流程，並且是獨一無二而不可重複的，彼此無法互相取代。**只有類型才是同質的，而且總是如此**，在類型化的再認綜合裡，我所進行的正是匿名化的活動，當我將這個具體的「你」的體驗從他鮮活的眞實意識流程中脫離出來時。

反之，以「朝向你們態度」所掌握到的理念型意識流程所在的客觀意義脈絡會轉化成爲主觀的意義脈絡，只要我轉過來注意「你」的具體意識流程，我將他的行爲解釋成，彷彿這個「你」「就像」這邊這個人，「就像」你們，而這個「你」的行爲「就像」這邊這個人的行爲，「就像」你們的行爲。這就是，即便在類型化的共同世界之朝向態度中，「你們」也被當成是具有意識和流程的他我的原始理由，只不過它的體驗不是在自身呈現中（in Selbsthabe），而是在描述性的判斷中被掌握，而且因爲再認綜合的緣故，不是直接而是間接的，不是在他獨一無二的不可重複性之中，而是在「總是再一次」的理想性（Idealität）之中被掌握。共同世界的匿名特質正是在於，基於「總是再一次」的理想化之緣故，「你們」從來就不能夠分解成爲一連串眾多具體的「你」，而每一個共同世界的「你」只有在他相應於類型性的「你們」的情況下，只有當他的意識流程具有「你們的體驗流程」這種類型時，才算是相關的。共同世界的「你」在再認的綜合之中會轉化成「你們當中的一個」

（eine von Euch）類型。我們接著將探討人的理念型的本質與構成問題。

三十八、理念型詮釋基模的構成

我們在前一節已經描述了如何藉由再認的綜合來類型化地掌握他人的行爲，也就是將我們所體驗到的他人的意識體驗加以固定化（Invariantsetzung）。然而，有關**他人行爲理念型**的一般說法卻是**具有多重含義的**：它先是指，對先前給予的**客觀意義脈絡**、製造品、行動過程或是眞實的對象與理念的對象等人類行動成果之**類型化掌握**。如此描述好像所有我們對類似製造品的體驗的自我解釋行動都是他人行爲的理念型，而且就算我們對製造品的製造者的個人經驗一無所知也是如此。因爲將特定的體驗內容放入再認的綜合而使它固定化，可以被我們當作類型化判準者，是隨處可見的，比如當我們在詮釋基模下組織過去經驗，或是從事抽離活動、普遍化、形式化、理念化時，無論所涉及的對象爲何，我們都會發現這個過程。只要「理念型」一詞可以完全普遍地運用於將經驗內容歸屬在詮釋基模底下——而且韋伯在早期著作裡對這一概念所下的定義完全允許這一點——就不存在特定的社會科學問題。如此一來也可以有大自然的物理對象及過程的理念型，例如，氣象學形態、生物學進化系列等等的理念型。然而我們的研究重點不在於，檢驗理念型概念在這些領域內如何能夠取代對類似現象的解釋，而是特別限定在屬於**社會科學的問題**。

「他人行爲的理念型」可以有兩個涵義：第一，指他人理念型，這個他人正在表達他自己，或已經以一種特定方式表達他自己；第二，指製造過程本身的理念型，或相應結果的理念型，我們將這個結果或過程詮釋爲他人意識的記號。我們將前者稱爲**「人的理念型」**，後者爲**「質料的類型」**或**「行動過程類型」**。這兩者之間當然有著內在關聯。因爲，當我建構某種特殊方式行動者的理念型時，例如，郵政人員的類型，就已經預設了他在一種客觀意義脈絡底下的行動過程類型。反之，當我是從客觀意義脈絡出發，也就是從行動過程類型，或是更普遍地從任何一項製造品出發，而回溯製造者的意識體驗，也就是說，當我從先前給予的客觀意義脈絡回頭追問對他來說適切的主觀意義脈絡時，我就是從行動過程類型轉向人的理念型了。值得留意的是，人的理念型本質上奠定在行動過程類型之上，而行動過程類型則可以說是獨立於人的理念型之外的（也就是純粹作爲客觀意義脈絡）。

就語言的使用來說，我們可以把第一種人的理念型的建構（Konstruktion）看成是動詞功能的名詞化。在此意義底下，每個現在分詞都是某人行動過程的人的類型化，正如每個過去分詞都是已然行動的理念型。進行中的行動就是可能完成的行動（Agens agit, ut actum fiat），也因此以理念型的形式來理解他人行爲可以有兩種技術。一種是先以一個已完成的行動作爲起點，接著透過一種類型的行動，去追問必然會以這種方式行動的人的類型。另一種則是，先理解人的理念型，再去過問對應的類型性行爲。所以我們必須處理一個雙重的問題：第一個問題是，既有的行動過程[38]中有哪些時刻可以被凸顯出來當作類型性的行爲，以及我們如何由這個既有的行動過程類型導出相符的人的理念型；第二個問題是，我們如何從我們經驗中既有的人的理念型去導出能夠符合這個人的理念型的特別行動方式。第一個問題的重點在於探討類型的構成過程——首先是行動過程類型，其次是人的理念型——從具體且既有的一般行動過程中；它是探討類型如何發生（Genesis），也就是探討過程如何被類型化的問題。第二個問題則和可以從已構成的人的理念型導出的行動有關，這個問題我們將會在「人的理念型的自由」（Freiheit des personalen Idealtypus）脈絡中處理。

讓我們首先轉向那個曾經提過的問題範圍，並有必要進一步闡述如下論點：每一個對行動者所做的人的理念型掌握，基本上是以先前對行動過程所做的理念型掌握爲基礎的。

對行動過程所做的類型化掌握，如我們先前所見，乃是來自於再認的綜合，也就是詮釋者在自我詮釋對此行動過程的體驗時所進行的再認綜合。**再認的對象乃是，在客觀意義脈絡裡逐漸顯現的行動過程之目的與原因動機**。也就是說，那些藉由同樣的手段實現同樣的行動目標，同樣不斷重複出現的行動過程，會被加上行動者體驗中那些同樣的目的動機或是（假如爲了解決問題的緣故，也就是說，有助於解決我這個詮釋者所關心的問題的話）同樣的眞實原因脈絡。所有這些會被當作是不變的，而且是相對於行動者在鮮活的意識中所可能經驗到的所有樣態而言，都是被當作不變的。如此一來，不變的乃是典型的動機，出於這個動機，人的理念型採取其典型的行動，不同於個人體驗其眞實行動時的眞實意識流程中的當下與如此；也不同於注意自己意識體驗的行動者——不管他是什麼人的所有注意模態；也不同於對每一個行動者而言主觀被給予的意義脈絡之上、下層。從既有的行動流程以及在這當中被實現的行動目標出發，理念型的詮釋會導向作爲該行動基礎的目的動機與原因動機。一旦被詮釋的行動被假定爲可不斷重複，因而是類型化的，行動的目的動機也就會跟著被看作是不變的，也就是類型化的。**以此方式獲得的類型化的行動會被賦予一種意識，對此意識而言，這個行動可以處於一個主觀的意義脈絡之中，也就是一個他我的意識，一個他我以一種典型的注意樣態注視其典型的行動的意識；簡言之，就是一個人的理念型的意識**。

也就是說，人的理念型之意識過程乃是在重構的過程中產生的，當類型性的意識體驗以過去完成式從實際結束、過去、完成的行動過程推論而來時，導致已然行動在這些意識體驗之中建構而成，而且可以一直重複建構。當然，這些意識體驗在時間上被想像成先於這個已然行動，因爲它們乃是以過去完成式被理解的。但是，這個意識過程本身缺乏周遭世界中眞實的你、我的行動構成過程所具有的前攝和期待。以類型化方式被掌握的已然行動，與想像的人的理念型的類型性行動，並非處在實現與否的關係裡，因爲類型化的行動乃是基於以往的經驗如此被建構出來的，以至於作爲出發點的已然行動**必定**會將行動加以實現。在被想像出來的理念型行動者的意識流程中，從來不可能具有選擇、喜好或搖擺於類型性行動與非類型性行動之間。他的動機是明確的：行動的目的動機就是被完成的已然行動，類型化來自於它實際發生的過程，而此一已然行動同時也是被視爲類型性的個人意識流程之**最高**目的動機。因爲，如果這個已然行動只是另一個更高行動目標的手段，這個實際過程將只是更大意義脈絡底下的部分脈絡，如此一來，歸附在此較大意義脈絡底下的意識流程就必須被如此類型化建構，以便使它也能夠建構此一更大的意義脈絡。但是，這將意味著被建構類型者看成客觀意義脈絡的已然行動片段本身並非部分脈絡而已，而必定是較高階的意義脈絡。眞實原因動機也是如此：只要追問一般性原因動機，被加在行動者身上的類型性意識流程，就必須也將某種類型性的、導致目的動機產生的體驗包括在內。

在人的理念型的建構過程中，會先確立一種能對應被給予的客觀意義脈絡的意識。對該意識而言，客觀意義脈絡可以是根據動機被體驗到的，也因此，在這個意識中，行動可以在多元主題的活動中逐步構成。這是一種我可以去加以檢視其體驗的意識**，並藉此將我的目光從已然行動轉移到行動上去，也就是從客觀意義脈絡轉移到主觀意義脈絡去。**

這是爲什麼社會科學與日常生活的實際活動，可以不去理會照理說必須要的，「統整性的」（einheitlich）行動這個概念在行動者的意識體驗中的更深層基礎。人的理念型之建構技術來自於主體的建構，以便使之前設定爲不變的而且被經驗的行動流程能夠被放置在符合動機的意義脈絡當中。對觀察者而言，在客觀的意義脈絡中呈現爲整體者，也就是被設定爲類型性的他人行動流程，會被放回人的理念型意識中的主觀意義脈絡裡，它之所以是一個整體性的脈絡，是因爲它奠定在客觀意義脈絡的統整性上面，而一般的人的理念型正是從這個意義脈絡引申出來的。但是，如同我們一再強調的，作爲一種客觀意義脈絡的「他人行動之統整性」只是一個片段，是觀察者從整個事實脈絡切割出來的。如何界定他人行動的統整性，如何從「豐富的事實」之中選擇，並放在客觀意義脈絡底下，完全依個別的特殊問題情況與觀察者的特殊興趣而定。觀察者在其特殊興趣之較大意義脈絡底下，根據其先前的知識來安置正在經驗的體驗。因此，對他人行動外在流程之體驗的意義依問題情況而定，例如，哪一個行動片段被理解成已然行動的「整體」，並作爲其意義脈絡，又，哪些動機被視爲是對這類流程而言典型不變的。但是，每一個對他人實際行動流程的切割都有另外一個人的理念型相對應，對此人的理念型的意識而言，被設定爲不變的動機應該是可以被當作主觀意義脈絡來體驗的。**因此人的理念型也總是依問題情況而定；它帶有特定提問方式的索引性質，是爲了回答該問題而被建構出來**，它總是依賴於當下的問題情況所確定下來的客觀意義脈絡，藉由它的幫助這個客觀意義脈絡應該被詮釋爲主觀意義脈絡。因此，定義下的人的理念型的行動之主觀意義脈絡與客觀意義脈絡的統整性，基本上乃是從理念型的建構而來。

理念型理論通常會忽略掉這項事實，而共同世界之理解理論也是如此。它未曾考慮到，人的理念型實際上只在一種特別的情況下才會成立，也就是當他乃是某一既有的理念型行動過程的創始人，並且具備所有符合此一行動過程的意識體驗，也就是說，有一種意識模式相應於特定的行動模式被建構起來，對此意識而言，行動的體驗可以被放在一個與客觀意義脈絡相容的主觀意義脈絡，也就是與動機相符的意義脈絡中。理念型理論顚倒了這個事實，並且把人的理念型當成彷佛是「自由的存在者」（Freies Wesen）、彷佛應該要探討，這個自由存在者究竟賦予他那顯然被假設爲隨意的行動以何種意義。更天眞的是，他還同時堅持能夠客觀地認定「行動過程之界線」，同時還賦予理念型行動者對附加在它身上的行動有賦予意義的自由。建構理念型的社會科學與建構從同時代人延續而來的理念型之日常生活，有一定程度上的分工；它一方面雖然對隨意將先前給予的他人之行動過程視爲一體，有所保留，另一方面卻又賦予它們所建構出來的理念型對它們所選出的行動具有賦予意義的功能。它在這個過程中並沒有不斷陷入矛盾中，是因爲它是如此樹立理念型的：根據特質，它只能跟被選來跟它相襯的行動所具有的意義，也就是那種跟「客觀」意義脈絡相稱的行動相「配合」。自我欺騙的原因在於，**如此產生的人的理念型未曾活過，它只不過是個幻影**。它事實上根本沒有生命流程，**附加在它身上的生命流程是想像出來的**。它「生活」在虛幻的時間向度裡，沒有人能夠經驗到它。它被組裝上那些必要的意識體驗，只是爲了使先前被給予的客觀行動過程能夠被當作他人意識體驗的主觀而封閉的意義脈絡，特別是當作根據動機的脈絡而被理解。然而因爲這項行動過程事先已被經驗過、已經是結束的，而且它的目的動機與原因動機都是透過社會科學家以及日常生活中的實踐的任意選擇而確定下來的，因而該項「自由」只不過是表面上的，它被附加在理念型上，人們藉此想像著，它可以賦予自己的行動以主觀意義。行動者的理念型應該以多元方式去體驗已被社會科學家以單元的方式所把握的已然行動。也因此**社會科學家讓理念型自己去說任何有關於意識體驗的話，都只不過是事後的先知**（*vaticinium ex eventu*）**罷了**。

人的理念型被認爲有「自由」，**這個幻覺顯然來自於我們先前提到的第二種提問，也就**

是基於既存的人的理念型而對可預期的未來可能的行動的探求。一個被歸屬於既存的理念型的行爲究竟如何發生，依然只是一種推測，一種被空洞的前攝所包圍的期待，而理念型所預期的行動似乎與透過它的建構而確定下來的，以及在經驗中被先前給予的目的動機，處於一種實現或未實現的關係之中。特別是，當我針對一位具體的周遭世界的人採用一種人的理念型（例如，吝嗇鬼）下判斷說：「A是一個吝嗇鬼。」他因而**「可以」**拒絕參與一項慈善活動，至於A究竟是否答應支持並不重要。嚴格說來，這裡的重點不在於「吝嗇鬼」這種人的理念型的行爲究竟是否是自由的、不可確定的，而是所下的「A是一個吝嗇鬼」這個判斷，究竟正不正確。當然，讓時常出現的「動機」變得理念型般的固定化，還有與之相關的人的理念型的建構，都會隨著當下的共同世界（以及周遭世界）的經驗，得到證實或調整。即使在周遭世界當中，用來理解他人的詮釋基模，仍然會隨著對「你」的經驗增加而不斷改變或修正。對於周遭世界的理解來說，基於我們關係的緣故，所出現的人都是具有體驗歷程的、鮮活的人，都是擁有自發性活動的自由個體，但共同世界的人對我們來說原則上則是理念型的形式，既沒有眞實的生命流程也缺乏自由。因爲即使有必要不去談一個理念型的他我預期中的行動，即使這些說法本質上帶有**機會特質**，也仍未談及人的理念型的自由。我們必須認識到，一個被等同於人的理念型的行動者只有在他採取**這類**行動時**才是類型化的**，這行動乃被理解成作爲主觀意義脈絡的相應理念型而被構成的。在別的情況裡他的行爲就一點也不類型化了。當莫里哀（Molière）讓阿爾巴貢（Harpagon）捲入緋聞時，阿爾巴貢是個小氣鬼，這個情況並不能導出他的愛情關係究竟是個人的還是類型性的結論。愛情關係超越了吝嗇鬼這個類型——它是**超越類型的**。然而當阿爾巴貢被認出是一位典型的**吝嗇鬼**時，那麼就有一些既定的詮釋基模可用在他身上。[39]一般說來，人的理念型的建構，**可以是**（而且大部分**是**）以詮釋者本人所擁有的其他理念型爲基礎的，並且可以溯及先前的其他類型。這些作爲眼前這個人的理念型之基礎的先前已知的理念型可以被回顧，**隨著問題情境的改變，理念型本身同時也跟著改變**。但這項改變極少以外顯的方式呈現，反而是新構成的理念型往往被天眞地等同於原先的理念型——因爲它們通常用同一個語詞表示。於是理念型**看起來**似乎具有絕對的自由，彷彿一個理念型人物可以超越它的典型做法，而且可以相當程度從共同世界的非時間性的概念中脫離出來。人們**彷彿**能在不同的選項之間做選擇，並讓人們誤以爲理念型的行爲是難以預料的。然而具有自由行爲幻象的這種理念型，在邏輯分析中完全站不住腳。幻象的出現不表示，理念型超越其類型性的行爲模式本身有什麼弔詭的，而是說，塑造理念型或是把具體的行動現象歸到一個事先給予的理念型去的人，沒有隨著新問題的出現而重新塑造新的理念型而已。總之，自由的幻覺來自於詮釋者在他的詮釋活動中的混亂，把眞正的目的動機與原因動機當成行動者的類型性意識流程。比馬龍[40]（Pygmalion）寓言中雕像復活的故事，正好說明了一般人在理解他的社會共同世界時所常有的信以爲眞的過程。

剛剛所處理的問題一點也不限定在共同世界的領域。周遭世界的觀察者，特別是一般進入周遭世界我們關係的人，不免會把他從周遭世界、共同世界或前人世界所學來的詮釋基模，還有整套理念型的知識建構，尤其是人的類型和行動過程類型，**作爲詮釋基模**用到他所面對的人身上去。藉由不斷地檢查、推置這些理念型，他的問題會不斷推延，他對他人當下的眞實情境的掌握與觀察角度也不斷跟著改變（當然，這種個人的理解通常只有在周遭世界的「我們關係」中才有可能，並且藉由相互的鮮活意向性使得「你」能夠馬上被趨近）。

這裡出現許多在社會學研究當中未被人們所注意的問題，不過它們並非迫切需要處理。將來涉及**社會學的人**（*soziologische Person*）的問題時，我們再來處理它。

到目前爲止，我們只是簡短地說明理念型問題如何因爲觀察者的觀點、他所問的問題，以及他的整個經驗結構的不同而有不同的變化。假設我觀察，即，周遭世界或共同世界透過第三者的描述，某人正在做某種不斷重複的動作，例如，某人在拴緊螺絲釘，那麼我第一個有關他的活動的詮釋基模，便首先會描繪出如下的景象：他使用螺絲起子去連結某個裝置的兩個部分。如果我知道，這件事正在一家汽車工廠內進行，那我就可以把這個人的操作放在「汽車製造」的脈絡中。但是如果我知道他是一位在汽車廠工作的人，那麼我就能對這個被認定爲「工人」的他作出更多的假定，例如，他每天早上前來工廠，工作結束後離開，領取工資等等。在一個更大的意義脈絡底下，我也可以將我從一般工廠工人，從特別的城市工人所建構而來的理念型套用在他身上。這樣的理念型可以隨個別需要以不同方式加以限制，例如，「一九三一年柏林工人的理念型」。一旦我確定這個工人是德國人並且是柏林人，那麼這個確定就表示我可以將所有相關的詮釋基模都運用到他身上去，例如，我從經驗中對一般德國人和特別是柏林人所認識到的典型特徵。顯然我可以根據我要問的問題，以及我對它們的特殊興趣而無限制地增加使用基模的數量。假定我現在的興趣是勞工的政治或宗教態度，從純粹外在事實的詮釋基模我幾乎得不出這類的資訊。類型化行爲的延伸（沒有任何新的、從別的事實領域得出的相關的認識添加在我原先對於相應行爲的認識上，這點總是持續被預設著）開始有其風險，亦即我的理念型建構成功的機會逐步降低。假定我說：「像柏林工廠工人的這種工人，都會把票投給社會民主黨。」這個判斷乃是根據上次選舉，多數柏林工人投票給社會民主黨這項統計資料而來。但我並不能百分之百確定，我所觀察的這個工人是否屬於那些多數人，我所擁有的只是可能的機會而已。如果我知道這位工人是社民黨的工會成員，或他有黨證，那麼這個機會就會增加。我們之前已經說過，根據理念型建構的每項詮釋，實際上都帶有機會的特性。例如，這位拴螺絲的人可能根本就不是「工人」，而是一位工程師或是一位暑期兼差打工的學生。在此情況下，我透過「城市工人」理念型這個預設所做的思考與推演就不正確了。這顯示出，每個理念型建構都是受限於觀察者本身當時的知識與經驗範圍。我們的例子清楚顯示，意義脈絡、詮釋基模以及理念型等等都是彼此相互關聯著的，它們都是對一個共同的基本問題做不同的表達而已，這也就是**關涉性的問題**（*Problem der Relevanz*）。

共同世界的理念型在日常生活的社會實踐中被建構出來，這些建構會透過觀察者的周遭世界和共同世界經驗的增加與累積不斷地被修改與調整。如果是周遭世界的社會經驗，則在眞實的我們關係當中所獲得的對他人意識內容的認識，會修改理念型的詮釋基模，不論這些基模是有立場的或中性的。所有我們對鄰人的經驗都是以周遭世界的經驗、對「你」本人的經驗爲基礎的。然而我們對同時代人的理念型建構中所關切的對象並非具體的他人，而是他的如何存有及他與其他人的共同特質。詮釋同時代人的類型性行爲代表著，將同時代人和他的行爲作如此詮釋，彷彿他**就像**這個人、**就像你們**，而他的行爲就像這個人的、像你們的一樣。對共同世界的朝向態度，必然是，而且總是「朝向你們態度」的。

三十九、共同世界的匿名性與理念型的內容充實性

「朝向你們態度」（Ihreinstellung）是一種藉由他的**類型性**的存在特質（如何—存有）去掌握共同世界中的他我之**空洞形式**。所以「朝向你們態度」的動作乃是意向地指向被想像如同自己般地同時存在的他人，被當作人的理念型理解的。和「朝向你態度」及「我們關係」一樣，**「朝向你們態度」也具有不同的具體化和實際化層次**。

爲了區別「我們關係」的各個不同具體化層次，我們是以接近直接經驗的層次作爲標準。然而這個標準放在「朝向你們態度」上面是不充分的。因爲「朝向你們態度」本質上距離眞實的體驗相當遙遠，而在此態度中呈現的他我相應地也具有相當高度的匿名性。

那個共同世界的他我之得以在「朝向你們態度」現身的**匿名性程度**，現在可以用來作爲在不同程度的具體化和實際化階段中的「朝向你們態度」的不同層級方式劃分之判準。

應用於「朝向你們態度」的人的理念型越匿名，則用來觀察共同世界中的他人體驗之主觀意義脈絡（在此脈絡中他人的體驗是在共同世界的觀察中被提出的）**便常被彼此互相提升的客觀意義脈絡所取代**，而來自「朝向你們態度」的其他具體化階段所獲得的**人的理念型之底層**也越多，再者，客觀意義脈絡於被掌握的目光中爲具體而實際的「朝向你們態度」所預設了。

我們現在要說明，所謂共同世界中理念型的匿名性該如何理解。作爲對於他我的前述詞經驗的周遭世界之「朝向你態度」的**空洞形式**（*Leerform*）僅限於對周遭世界的「你」作主題的定在設定（Daseinsetzung），而不過問其存在特質（Sosein）。反之「朝向你們態度」的**空洞形式**，已經奠定在一個特定的，尤其是類型化的，並因此原則上**總是一再可**預設的他人存在特質上。固然每一次隨著對於存在特質的判斷性的、闡述性的掌握，定在或是曾經定在也一起主題性地被執行了。但作爲理念化的一個特定形式，那個理念型的匿名設定並非與在時空世界中的一個特定位置當中的一個**特殊**的「你」相互關聯，無論此一「你」是被主題地設定或只是潛在地設定爲定在。只要那個共同世界的他我的定在**只是一個類型化存在特質的個別化產物，它便是匿名的**（而這正是該一詞彙原初的首要含意），該一設定也只能在可能的、揣測的、不過問是否維持免於矛盾的模式下進行的。現在因爲那個帶有如此這般特質的（也就是**類型化的**）共同世界他我之定在只具有不矛盾的可信度，於是所有那些所有作用於共同世界、朝「朝向你們態度」去構思的實質行動之活動，便只具有純然的機會特質而已。朝向共同世界的他我所構思的實質行動之成功機會比起周遭世界來說是低得許多。

我們剛才分析的是共同世界中他人匿名性的第一個概念。它對理解共同世界社會關係十分重要。我們接下來要討論這個概念對我們整個問題的影響。在這之前我們必須先處理匿名性的其他涵義。

匿名性的第二個概念與理念型基模的有效性範圍有關。這個範圍依先前所經驗的材料之「封閉性」而定，不變性的設定也是由此而來。我們將依照被放到詮釋基模中被設定爲不變的經驗**特定的你**的存在特質有關，或者與事先被構成的**人的理念型**之存在特質有關，而分別稱之爲**理念型內容的**較高或較低充實性。我們可以說**理念型的內容充實性與過去經驗的普遍性程度成反比**。其原因在於，越是回到事先形成的、較低層次的理念型，被視爲理所當然的領域就越爲顯著。但是這些與共同世界的存在特質經驗相關的、事先形成的理念型，卻只是被概要地掌握到，而不再逐步地加以檢視。所以在建構理念型時，事先構成的理念型數量越多，這個理念型的內容豐富性就跟著相對減少，對它的說明也更困難，例如，去分析一個「文化體」，如：國家、經濟、權利或藝術等時，沒有進一步的說明是不會清楚的。

理念型的內容充實性也依賴於——而這項論題只是執行先前所言而已——**共同世界的「與你們關係」可以轉變成周遭世界的「我們關係」**之程度，也因此**與類型化的意識內容**

是屬於唯一一個或多個眞實的意識流程，也就是我在「純粹我們關係」中可以掌握到的那種意識流程有關。基本上，所有共同世界之他我的意識內容都是以作爲存在特質的方式被思想，它不是被體驗的對象。共同世界態度轉向周遭世界態度的機會越大，也就是從單單被思想和用描述詞被說明的方式轉向可親自被體驗的可能性越高，則共同世界中該他我的內容也就越具有充實性。**我們也可以說，一個類型在越接近周遭世界的情況下就變得越不匿名**。以下幾個例子有助於說明這個事實。

當我想到一位剛離開的朋友N時，我是對他抱持著「朝向你們態度」。此外我還知道他正面臨困難的抉擇。我可以從過去對他的直接經驗建構出人的理念型「我的朋友N」或行動過程類型「N面對困難抉擇時的行爲」。這個理念型基本上帶著所有朝向他們態度的：「**像N這樣的人**在面臨困難時會有如此這般的行爲。」然而這個理念型「我的朋友N」仍是非常有具體內容的，而且我先不去管技術上的困難，可以隨時把和他之間的關係改變爲周遭世界的關係。從這一個可能性來看，理念型的設置才算是有道理的，而只有經由它的具體化才能夠證實它的存在。

另一個例子是：我的朋友A告訴我關於最近遇到的一個我不認識的人X的事。A是以他自己在周遭世界中對X的直接經驗而形成的一個對X理念型，並將X的「圖像」提供給我，A是將他對X的經驗固定化並因此類型化。當然A的類型化描述受限於他對自己和X見面的回顧方式，而這又受限於A的興趣與注意樣態。被A所構想出來的關於X的理念型會被我放到**我自己的**經驗整體脈絡去，而這時我也在針對他人進行固定化與類型化的動作。只不過既然**我的**興趣與注意樣態（在此之中我專注於我的經驗與世界一般的整個儲存）不同於A，以我建構出的理念型也會不同於他的。此外，我還不曾在清楚的模式下針對透過A所類型地執行者給予判斷，而是必然在含糊的模式下。[41]儘管如此我還是可以對別人的判斷「提出質疑」。假設我從經驗知道，我的朋友A是個「情緒化的人」，我不見得會無條件接受他對X的行爲方式所做的類型化描述，儘管我知道我的朋友所確立的類型跟他的經驗的整個脈絡是相互一致的，因爲他正是「習慣用這種方式去看人的人」。

這兩個例子足以顯示對社會的共同世界所做的理解的複雜性。兩個例子都是與周遭世界的我們關係比較接近、帶有相當具體內容的類型化例子。它們都是與自己的或是化爲自己的對於N或X的生命流程的意識內容之經驗有關。就某方面而言，主觀的意義脈絡繼續在替代它位置的客觀意義脈絡裡發揮作用。

我們可以稱這種人的理念型爲**性格特質學**（*charakterologischer*）類型，爲了方便說明，我們把它相對於**習慣性的理念型**（*habitueller Idealtypus*）。後者的標誌是以習慣性，也因此被認定爲典型的功能來界定同時代人。我們先前舉的郵務人員與寄信人的例子可以用來說明這種習慣性類型。郵務人員的界定是「處理信件的人」，尤其是處理**我的**信件的人。所以與特質學類型相比較的話，這種習慣性類型比較不具體。「處理信件」這個類型性行動過程乃是被當作毫無疑問被給予的。「郵務人員」這個類型並不是與可化爲周遭世界社會關係中的某一單獨個人或一群人的時間之流有關，它比理念型N或X更爲匿名。寄信時，我甚至不會去注意「郵務人員」這個人的類型，不必去推斷他的行動**對他而言**有何種**特殊的主觀**意義脈絡，例如，他之所以工作是爲了報酬，並且必須遵守工作規定等等。在這個情境中唯一和我相關的是類型化的送信的行動「**過程**」，而我將它歸屬於「郵務人員」的概念底下。寄信時，我甚至不必想到郵差，只要知道這封信會到達目的地就夠了，而不去理會這樣的結果是如何來的。[42]

習慣性類型中也包含了**「舉止」**（*behave*）或**「習慣」**（*habit*）的類型。在周遭世界或是共同世界觀察中，對出現的外在行爲方式，或是行動流程的不變設定[43]導出了有內容的行動過程類型之範疇，並且有相應的人的類型歸屬於它。但這些行動過程類型有不同程度的普遍性：它們——只要它們是習性的——或多或少是**「標準化的」**（standardisiert），也就是說，從類型中導出的行爲方式可以顯示高或低的統計次數。人的理念型的理想性乃是建立在這種次數類型的基礎上（換言之，這種類型化的行爲方式不能簡化爲眞實他人的意識體驗），原則上與實際可確定的行爲本身的普遍性程度無關。[44]另一方面，類型化行爲的「標準化」可以指向過去建構的人的理念型。我們以韋伯所稱的「傳統行爲」爲例，這是「人們已養成習慣的日常行動之總合」，[45]也就是以過去已經建構的人的理念型爲基礎之理念型；另外所有那些以「秩序的有效性」爲導向的行爲。後者對共同世界理念型的構成的意義主要在於，是指有效的秩序具有共同世界類型的詮釋基模的作用。有效的秩序確立了行動型態和人的理念型，因爲接受了這樣的標準類型，並且以它們爲導向，行爲可以有較大的機會能被共同世界的其他也以此秩序爲導向的人所適當地詮釋，並以相同的秩序爲導向。總之，對共同世界所做的每項詮釋「必須考慮到一項基本的事實，[……]在眞實的人（不只是法官、公務員等，還有『社會大眾』）的頭腦裡，對於什麼是應該有效（以及不該有效）的想像，會大大影響其眞實的行動」。[46]這個簡略的觀察，並未窮盡有效秩序的事態，例如，從社會學的觀點來看，每個管理秩序的強制性機制便有著最大的關涉性。[47]對我們而言重要的是，以秩序有效性爲導向的行爲也是**習慣性**行爲，所以我們的習慣性概念比起一般用法來得廣一些。

相對於這些人的理念型（包括性格的與習慣的，仍然具有比較高的內容，而相對來說比較低程度的匿名性），另外還有別的理念型，它們的匿名性程度比習慣性類型更大，雖說往往還是有些個人的特質。首先要說的是所謂**「社會集合體」**（*soziale Kollektiva*），基本上它們都是理念型概念的構作，隸屬於社會的共同世界之領域。[48]

這一大類的概念當然涵蓋了完全不同類別的、具有各種不同內容的理念型。X證券公司的董事長或是德國國會，都是相對具體的社會集合體，而且建立在相對較少的其他理念型的基礎上。在我們經常使用的詞語中，有一些理念型，如：「國家」、「報業」、「經濟」、「民族」、「人民」，或「階級」[49]等都成爲文法上的主詞，就好像這些名詞都是以理念型方式被構成的共同世界之他我。這種表達方式其實只是擬人化的比喻而已，目的在於能夠標示某種特定的事態，在極端情況下，它根本就不能指涉任何一個共同世界中的行動者，也就是，外在的流程可被放到他所意識到的主觀意義脈絡中。韋伯提到：「從社會學對於行動主體理解性的詮釋來說，這些集體構造必須被視爲只不過是特殊行動的組織模式和結果，因爲這些個人是主觀可理解性行動唯一的承載者……在社會科學中並沒有像個人的集合體去『行動』這類的東西。當社會學論及如：政府、國家、民族、公司、家庭或軍團等類似的集體構造時，毋寧只在指稱某些種類的個人實際或可能的社會行動之過程而已。」[50][51]

國家的每個「行動」都可被化約爲國家行政機關的行動，我們可用人的理念型來理解他們，並以「朝向你們態度」來面對他們，把他們當成是同時代人。所以從社會學的角度來看，「國家」只是一些共同世界之人的理念型的高度複雜網絡的一個縮影。任何有關集合體的「行爲」的說法，都是把這個複雜的結構組織視爲理所當然。[52]然後那個客觀意義脈絡的現實性，也就是組織的匿名行動，會被歸屬於一個社會集合體的人的理念型，猶如一人或多人的個別行動被歸屬於典型的意識流程一般。這種做法完全忽略了個人的行動雖然可以被當作主觀的意義脈絡，而被歸屬於某種類型化的意識流程。但是，把集合體的「行動」當作主觀的意義脈絡，這種意識體驗是不可能的。這樣的隱喻的心理學根源在於「集體行動」的這種想法背後總是有某些價值觀在作用。

當然，反駁社會集合體之人的理念型的說法，並不是反對社會集合體作爲社會學分析的任務。相反地，只有社會學的構成理論才能夠有效補充之前所設定的社會世界形式的理論。這個理論主要以這些社會集合體的匿名性或具體性之描述去分析社會集合體概念中所包含的類型化的階層區分。例如，確定一個社會集合體是以周遭世界或共同世界社會關係爲基礎，或是同時以兩種關係爲基礎，是相當重要的。我們必須進一步研究，哪一個有關社會集合體的主觀意義之具體使用說法是可能的？這些個體的行動又如何代表社會集合體的行動？這個問題，作爲國家法與民族法中的「歸屬問題」，尤其重要。[53]另一個要探討的問題是，社會集合體的概念是否能夠，以及在哪一種程度上能夠作爲共同世界行動模式的詮釋基模，因爲它具有標準化、類型化的客觀意義內容，習慣性的行爲、傳統的態度，或經由某些秩序或價值有效性而形成的信念等等而形成的，從這個客觀意義內容可以預設，它不僅在某種特定的共同世界中被視爲理所當然而被接受，而且不僅僅「被知道」，還會「被注意」。即使社會集合體之主觀意義這個概念有時以這種具體的方式被使用，它的高度複雜結構仍會使我們在使用它時有著混淆問題與混淆類型的危險，這可能使我們產生超越類型的行爲以及理念型的自由之假象。[54]

關於社會集合體的討論，也可以更廣泛地應用在「封閉的符號系統」這類的意義構成體上面，例如，德文的語言系統。當然製造品與製造者之間的脈絡並沒有被排除，因此從作爲意義構造物的「德語」的客觀意義脈絡去回溯具高度匿名性的人的理念型總是可能的。相反的，將符號系統之客觀意義脈絡視爲可能的類型化意識之主觀意義脈絡的假象，即「客觀的語言精神」這種虛構，必須被當作不恰當的比喻加以駁斥。[55]不論這種概念在其他領域是否行得通，至少在社會科學裡是不可行的。

這些觀察可以應用到所有的文化對象上。對文化對象的理想客體性來說，並沒有周遭世界中的他人之主觀意義脈絡可對應。相反地，它可以作爲客觀意義脈絡，回溯到一個較不具體、有較大匿名性的製造者理念型。我可以用「朝向你們態度」來面對這個製造者的理念型。

但作爲被製造物，文化對象不僅僅是允許我們回溯到製造者身上，即便是每一個工具或器具也莫不如此。不只可以回溯到生產的製造者，也可以回溯到以類型化方式被理解的使用者身上，而這兩種人的理念型，完完全全是保持匿名的。每一個適當地使用器具的人，都能夠藉著用這些器具達到想要的典型效果。一個器具就是一個爲了某種目的而存在的物品，並爲了該目的而存在，而被製造出來。器具是人們過去的行動結果，也是爲了實現未來行動目標的手段。但是從它的客觀意義脈絡，也就是從手段—目的的關係來說（即該器具爲什麼要被生產出來的原因），如果我們要去談意義而又不涉及他人的意識的話，那麼使用者與製造者的類型轉換就有可能發生。拿說明人的行動方式去說明一個器具的意義，如同山德（Sander）所主張的那般，在我看來不是恰當的說法。[56]

人造製品可說是匿名性遞增過程的終點，社會的共同世界可以說是在類型化當中建構起來的。以處在周遭世界的「與你關係」（Dubeziehung）中的個別意識流程的自我呈現爲起點——它是每一個理念型構造的眞正根源——我們只是藉由性格特質學與習慣性的理念型、社會集合體、文化對象、最後是工具等等之類的例子稍微探討了「與你們關係」（Ihrbeziehung）這個理念型的一些具體階段，以便舉例說明式地呈現它們遞增的匿名性與遞減的內容。[57]

四十、共同世界的社會關係以及共同世界的觀察

周遭世界的社會關係是奠定在純粹「朝向你態度」的基礎上，共同世界的社會關係則是以純粹「朝向你們態度」作爲基礎。當社會關係的概念轉移到共同世界之領域時它會經歷特殊的改變。在周遭世界情境中，人們彼此注意到對方，並互相以「朝向你態度」覺察對方的反應，而對於處在共同世界社會關係中的人則非如此，雙方並不是以「你」本身的樣貌出現在眼前。共同世界社會關係對他來說僅僅存在於這樣的**機會**當中，以「你們」之匿名性而類型化型態出現的對方也帶著「朝向你們態度」朝向自己。他所體驗到的社會關係並不是像周遭世界一樣充滿著鮮活的明證性，**而是假設性的**。

例如，當我搭乘火車時，我是以下面這個事實作爲出發點去採取行動的，也就是認定負責駕駛的人可以被我信賴，我相信他會把我帶到目的地。這個時候我和他的關係是一種共同世界的社會關係，因爲我的「火車駕駛員」**理念型**指向「一位會把**像我這樣的乘客帶到目的地的人**」。共同世界的社會關係之特質在於不只是我以預設的他人類型化行爲作爲我的行動

依據，而且我還預設了，共同世界他者的人的理念型。火車駕駛也是「依據」我這個類型化的人的理念型「旅客」的行爲而行動。這個情況會因爲我把共同世界中的他人的這種經驗，與看待我的這種人的理念型預設爲是他人的典型類型，而變得更複雜。**處於共同世界社會關係中的我，對我的同伴而言是匿名的，正如他對我而言也是匿名的那般**。我也會被他在「朝向你們態度」中（作爲旅客）所理解與對待，並且爲了這個目的，而去採取對像你們這樣的人（你們旅客）而言典型的行動。

我並不是作爲自己本身而與共同世界社會關係的伙伴接觸。我預設了「與你們關係」的存在，這只不過意味著，被我類型化的共同世界伙伴會以典型的方式來看我和詮釋我朝向他所做的行爲。

所以共同世界的「與你們關係」來自於一種主觀的機會：即你我雙方都用人的理念型來理解對方，雙方都覺察到這種相互的理解，雙方也都期待對方的詮釋基模和自己的是彼此相互一致的。在周遭世界社會關係中，對他人體驗與彼此意識體驗之反應與迴照變成了在共同世界的社會關係中，對雙方共同的類型化基模的反省。這種類型化的基模原則上是無法被證實的，因爲共同世界中的他人，並不是直接而是間接被給予的。套用在對方的詮釋基模越**標準化**，這樣的詮釋基模與透過法律、國家、傳統、秩序等被規範的**詮釋基模**越是一致，或是越能放到「目的－手段關係」的範疇中。簡單的說，用韋伯的術語來講，[58]就是詮釋基模**越理性**，則我以共同世界態度採取的行動得到他人適當回應的主觀機會也就越大。

從剛才所描寫的社會關係之構成，我們得到下面幾項重要的結論：

首先，共同世界社會關係的機會特質導致了此種關係存在與否的判斷往往只有在事後才可以被證實。因此，不同於在周遭世界社會關係中，對鮮活的你所得到的經驗，原本建立的人的理念型之適當性，無法在同一時間，而只能事後在一個新的體驗活動中被證實。由此得出的結論是，我對共同世界社會關係中他人的目的動機與原因動機的考量，只有當它們在人的理念型的建構中被設定爲恆常不變的動機時，才有可能。而且在共同世界的「朝向你們態度」中，專注於一個作爲伙伴的人的理念型，並預計他對「我作爲理念型」（von mir als Idealtypus）的詮釋基模，會適切地相應於我對「他作爲理念型」（von ihm als Idealtypus）的詮釋基模時，我把共同世界他我的原因動機跟我構想的目的關聯起來。例如，當我把信拿到郵局寄時，對郵務人員而言，這封有待送出的信無疑是他採取後續行動的眞實原因動機。相反地，周遭世界的實質行動關係，亦即，我的目的動機完全可以被詮釋爲他人的原因動機，並不適用於共同世界的領域。即使被我所期待而極有可能發生的結果，亦即**我**使用的理念型基模與**我的伙伴**所使用的理念型基模能夠相通，我也不必在乎，我的伙伴在設定他的理念型行動的目的動機時是否已經留意了他的原因動機，就算眞的有，這個原因動機是否相應於這個人的理念型類型性的目的動機，也已經不重要了。所有這些都必然地從我的共同世界的間接經驗中得出來。在共同世界的社會關係中，彼此相互關聯的假設性理念型建構以及被設定的不變動機取代了眞實個人之間的相互朝向關係。這將導致更多其他的後果。

在周遭世界的社會關係中，對他人的經驗會透過共同的我們經驗而不斷地修改與擴大，但在共同世界的社會關係中則有所不同。我對共同世界的經驗固然是可以擴充的，它不僅僅透過來自於共同世界所獲得的新經驗，而且還可以透過從一般的社會世界得到新經驗而得到補充。進一步來說，我用來建構「你們」的理念型基模也會隨著我對「同樣的」「你們的」興趣架構（Interessenlage）的轉變而不斷的改變。**然而只要原來的問題結構（*Problemstellung*）以及透過它所確定下來的、特別的理念型構成維持不變，則這些修改的範圍便會相當有限**。隨著每一次興趣以及隨之而來的問題的轉變，理念型也會跟著改變，對於我的共同世界之理解來說確實是如此。

如同我們一再指出的，「我」（das Ich）首先只爲「你」（das Du）設置一個從「我的環境」中接收到的**環境**。然而，在周遭世界的社會關係中，這個環境純粹是我們的環境，因此我可以假定，所有被我知覺到的也被你知覺到，而且我能夠透過對「這裡的這個」的示範，和我周遭世界中的他人溝通這種假定是否正確。然而這項假定到了共同世界便不再適用。儘管如此，我仍傾向於，以我對我的環境的理解特質去想像你的環境，即使沒有將它等同於我的環境。當我處在周遭世界的社會關係時，我可以說，對我的體驗之自我詮釋和對你的體驗之自我詮釋可能是極爲相同的，但是若說**在共同世界社會關係中的伙伴對世界的一般詮釋和我的詮釋相同，則這種假設原則上是相當模糊而不明確的**。

我的環境（就當下對該語詞所使用的涵義而言）[59]也包含了先前被給予的**符號系統**，在共同世界的社會關係裡，把它們當作表達基模與詮釋基模使用。這也顯示出，匿名程度對於每個「與你們關係」的具體化構成來說有多麼重要，還有它與「逐步由共同世界的客觀意義脈絡取代周遭世界『朝向你的關係』的主觀意義脈絡」這個事實之間的關係又是多麼緊密。對方越是匿名，就越需要「客觀地」使用符號。例如，我不能假定共同世界的社會關係中的對方必然能掌握到我賦予文字的特殊意義，或我所說的較大意義脈絡，除非我說明清楚。無論如何，在**設定記號的當下**，我無法確定自己是否會被正確地理解，也因此不能糾正他人對我的誤解，更不能去詢問他人。因爲，基於共同世界的他人經驗的間接性這個事實，記號的被給予與記號的可疑問是不可分的。任何跟他們有關的經驗只有透過某些特定的，也就是處在客觀意義脈絡之中的記號進行。這時我會假定，被我當作表達基模的記號體系，也可以被我的共同世界社會關係中、被類型化的伙伴當作詮釋基模；反之我也可以假定，被我的伙伴當作表達基模來使用的記號體系所「意味的」和我把它當作詮釋基模來使用時所意味的並無差異。在共同世界的社會關係中，如果要談伙伴的可詢問性的話，則只能夠從它跟共同的詮釋基模之間的關係來談，也就是在事後的活動中藉由已經證實的詮釋基模來加以證實。周遭世界社會關係中的那種同步性在這裡既然不存在，周遭世界意義底下的可詢問性也跟著不存在。不容否認的是，共同世界的社會關係是可以隨著匿名性的遞減而轉變成周遭世界的社會關係的。如此一來，詢問只發生在周遭世界中，而不是在共同世界中。[60]

在周遭世界的領域裡，社會關係的參與者與**觀察者**之間有顯著的差異，但這項差別在共同世界的領域便消失了，因爲在共同世界的社會關係裡面不存在著鮮活的「你」，所以沒有生命流程中的意識體驗可供觀照，只存在著非時間性的，或更好的表達方式是，帶有虛構性生命流程的「你們」。在共同世界的社會關係中，伙伴對於行動者來說都是處於「你們脈絡」裡，就如同在共同世界的觀察中行動者對觀察者而言。然而，對共同世界的社會關係進行觀察的人所使用的人的理念型必然與參與者的理念型有所不同。因爲我們曾經提到，理念型會隨著建構者的興趣而有所不同，而且僅僅是爲了這個目的而被建構，以便能夠將被他單一主題注視而掌握的客觀意義脈絡當作某個他我的主觀意義脈絡來看待。觀察者的興趣及經驗脈絡與行動者大不相同。觀察者所構想的理念型的和處在社會世界中的人對他的伙伴所構想的理念型相比，可能是內容比較充實的或比較不充實的、比較具體的或比較形式化的、比較高或比較低的匿名程度的，它必定是不相同的。

對共同世界的社會關係來說，觀察者感興趣的可能是參與者的意識經驗，或是這種社會關係的過程本身。如果是前者，觀察者會去建構一個適合的理念型或是從過去經驗中抽取出理念型，以適合在這種關係裡，任何人自己可以觀察到的意識體驗。如此一來，觀察者將自己與這種理念型「等同」起來，想像自己處於這種共同世界關係的情境中。他也可以在自己身上知覺到所有那些任何處於這種共同世界社會關係中的人也可以知覺到的類型化的流程。並且具有相當於理念型界定下的經驗。也因此觀察者可以明確指出他所觀察的關係性質，以及對應的理念型基模之間的相互關係。對他來說，這是很容易辦到的，因爲作爲人的身分，他不僅僅是一位觀察者，也參與各式各樣的社會關係，包括：周遭世界的和共同世界的，有時候甚至於和他現在所觀察的人（亦即行動者）也處在這樣的關係裡。此外，也時常發生這種情形：一個對共同世界社會關係的觀察者將他的對象轉變成周遭世界的「朝向你態度」之伙伴。

這裡明顯存在著危險，就是觀察者會天眞地用自己的理念型來取代由行動者所構成的理念型，反之亦然。當觀察者未能直接接觸被觀察者，而是在共同世界裡觀察他人行爲時，這個危險更是顯著。要讓這兩種理念型互相對質是不可能的；因爲，即使是行動者本人對於共同世界的觀察者來說也是一個理念型，而被歸屬於理念型的行動者其伙伴的理念型可說是第二位階的理念型。而行動者的理念型是從他的類型性的行動所導引出來的，就眼前的例子來說乃是以其伙伴的理念型爲導向。如此一來，我們所看到的完全是不同位階的理念型行爲，它的原因最終要歸屬於觀察者所提出的問題，以及特定的興趣。

這項事態對於每一門經驗性的社會科學之進行過程，也就是共同世界的觀察者所採取的態度有著特別的意義。它們的理念型概念的形成，是以仍有待我們去探討的意義適當性與因果適當性原則爲基礎的。然而**理解的**社會學還有另外一項設準。它必須如此去建構先前被給予的社會關係之理念型流程的類型性意識模式，以便使社會學者所建立的行動者的人的理念型能夠與行動者在共同世界社會關係中的伙伴所使用的人的理念型相容，但是，如果我們更進一步來看，這個要求其實是可以被放到意義適當性的要求底下的。也就是說：共同世界社會關係者（或關係本身）的理念型建構，只有當每個伙伴的類型化意識流程與每個如此被構想的意識流程之類型相容時，才是有適當意義的。

在這裡，法律社會學可以作爲闡明上述內容的好例子，假如它要以描述的方式進行的話，會面臨相當大的困難，因爲它想要將立法者與法條詮釋者，執法者與法律規範的對象，法律的教條主義者與法律的實踐者之間互相的共同世界關係，從他們這些人的主觀意義來詮釋。但是，這樣一來，他們每個人所想像的伙伴的理念型便不自覺地與法律社會學者所構想的相應理念型有所混淆了。法律社會學試圖完成的描述只有在以下這個情況下才會成功，要不是從一開始就要確實建立類型的立足點，例如，法律社會學學者要與法律生活中的「行動著」的人等同，也就是將此行動者的行爲，以及行動者對其伙伴的理念型基模，設定爲不變的，並且願意接受它的約束力；就是，給定特定的方法，使前面所提的詮釋基模可以互相轉移。在第一種情況裡，類型的建立必須是可變的，就看它從哪一個類型性的法律行動出發（立法、執法、立法者、法官、律師、合夥人等）。後一種情況則是社會學家在一個比較廣大的普遍層次建立類型，並且建立可變性原則（Varianzprinzip），個別的詮釋基模可以從較一般性的類型導引出來。在**社會科學**對共同世界所做的觀察當中所含藏的特殊問題（Problematik）將是本研究的第五節所要探討的。

E. 對前人世界的理解與歷史的問題

四十一、社會世界中有關過去的問題

基於對周遭世界與共同世界的理解方式所做的深入討論，我們可以簡單扼要地處理理解前人世界的問題。首先，至關重要的是，找出這個特殊問題在周遭世界與共同世界的立足點。當我回憶過去曾經有過的周遭世界與共同世界的朝向他人態度時，對這些體驗的再造（如同每一個再造那樣）要不是以逐步回溯的方式進行，就是回憶的內容在一**個**目光視線（Blickstrahl）中整體地一**舉**被掌握。在對過去的周遭世界或共同世界的一個體驗之再造中，體驗內容中的周遭世界或共同世界之各種細部特質總是被保留下來，也就是奠定在那些眞正的我們態度或是朝向你們態度，以及它的朝向鮮活的「你」或是朝向人的理念型：只不過，所有這些體驗及意向性都帶有在回憶當中的過去特質。它所導致的後果首先是，我以不同於每一次當下體驗的另一種意向模態朝向它們。而我對於周遭世界與共同世界的體驗也經歷了重要的改變：在當下的體驗當中曾經是空洞的期待及有待攫取的前攝，如今都已經被攫取而變得充實；曾經在當下的社會關係中還只是具有機會特質者（特別是我的行動所朝向伙伴特質），如今都失去了該項特質。之所以如此，乃是因爲我的伙伴早就已經以期待中的方式或別種方式表現行爲，而我的期待則經由他的行爲得到落實或落空。在構想當中以未來完

成式被構想爲**將被完成**的內容，如今早就已經完成，被構想的內容如今具有過去式或（在例外的情況下而且往往是模糊的）現在式。而在單一主題的注視當中，這些時間特質都會回過頭來影響被重新回憶的構想內容。但就算是在多元主題的回顧當中，實際上的落實或落空再也不被重視了，不管對於構想的再造是從實際上的落實而來的，或者我確認實際上所發生的和所構想的有所差距，例如，「我想要這樣，但卻只能達到那樣」。究竟我是怎麼去看已經成爲過去的對社會世界的體驗，或者說，我會將焦點擺在哪一項體驗上面，乃決定於我對生活的特定注意方式，我在每一個當下境況所具有的興趣以及所遭遇的問題。

所有這些問題在前面的分析當中都已經詳細處理過了，我們大可不必在此又再次重複。眼前的重點在於，我們證明了社會的前人世界與社會的周遭世界及共同世界之間的界線往往是游移不定的。因爲只要我的注視方式有所改變，我就能夠把過去的、藉由記憶召喚回來的對周遭世界與共同世界的體驗，放在我對社會前人世界的體驗之詮釋上面。但是我們關係或與你們關係中的眞正同步性仍然保留著，這些體驗本身也在這些關係中被構成。你的或是我的意識中已經流逝的多元環節之奠基性構造仍然能夠在主觀的意義脈絡中被把握，而我自己同樣已流逝的時間之流中的每個當下與如此，可以被歸附到以「我們關係」或是「與你們」關係的方式被察覺的「你」的每一個當下狀態之狀態。

純粹的前人世界領域之特點就是前人的意識體驗和我的經驗之間完全沒有時間上的同步性。前人世界在我出生之前已經存在，因此它的特質早已確定。**前人世界本質上就是早已**

結束、早已過去的，而且是完完全全過去的。它不指向未來的開放視域。前人世界的具體行爲**無一不是確定的，沒有任何處在被實現或不被實現的遲疑狀態**。前人世界的行爲從來不處於期待的模式當中，而總是在已實現的模式裡。前人世界相對於周遭世界和共同世界**並不自由，而且也不可被當作自由的**。如同在共同世界的社會關係中，它完全用不到那些藉由類型化建構而產生的動機或流程之不變設定：[61]**前人世界在原則上和本質上乃是不變的，完成的和成爲過去的**。這點同時說出了，雖然在前人世界時，所有類型的朝向他人態度都是可能的，卻絕不可能和它之間有著實質影響他人的關係。所謂以前人世界爲導向的行爲，此一「導向」只有在當它與周遭世界和共同世界的涵義有所區別時，才可以算是恰當地被使用。當我們說自己的行動乃是以前人世界的行動爲導向時，意味著，那些前人世界的以往體驗以過去完成式的方式被我詮釋爲當下行爲的眞正原因動機。根據先前的定義，[62]**以前人世界爲導向的個人行爲絕不是實質影響他人，而是受他人所影響的行爲**。被韋伯列入傳統行動範疇的那些行動都是屬於這一類的。

所以在前人世界中，我們將沒有必要嚴格區分**社會關係與社會觀察**，如同我們在對周遭世界和共同世界進行分析那般。在前人世界這個領域裡也不像周遭世界和共同世界那樣有著眞正的社會關係。前人世界的社會關係乃是以單向的「朝向他人態度」之方式表現出來的。存在某些部落中的祖先崇拜儀式正是這種朝向前人世界的最佳例子。即便與前人世界之間的實質行動關係也只有在下面這個涵義底下可以說，即使前人世界的行爲被看成是具有實質影響他人的含意，但從後人世界（Folgewelt）的角度來看，也不過就是個朝向關係（Einstellungsbeziehung）而已。最爲簡單的例子是遺囑，遺產贈與者的行爲固然是以受贈者的未來行爲爲導向，後者的行爲卻只不過是被實質影響的行爲，它必須回溯到遺產贈與者的行爲去。

我們之前對朝向前人世界的態度之基本特質所做的描述，**可能以某一些特殊的方式**出現相反的例子，**也就是當我們對前人世界的一般經驗乃是被給予的時候**。有如我們對共同世界的知識，我們有關前人世界的知識首先也是與我們周遭世界或共同世界中的他人之告知活動（Kundgabeakte）相關，而其內容正是告知者自己過往的體驗（例如，我父親的童年回憶）或是他對於他過往的周遭世界或共同世界的體驗。因爲，我父親在對我敘述他的兒時回憶時，是和我處於周遭世界關係中的，而且他那些在我出生之前就有的體驗，仍然是我這位周遭世界中的他人的體驗，即使帶有過去的時間特質；雖然如此，它們仍然屬於我的前人世界，因爲我無法將我的周遭世界的人所曾經體驗到的那個當下狀態歸屬到我的當下狀態裡。還有，我採取朝向你態度或是朝向他們態度的他我過去所經歷到的周遭世界或是共同世界，對於我來說乃是前人世界，然而我畢竟總是從我自己的共同世界或是周遭世界體驗來設想這個前人世界，我總是藉助於朝向你態度或是朝向你們態度這個媒介來經驗前人世界，而經由他人的告知所顯示的那些體驗對我顯示爲告知者本人主觀意義脈絡底下的體驗。

其次，我可以透過廣義的**紀錄或是古蹟**來經驗前人世界。這些都是前人世界留下來的證據。這些也都具有記號的性質，無論前人是否有意將它們當作記號要留給後代去解釋，或只是要給他們的同時代人看而已。

當然，我對前人世界的朝向態度可以具有極爲不同的具體化和實際化的程度。這點已經從我對前人世界的特殊經驗之被標示結構顯示出來了。只要我對於前人世界的經驗來源是我的周遭世界或是共同世界中的告知行動，則對於這個領域來說有效的體驗距離和內容充實性判準，也可以轉移到前人世界去。當然，對前人世界的朝向態度所具有的體驗距離與內容充實性或多或少是間接獲得的，因爲它取決於前人世界的他人之共同世界的朝向你們態度，或是周遭世界的朝向你態度所具有的體驗距離以及內容充實性，此外也決定於我本身對告知者的體驗距離與內容充實性的程度。

但是由於我們對前人世界的認識乃是以被設定好的記號才被給予的，我可以透過記號去認識前人世界。這些記號所指涉的對象首先是匿名的，並且遠離任何的意識流程。但是，因爲每個記號都是被設定的記號，我們隨時可以去注意記號設定者的主觀意義，與他生命過程中多元建構的活動。當然，前人世界中的「你」的多元設定活動，只能在「類似同步性」中被掌握，也就是說，證明前人意識流程的那些已被建構好的有待我去解釋的經驗之對象性，必須在設定的活動中被轉化成設定的活動，並且被想像成與解釋的活動同步完成。在此，首先記號的設定者，不必是歷史研究的對象，如果是，也只有在例外的情況下。但是，歷史資料的來源和出處使我們注意到記號設定者的周遭世界或共同世界，並且由此得知記號的告知內容。正如我的共同世界可以是由周遭世界的他人對其周遭世界的體驗所建構，又正如我能夠透過告知的記號，和暫時擱置告知者的意識流程，而將他的周遭世界當成我的共同世界去看待一樣，我也可以將前人的記號轉化成和前人的意識流程類似同步。並且，不管他的意識流程，而把記號設定者之周遭世界和共同世界（即告知的對象內容）當成我的前人世界來看待。

前人世界也總是而且在任何情況底下是他人的周遭世界和共同世界，因此就體驗的距離和內容的充實度來說，總是指向我們自己的共同世界。還有，因爲對前人世界的經驗一定是間接的，前人只能夠像我們同時代的人一樣被類型化地理解，只不過明顯地經過修正。

前人世界的他我，換句話說，總是朝向著一個**周遭世界**，它跟我的，甚至於任何人的周遭世界都是截然不同的。在周遭世界和共同世界的觀察當中，有一個（只能大約界定）模糊的經驗脈絡的核心，從這個（類型化的解釋便是）核心出發去進行，而且是「我」和「他我」共同的以「我們」的方式或是「你們」的個人（類型）化的方式進行。例如，某個特定的經驗脈絡可以被列入（歸到）共同世界的理念型「我的同時代人」之中，這個經驗脈絡可以用同樣混淆不清，有待釐清的概念——「我們這個時代的文化」來加以標示。但是前人的意義設定與解釋等現象出現時的經驗脈絡，原則上與我們先前被給予的，一般共同世界或一般同時代的文化的經驗脈絡不同。也因此前人的體驗之意義脈絡與同時代人「相同的」體驗之意義脈絡，原則上大不相同。也因爲前人的體驗，對他自己而言具有另一種意義，所以不會是「相同的」。但可以這麼說，每一個對前人世界他我在其流程之體驗以及體驗者對於他的態度可以從我們對於作爲意義脈絡的人類的體驗一**般**之經驗出發而被解釋。席勒（Schiller）曾說：「自然法則和人類心靈的一致性以及不變的同一性所構成的基本事實是[……]，遠古時代曾經發生過的事件，到了今天，各種外在情況和環境雖然大不相同，卻仍會再次發生；而從我們觀察所及的範圍內所發生的最新現象，可以被放回缺乏歷史記載的時代去獲得結論，而被闡明。」[63]在此席勒用他那個時代的語言所稱的人類性情不變的同一性，可以解釋爲人類一般經驗的本質，它不僅必須超越我們對周遭世界與共同世界的經驗，還超越我們的文化脈絡經驗。

因此，我們用來詮釋前人世界的基模必然不同於他們詮釋自己世界的基模。如果我對一位同時代人的行爲進行詮釋，我大可以假定他的經驗與我的經驗相類似。但是如果要理解一位前人，則我失敗的可能性將大爲提高，我的詮釋必定模糊而不可靠的。這一點對於理解過去時代的語言還有其他符號也都適用。這些客觀的記號體系本身雖然是封閉的，建構完成的，也因此是固定不變的。但是，在探討前人所使用的記號時，我卻無法確定自己的詮釋基模與前人的表達基模是相一致的。因此，對於過去使用記號的詮釋總是不確定的，帶有機會特質的。舉個例子來說，如何從既有的樂譜上之記號系統去得出「正確的」，也就是對巴哈本人的作品所做的解釋，怎樣才算是符合他的意圖，這是個爭論不休的問題。即使在哲學史當中也充滿了對過去哲學家所使用詞彙之適當詮釋的不同見解。這種詮釋上的困難和我們對同時代人使用的文字、記號之不確定性有所不同。前人世界中的他人本質上不僅是不可能被詢問的，也不可能被轉變成跟我有周遭世界的關係。但是共同世界的社會關係或是共同世界的觀察則存在著轉變成周遭世界的可能。

此外可進一步補充說明的是，我們對前人世界的經驗原則上是結束而完成的，我們不能說，自我對於前人世界中的他我的經驗，總是能夠如同對周遭世界的他我那般持續不斷地增加。即使藉由對共同世界之朝向他人態度而言十分典型的客觀意義脈絡的漸增類型化，我們能夠對他們有更豐富的經驗，對於前人世界而言也是有其限度的，也就是端看相關材料之出現的偶然程度。這項預設可以說完全是技術性的而非本質性的。

是以歷史科學的主要任務，就是要去決定挑選哪些前人給予的前人世界的事件、行動、記號等等，並對它作科學性的詮釋，以便建構歷史的事實。韋伯與邁爾（Eduard Meyer）[64]之間的討論已經使得這個問題廣爲人知，而整個有關歷史主義的論戰也因此備受矚目。在此，我們只針對上述有關前人世界的論述，作一個結論。

歷史學者提出問題的方式與其他領域學者提出問題的方式相同，都是依賴於他的興趣動機，如同我們之前所分析的那般。但是，歷史學者的興趣也依賴於他的每個當下與如此，因此也依賴於他對生活的注意及其獨特的模式，他不僅把這個模式運用在前人世界，也運用在他的共同世界上。正如每個人都會在不同時刻以不同方式來詮釋自己的過去經驗，歷史學者也會在不斷轉變的意識樣態中透過自己對「社會世界」的經驗去檢視他的研究對象。這造成的結果是，在意義脈絡的轉變之中，他總會不斷地爲「相同的」現實性建立起別的類型，尤其是別的行動流程類型與人的類型。但是歷史學者的社會世界經驗之總概念中，包含了他對同時代或他那個時代的文化脈絡的經驗，以及他對前人的經驗，無論是前科學的或科學的。由此出發回頭檢視對他而言預先存在的歷史問題，而藉由其流程重新建構那些已經發生的事件。他以意義適當的方式去從事這項工作，也就是基於下列設準：他的建構必須與他的整體經驗，他對於前人世界以至於世界一般的全部知識協調一致。就底下這個意義而言，歷史主義是有它的道理的：所有歷史事件的相關性都是相對於歷史學者的每一個當下狀態而言的。就以下這點來說歷史主義就不那麼有道理了：他認爲可以在越過前人世界領域時，用歷史範疇來解消所有非時間性的（或更好的表達是：超越時間性的）理想對象性範疇。假設他眞的這麼做，那就等於把客觀意義本身給劃上問號，也就是那個與前人世界之前知識相關，而唯一使得對世界一般的詮釋得以可能的詮釋基模。[65]

我們也可以提出這個問題：哪一些行動是跟前人世界中的行動者，以及行動者的周遭世界或是共同世界有關的？這項提問只是把問題推回原點，而非加以解決。因爲假如歷史學者確認哪一些行動是在一個歷史階段對於行動者本人或是他的同時代人來說有關的，他必須已經掌握了那些人的使這項行動可以被看成是相關的眞正的原因動機。但眞正的原因動機只能以過去完成式被展示出來。當歷史學者使用它時，預設了他已經經驗到行動者的原始動機，也就是其目標設定。歷史學者或多或少可以將自己視爲前人世界中那個採取行動之前的人，而且思索行動者在這個情境底下可能的行動構想。或者一般而言，他可以問，假定某個事件A沒有出現，或不在這個時刻出現，或不是以這種特殊方式出現，而是由事件B取而代之，則這些歷史事件會有什麼不同的發展呢？而這些問題背後又預設了什麼呢？歷史學者在提出這些問題的當下知道行動者的構想，只要行動者實際完成的行動落實了該構想。進一步來說，他知道歷史事件的整個後續發展。由於具備這些知識，他可以投身到關鍵的選擇時刻，或是事件A發生之前，然後問，也從我們對眞實原因動機的研究中得到證實，那就是，在兩個可能性之間做選擇的這種假定，以及，從眞實原因動機出發的這種假定，都帶有事後說明的性質。在分析選擇行動時我們已經認識了類似的提問。當時[66]我們已經認識到，也是經由我們對眞實原因動機的探討所確認的，事後說明的特質是含藏在所謂在兩個可能性之間做選擇，以及從前給予的眞實原因動機出發等說法裡。只有從我們對事件發生當時直到現在的整個過程的經驗出發，才能推演出眞實原因動機，也才能夠判斷既存事件A對於後來歷史過程所具有的關聯性。這就是爲什麼只有過去才能被當作歷史，而現在則不可能的緣故。因爲現在所具有的都是純粹的過程，每個行動與構想都是自由地發生著，而未意識到行動者的原因動機。過去既無自由也沒有機會特質，而過去行動的眞實原因動機原則上至少可以隨時以過去完成式的方式去推演未來。

如果我們回顧整個歷史之流，並且和我們自己生命體驗的過程相比較，我們會看到它具有持續性以及多面性，類似於我們自己意識流程的部分。但是兩者無論如何相似，畢竟並不相同，因爲歷史是發生在客觀的時間中，[67]而意識則是發生在個體的生命流程裡。歷史之流包括了匿名的事件，它認識共同存在、不變的環節、同質性的與可重複性的。但是歷史之流能夠轉化爲他人生命流程中的眞實體驗與他人對周遭世界及共同世界的體驗。他們在眞實的我們的生命體驗中，與周遭世界有了關聯；與共同世界的關係則是本身以生命體驗爲基礎的「你們」體驗之中。同時，人們形成「與你們關係」或「我們關係」的組合會不斷地改變。由於世代交替的緣故，周遭世界持續地轉變成前人世界，而未來世界則變成周遭世界。取代已經變成前人世界的周遭世界，在周遭世界中，他我是結合在純粹我們之中，後人世界乃逐漸進入我們關係裡，我們未嘗不能說，自從有人類存在以來，便持續存在著我們關係，只不過成員不斷輪替著，所以我們關係的內容極爲多樣豐富，其具體形式則不停的轉變，但我們關係是持續保持著。這種解釋歷史事件的方式一點也不是形上學，儘管存在著形上學解釋的空間。它使得我們對前人世界，甚至於社會世界一般的經驗之統整性的概念成爲可能，只有它能夠讓對歷史的主觀意義脈絡之專注的可能性得到充分說明。

隨著對歷史做詮釋的出發點之不同，無論是以已流逝之已然行動的客觀意義脈絡爲主，或是以我們的主觀意義脈絡爲主，我們可以區分出事實的歷史、人類行爲的歷史、客觀意義脈絡的歷史或主觀意義脈絡的歷史等等。從這裡出發，歷史學者才算是眞的能夠提出問題，也才能夠選擇相關的歷史材料。

爲了要把我們在這一章裡面對社會領域所構思的圖像作個總結，讓我們在此簡要地說明一下後人世界的涵義。如果前人世界因爲已經過去、完成了而總是不自由的、不確定的，（譯註：疑舒茨有筆誤，依前文所言，應爲「確定」〔bestimmt〕，而非「不確定」〔unbestimmt〕）周遭世界中的鄰人是自由的、共同世界中的他人是帶有機會特質的（Chancecharakter）的，那麼後人世界便可以說是絕對不確定的（unbestimmt），並且也是永遠無法確定的（unbestimmbar）。只要我們的行爲以後人世界爲導向，我們便只能以後人世界的存在，而不是以他們的存在特質，或他們的當下狀態爲準。即便是理念型的方法也是不夠用的。因爲理念型的方法是以我們對前人、鄰人，和一般同時代人的經驗爲基礎的，而無法運用於我們尙無任何經驗可能性的後人世界。只有當我們的某些鄰人與同時代人活得比我們更久，也就是未來的後人世界是從一個眞正的我們關係或是與你們關係產生出來，我們才可以很有把握的說，運用在我們的周遭世界與共同世界的詮釋原則，同樣也適用於後人世界。要是這個後人世界離我們的當下狀態越是遙遠的話，則那個透過前人世界爲所有的理解奠定基礎的、我們的表達基模之可詮釋性便越顯得有問題。

以上這些思考足以顯示，相信有所謂超越時間的歷史法則是多麼荒謬，它不僅僅能夠解釋過去與現在，甚至連未來都可以預告了。實際上，所有的後人世界必然都是非歷史的，是絕對自由的。雖然它可以在空洞的想像（在前攝中亦然）中被預期，卻一點也無法用直觀的方式被設想。後人的世界不可能被構想，因爲它的實現與否完全超越了我們所能夠經驗的範圍。

【注釋】

① 相當於術語「後人世界」的恰當語詞「後世」（Folgewelt），可見於席勒（Schiller）的就職演說〈什麼是普遍歷史以及人們研究普遍歷史的目的何在？〉（Was heißt und zu welchem Ende studiert man Universalgeschichte?）。

② 參閱本書第二節。

③ 見〈純粹社會理論的對象〉（Der Gegenstand der reinen Gesellschaftslehre）於《社會科學資料庫》（*Archiv für Sozialwissenschaften*）, 54 Band, 1925，頁三二九以下，特別是頁三三五。

④ 我並不能同意桑德的所有論點，限於篇幅，在此並不能夠詳加探討。不過專業人士應該不難看出，我與桑德看法不同之處。

⑤ 見《經濟與社會》（*Wirtschaft und Gesellschaft*），頁十一。

⑥ 類似於桑德對 GZ 和 GV 行爲之區別於〈純粹社會理論的對象〉（Gegenstand der reinen Gesellschaftslehre），前揭書，頁三六一：「如果 GZ 行爲主要指的是**未來的**他人行爲以及**未來的**他人社會行爲的話，那麼在此所談的社會行爲，主要就包含了對於**過去的**他人行爲，以及**過去的**他人社會行爲的意向性關係，所以我們擬將它稱爲『GV 行爲』。」

⑦ 見《經濟與社會》（*Wirtschaft und Gesellschaft*），頁十一。

⑧ 見《經濟與社會》（*Wirtschaft und Gesellschaft*），頁十三。

⑨ 譯註：參考顧忠華譯本，韋伯著，《社會學的基本概念》，臺北：遠流，一九九七，頁五十五。

⑩ 見《經濟與社會》（*Wirtschaft und Gesellschaft*），頁十四。

⑪ 譯註：舒茨未註明出處，參閱 Max Weber, *Wirschaft und Gesellschaft*（《經濟與社會》），頁十四；中譯本，前揭書，頁五十四－五十五。

⑫ 關於這句話，請參閱前文第二十七節。

⑬ 至於我的伙伴是將我體驗爲鮮活的個體或是理念型，則視情況而定，要取決於那是周遭世界的，或是共同世界的實質行動關係。在此請參閱本書第三十四及第四十節。

⑭ 參閱本書第十八節。

⑮ 在此參閱本書第二十節。

⑯ 當然這種本原性並非「首要的」（primäre），因爲基本上我是無從透過直接的知覺來接近他人的精神生活的，而是——套用胡塞爾的術語來說——「次要的」（sekundäre）（胡塞爾，《邏輯》（*Logik*），頁二〇六）。

⑰ 見《觀念》（*Ideen*），頁一三八。

⑱ 參閱前文第十九節。

⑲ 見《科學形式及社會》（*Die Wissensformen und die Gesellschaft*），（Leipzig, 1926），II；《認知與工作》（*Erkenntnis und Arbeit*），頁四七五以下。

⑳ 亦請參閱胡塞爾的《笛卡兒的沉思》（*Cartesianische Meditationen*）的IV及V。亦參閱前文第一章的「補記」。

㉑ 在此請參閱本書第三十六節。

㉒ 在此所謂的「周遭」（Umgebung）指的就是外在世界的片段，該片段是既存的且爲我所能掌握的。所以周遭不只涵蓋了相關的無生命事物的外在世界之片段，同時也包含了有生命的，尤其是社會周遭世界的事物，

以及其他各種像是記號和記號體系的製造品。

㉓ 參閱前文第二十節。

㉔ 參閱胡塞爾的《笛卡兒的沉思》（*Cartesianische Meditationen*），第五十五節，頁一四九以下。

㉕ 韋伯稱前者爲當下理解（aktuelles Verstehen），後者爲根據動機理解（motivationsmäβiges Verstehen）。這種動機替換無論是以一次性掌握或是透過一系列的判斷，在結構上並沒有任何差別。這裡再度顯示，韋伯對當下理解和根據動機理解之間所做的區別是有缺失的。

㉖ 所以說，通常是先由對於某個被觀察的行動之「統整性」（Einheit）的外部影響來推論的，這是特別在刑法學說中論行動時所著重的方法。參閱 Felix Kaufmann，《刑法罪責》（*Strafrechtsschuld*），頁八十六。

㉗ 參閱他的極不受重視的《普遍社會理論》（*Allgemeine Gesellschaftslehre*），（Jena, 1930）。

㉘ 見《經濟與社會》（*Wirschaft und Gesellschaft*），頁十四。

㉙ 這類在社會共同世界中的朝向關係（Einstellungsbeziehungen）及實質行動關係（Wirkensbeziehungen）中所經驗的特別更改，還是需要詳加描述。

㉚ 「直接性」（Ummittelbarkeit）的概念是用在標示對社會共同世界之掌握的，它甚至還涵蓋了胡塞爾所謂「在次要本原性中的經驗」。請參閱前文第三十三節，注釋⑯。

㉛ 在此請參閱法利・考夫曼（就像在探討理念型的匿名性之問題一樣）精簡但基本上是很重要的說法。（Felix Kaufmann，〈社會集合體〉（Soziale Kollektiva），於《國民經濟學期刊》（*Zeitschrift für Nationalökonomie*, I. Bd.），頁二九四－三〇八。

㉜ 當然這個結果也會牽涉到前人世界，不過**在此**不予考慮。

㉝ 在此請參閱第三十九節。

㉞ 這個他我（alter ego）在共同世界中體驗其體驗的構思，是如何與這種客觀意義關聯性之原始掌握相聯繫的（我是就主觀的意義關聯性來探討的），這將在下文中探討人格理念型的學說時詳談。

㉟ 上述的事例引自法利．考夫曼的論文〈社會集合體〉（Soziale Kollektiva，頁二九九），可以用來說明人類行動有意義的導向之匿名化過程。

㊱ 見韋伯，〈史坦勒對於唯物歷史概念的克服〉（R. Stammlers Überwindung der materialistischen Geschichtsauffassung），於《科學理論論文集》（*Aufsätze zur Wissenschaftslehre*），頁三二五。

㊲ 連「老千」也是這麼做的，他是「刻意地」違反既定的規範。

㊳ 爲了方便起見，儘管以下的問題涉及到各種的結果和產生過程，但還是利用行動和行動過程的事例來進行探討。

㊴ 譯註：阿爾巴貢是法國十七世紀作家莫里哀（Jean-Paptiste Poquelin Molière, 1622-1673）喜劇「吝嗇鬼」的主角。參考《莫里哀喜劇六種》，李健吾譯，臺北：桂冠，一九九三。

㊵ 譯註：比馬龍是希臘神話裡的一個雕刻師，曾經刻出一位美麗的女性雕像，卻愛上她。後來比馬龍懇求維納斯女神賦予該雕像生命，最終獲得允諾而與之結婚生子。

㊶ 關於這一點，胡塞爾在他的《形式與超驗邏輯》（*Formalen und Transzendentalen Logik*）中談過（參閱前揭書，頁五十一以下關於他人判斷之再理解）：「所以我們有……必要區別出透過精確顯示的語句來標示的**不精確的判斷**（他者），以及相當**精確的判斷**，也就是在所意指事物的鑑別中追認的判斷……假使它涉及到他人的判斷而我又不認同的話，就要對該見解及其內涵保持『單純設想』（bloße Vorstellung）。」

㊷ 這就好比我（參閱先前的例子，第十七節）儘管不知道電話機是**如何**運作，卻還是能夠使用電話機一樣。

㊸ 所謂以行爲主義（Behaviorismus）作爲社會學的方法，關於這方面的批判請參閱 Mises，〈掌握與理解〉（Begreifen und Verstehen），於《施莫勒年刊》（*Schmollers Jahrbuch*）, Bd. 54，頁一三九以下。

㊹ 關於這個問題，在第五章探討因果適當性與意義適當性之間的關係時，會有較詳細的探討，參閱第四十六節。

㊺ 見《經濟與社會》（*Wirschaft und Gesellschaft*），頁十二。

㊻ 前揭書，頁七，關於這方面的批判，請參閱《社會學及法律學的國家概念》（*Der soziologische und juristische Staatsbegriff*）,（Tübingen, 1922），頁一五六以下。

㊼ 關於這方面的探討，請參閱弗格林（Voegelin）優異的分析〈法權的統整性與國家的社會意義構成體〉（Die Einheit des Rechtes und das soziale Sinngebilde Staat），於《法權理論國際期刊》（*Internationale Zeitschrift für Theorie des Rechtes*）, 4.Jg., 1930.，頁五十八—八十九，特別是頁七十一以下。

㊽ 在社會集合體的概念中，舉凡形上學或原理方面的概念，以及包含某些認識論的基本前提者，皆不在本書的分析範圍之內。在此請參閱多次引用的法利．考夫曼的 *Soziale Kollektiva*。

㊾ 這類概念的分析實例，請參閱米塞斯（Mises）對階級概念的批判，《普通經濟學》（*Die Gemeinwirtschaft*）,（Jena, 1922），頁三一六以下。

㊿ 譯註：引用顧忠華譯本，頁三十四。

(51) 見《經濟與社會》（*Wirtschaft und Gesellschaft*），頁六以下。

(52) 關於這個問題以及對韋伯見解的批判，請參閱 Kelsen，《普遍國家理論》（*Allgemeine Staatslehre*）,（Berlin, 1925），頁十九以下以及頁六十六—七十九；關於機構概念，頁二六二—二七〇。

53 前揭書，頁四十八以下，頁六十五以下，頁三一〇以下。

54 在韋伯的論史坦姆勒（Stammler）的論文中，他就以「美利堅合眾國」的概念，指出了這六重類型的混淆狀況，於《科學理論》（*Wissenschaftslehre*）頁三十八以下。

55 關於同樣的觀點，亦請參閱 Vossler，《語言中的精神與文化》（*Geist und Kultur in der Sprache*），頁一五三以下；Felix Kaufmann，《刑法罪責》（*Strafrechtsschuld*），頁三十九。

56 參閱《純粹社會理論的對象》（*Gegenstand der reinen Gesellschaftslehre*），頁三七〇：「所謂『人造製品』，指的就是所有呈現在外在知覺的事物中，其形成是來自於人類已然行動者，亦即作爲記號而賦予了特定的『意義』者。」

57 此處（及各處）顯示了在周遭世界和共同世界之間的過渡狀態。在劇場中，儘管我對演員以及演員對我，都是鮮活的存在，但只有在我作爲觀眾的一分子時，我和演員之間才存在關係。一位準備出書的作者心目中所想的讀者，只有在讀者是類型性讀者時才能形成關係：作者要根據讀者的概念和詮釋習慣，來選擇並檢驗其表達基模。描述且解釋這些關係，並探討其周遭世界的與共同世界的內涵，或許就是社會世界的型態學之任務，這方面的先驅或許就見之於韋塞（Wiese）的關係說。

58 關於這個概念，請參閱第五章第四十八節。

59 參閱前文第三十四節。

60 關於這類的過渡階段，或許可以以「信件往返」爲例。其社會學上的功能，已由齊美爾（Simmel）以別開生面的方式所描述《社會學》（*Soziologie*, 2. Aufl., München, 1922，頁二八七以下）。言說是透過所有看得到卻聽不到者及其本身的微妙之處，來透露其個中祕密，而信件對此卻無能爲力。所以只要是不涉及到他人的祕密，信件就是清楚明白的；要是涉及到的話，就是曖昧模糊的。對於他人的祕密，我可以由其無從以邏輯方式表達的氛圍和存在特質來理解，對之我們卻是做過無數次追究，以理解到相當具體的語句之究竟意義。」（前揭書，頁二八八。）

⑹ 然而就本質而言，前人世界只有在理念型中才得以被掌握；不過在類型化中，凡是只要就本質來說並非不變的事物，就不會被設定爲不變。

⑹ 前揭書第三十節。

⑹ 見其論文〈什麼是普遍歷史以及人們研究普遍歷史的目的何在?〉（Was heißt und zu welchem Ende studiert man Universalgeschichte?）亦參閱 Jakob Burckhardt，《世界歷史觀察》（*Weltgeschichtliche Betrachtungen*）（Kröner 版）：「我們的出發點，就是針對受苦受難且奮發圖強的人類（這是唯一長久存在且對我們來說是可能的中心），探討其現在、過去以及未來，所以我們的考察可以說是類似病理學的方式。」

⑹ 在此請參閱韋伯，《科學理論論文集》（*Gesammelte Aufsätze zur Wissenschaftslehre*），頁二一五—二六五。

⑹ 關於撰寫歷史以及社會科學理論之間的關係，以及由此衍生的對歷史主義的批判，可參閱米塞斯，〈社會學與歷史〉（Soziologie und Geschichte）於：《社會科學與社會政治資料庫》（*Archiv für Sozialwissenschaften und Sozialpolitik*），Bd. 61，頁四六五—五一二，特別是頁四八九以下。

⑹ 見前文第十一節。

⑹ 參閱 Simmel，〈歷史時間的問題〉（Das Problem der historischen Zeit），於《康德學會的哲學演講》（*Philosophische Vorträge der Kantgesellschaft*）*Nr.12*,（Berlin, 1916）。

第五章　關於理解社會學的一些基本問題

四十二、回顧之前的研究成果

以我們到目前爲止的研究成果爲基礎，我們將能夠更清楚的說明我們的意義理解的理論。讓我們先簡單的作個回顧。我們的出發點在於指出韋伯對人的行動的意味意義概念所做的解釋並不清楚。只要行動概念沒有被界定清楚，我們就不能確切的說意味意義乃是「行動者加在他的行動上的意義」。然而行動的定義是建立在費力的構成分析上的。我們的結論是，行動乃出於自發主動性的被構想之體驗，因爲是特殊的注意活動而有別於其他體驗。根據這項定義，所謂「行動者賦予他的行動意義」，這句話只能被當成一種語言上的隱喻來理解：因爲被錯當成附加到行動上的意義只是那個對於體驗的特殊注意方式（此一注意使得體驗成爲行動）。我們還進一步指出，對作爲體驗流程的行動（Handeln, actio）和已經結束的已然行動（Handlung, actum）之間的重要區別，並且描述了被構想中的已然行動之特殊構成方式，亦即在構想中以未來完成式被預想爲已經完成的那個方式。

可以普遍用在每一種體驗之上的**首要意義概念**是從構成分析而來的：體驗的「意義」可以被轉化爲對過去體驗的特殊注意樣態，藉此過去的體驗得以從生命之流中被凸顯出來而成爲「如此這般」的，也就是成爲「這樣而非那樣」的體驗。但是這個以前述詞之方式而與前現象的體驗有關的首要意義概念是一個能夠被擴大也須要被擴大的概念。因爲我們所研究的對象主要乃是那個**特定的意義**，是體驗者「連結」在他的體驗或行動者「連結」在他的行動之上的意義，也就是我們所使用的「意味意義」之涵義。爲了分析意義這個概念，我們檢視了多元主題構成活動的系列，並根據現象學的基本原則，發現此一系列可以在單一的注視中被掌握。我們看到每個系列皆位於意義脈絡內，我們並且分析了經驗世界是由這種意義脈絡中的不同秩序所構成的。我們接著說明了經驗基模（Schemata der Erfahrung）的概念、理所當然被視爲已構成的基礎層級概念，以及經驗儲存（Erfahrungsvorrat）等概念。基於注意樣態的理論，我們得以指出主體會依「興趣情況」去區別他認爲理所當然的，以及對他而言是有問題的，我們並且能夠藉此方式釐清思想的實踐動機（das pragmatische Motiv des Denkens）。就行動概念本身而言，我們確立了行動過程就是多元主題構成的活動系列，在流程完成之後，人們才能「在照射式的目光下」視之爲已完成的已然行動，也就是說行動本身已經是一個意義脈絡。我們同時也認識到行動的特殊意義脈絡端賴構想的範圍而定，只有構想的範圍能夠建構行動的統整性（Einheit），沒有訴諸先前的構想就將客觀被給予的行動流程視爲一體的解釋，並賦予其主觀意義是不恰當的。由於韋伯未能區別完成的已然行動，以及構想中的已然行動，導致行動的意義與動機相混淆。我們則是得出動機已經蘊含系列的複雜意義結構這項結論。動機被我們看成是引發動機者跟被引發動機者之間的意義脈絡，而且可以被區分爲目的動機與眞正的原因動機。我們指出，在行動的目的動機當中，有各種不同的層次，而且行動的目的動機就是以未來完成式被構想的已然行動，爲了它的緣故乃有逐步進行的行動。所有這些分析都是在單獨的「我」的生命流程中所進行的，藉此我們並得出了對自己的已然行動或行動的自我理解之概念。我們把對於自我的體驗稱爲再認的綜合活動，也就是將自己的體驗放回或是安置於互相一致的經驗基模中。

在我們接下來所分析的社會世界中，「我」遇見作爲他我的鄰人，也就是一個具有意識與生命流程的存在者，而且跟「我」一樣有能力也有必要詮釋他自己的體驗。我所面對的是一個他我，他會進行這樣或那樣的行動，而我只能根據這些行動的外在流程去掌握它，我只能在自己的經驗脈絡裡組織與整理我對它的知覺，藉此認知它，也就是在對於我的體驗之自我詮釋的活動裡。只要「我」依然在自我詮釋的範圍裡打轉，則儘管他對於自己社會世界的體驗有所理解，卻不能算是對他人的體驗的理解。他對社會世界的經驗也會以相同的方式被覺知，也同樣被歸到客觀意義脈絡中，就如同他對於一般世界的所有經驗那般。但他隨時可以將自己對他我的體驗歸在客觀意義脈絡中。因爲被知覺到的流程也是被採取行動的他人歸到某個意義脈絡中。之所以如此，乃是由於他能夠以單一主題的目光來看整個構成行動的多元主題活動。只有當這個注意力轉移時，（或者以我們的用語來說）只有從客觀意義脈絡轉換成主觀意義脈絡時，才算是眞正的理解他人。

注意所有人類製造品及文化對象的主觀意義脈絡是可能的，這些製造品及對象可以被詮釋爲製造者意識流程的證明。我們已經知道所有對他人的體驗之經驗只能透過記號去進行。在各式各樣的證明（Zeugnis）與指標中，我們特別挑選出處於某個意義脈絡之內的記號，這個意義脈絡一方面是記號使用者的表達基模，另一方面則是記號詮釋者的詮釋基模。如果這兩種基模與設定記號的行動分離開來，也就是不去管活生生的意識構成活動，而將詮釋的範圍限定在已完成的行動，或者只限定在記號本身上面的話，則這些基模都可被詮釋爲客觀的意義脈絡。但被設定的記號可以被當作製造品而被解消成一種對記號的設定，也就是一種相應於構成者的逐步建構活動之意識體驗的行動。在注意到這些意識體驗的同時，在記號世界內，便是從客觀的意義脈絡轉移到主觀的意義脈絡。通常，「理解」一詞既可用在對製造品的主觀意義脈絡，也用在對其客觀意義脈絡的詮釋上。這裡隱含了有關社會世界之認識的基本問題，而且唯有藉著化解語言上的歧義現象，問題才能得以顯現：他人體驗的意義與理解他人，有著與自身體驗的意義和自我理解全然不同的含意；附加在製造品或作品上的意義——相對於自然事物——乃意味著，製造品或作品不僅對於我這個詮釋者具有某種意義脈絡（此處應強調的是，身爲詮釋者的我，並非單獨從事詮釋，而你的製造品有如世界中的事物，也不是單屬於我個人的世界，而是共同屬於**我們**的互爲主體的世界：它不僅只位於作爲詮釋者的**我們**的意義脈絡中），而是也作爲製造者的「你」的意義脈絡之證明。就此而言，「有意義的世界」（die sinnhafte Welt）一詞（不同於「自然世界」）便指向這個設定有意義事物的「他我」。因爲對於身爲詮釋者的我們而言，正如我們會將所有的體驗歸到我們自己的經驗基模當中，我們也會將自然存有（Natursein）和有意義的存有（sinnhaftes Sein）放到客觀意義脈絡中。

我們對社會世界內社會關係和社會觀察的研究，已經顯示作爲主觀意義脈絡的他人心靈

（Fremdseelisches）能夠以何種方式被察覺。我們發現所有理解他人的活動都是以自我說明之活動爲基礎，而被設定的記號的客觀意義會不斷增加即時的與偶加的（okkasionelle）意義，我們能夠區別記號的意指功能與表達功能，我們可以描述——即使是約略的——這種特殊方法，透過這種特殊方法，我們得以掌握他人的詮釋基模。關於社會領域內，動機脈絡的研究讓我們明白，所有的意義設定都是爲了詮釋的緣故，而所有對意義的詮釋都只能從與意義設定有所關聯的活動而來。基於這項認識，我們得以進入「社會行動」和「社會關係」的問題領域。

對於韋伯的社會行動概念之分析已顯示出「朝向他人態度」和「實質影響他人」的本質，並銜接上「朝向關係」和「實質行動關係」的問題，我們探討了包括社會關係的參與者和觀察者的一般形式結構。在這個過程中，我們清楚看到社會行動和社會關係概念包含了許多不同的樣態，這些都取決於朝向他人態度的對象是周遭世界、共同世界、前人世界或是後人世界的他我。接著我們又專注於對社會世界各個領域的分析。唯有在周遭世界的社會關係裡，「你」的意識流程才能被直接覺察到，而且是對「你」當下的體驗；相對而言，我們根本無法觸及自己當下的體驗，那些在自我詮釋中出現的體驗都是自己過去的體驗。我們也談到眞正的「我們關係」，在此之中我和你，也就是我們，可以在不可區分的注視中掌握到同時正在進行著的我的生命流程和你的生命流程。「我們關係」同樣也具有多種呈現方式：它指向不同程度的實際化與具體化，並能涵蓋具有不同程度距離的體驗。相較於此，在共同世界中，他人的存在對我來說並不是直接的、具有身體的，而是間接被給予的。就某種程度而言，他人已變成匿名的；他人被理念型所取代，而此理念型乃是從眞實的你抽離出來，具不同抽象程度與內容的、根據過去某些行動過程的經驗所構成的。我們將「我」面對共同世界的他我採取的態度稱爲「朝向你們態度」（Ihreinstellung），因爲它的對象並非活生生的他我的存在特質（So-sein），而是他我的如何形式（Wie-sein），亦即一個與理念型他我相似的類型。我們還分析了一系列「與你們關係」的逐漸匿名化層次，從理念型「我的朋友N」開始，一直到理念型「某人」作爲人爲製造品與客觀記號體系的原創者等。隨著他人漸增的匿名性，隨著他人的去個人化，我和他人活生生的生命流程的距離也逐次擴大。對方越匿名，就越無法直接被體驗，也越只能被思想以對。如此一來，容許伙伴所擁有的自由程度也就越發低落。而我就越會把他概念化，我越是把對方概念化，我就越加不能視他爲自由的行動者。在周遭世界社會關係中的「你」是在自發活動當中被掌握，我據以爲導向的「你」的未來行動帶有絕對的機會特質，而如果正確理解的話，類型是毫無自由可言的；要是人不離開共同世界的關係而進入周遭世界關係的話，他是不可能脫離超越類型約束的行爲的。前人世界的人完全是無自由可言的，而後人世界的人則無論如何是自由的。在第十一節我們了解到，倘若正確理解的話，自由的問題純粹是「時間的問題」，而且以同樣的方式在這個層次中顯示爲意義如何受限於時間（die Zeitbedingtheit von Sinn）的問題，如同我們在第二章研究個體的意識領域時已經說明了這一點。

所有我們的論述不僅可以用在社會關係中的參與者上，也適用於觀察者。在觀察者的情境中，我們還必須明確區別對周遭世界的他人、對共同世界的他人以及對前人的觀察之不同等等。

四十三、共同世界的觀察以及社會科學的問題

我們現在進一步討論「朝向他人態度」與社會關係如何在社會世界的四個領域——周遭世界、共同世界、前人世界與後人世界——經歷各種樣態變化。至今爲止所進行的分析，重點在於，抱持自然態度的人，也就是實際生活於社會世界中的我們，如何掌握及詮釋世界。只有在一些點上面才涉及社會科學知識的問題，而該問題乃是基於不同於日常生活的獲得經驗之方式而成立的，雖然社會科學所面對的社會世界與日常生活所面對的社會世界並沒有差別，社會科學將經驗放在與日常活動全然不同的意義脈絡裡，並以和生活於社會世界中的人不同的方式去塑造它們。

於第四章的導論我們曾經提到日常生活經驗與社會科學經驗之間的關係，我們也指出兩者很難截然劃分。當我在日常生活中使用概念去思考他人時，我很像是以一種社會科學家的態度去對待他人。另一方面，就算我從事社會研究時，也仍然是眾人之一，再說，科學之爲科學，其研究成果不能僅只對我有效而已，而是對每個人都是一樣有效。此外，科學永遠預

設我的經驗可以回溯到整個科學社群的經驗去，即那些和我一樣從事科學工作者的經驗，這些人或是與我一起，或是爲我從事著科學的工作。①社會科學的問題老早已經出現在前科學的領域之中了，社會科學本身也只有在社會世界一般生活領域中才有可能。這並不表示社會科學家在日常生活與一般關係所得到的經驗都是科學的。我們只不過要指出，對理解社會世界之特殊科學方法論的批判，必須自哪裡入手。

然而社會科學針對它研究的對象——社會世界——所採取的特殊態度究竟爲何呢？基本上，**它和共同世界的觀察者所抱持的態度相同，我們在前一節已經對其「朝向他人態度」做過詳細的分析。兩者的差別僅在於：就社會科學而言，並不存在預先給予的周遭世界**。社會科學的世界不等於社會科學家所在的世界，儘管社會科學家也是生活在周遭世界的社會關係中。前人世界對社會科學而言則是預先給予的，對歷史學來說它是唯一預先給予的。所以社會科學的整個經驗脈絡與日常生活中的共同世界觀察者的知識脈絡必然不同。

韋伯以其慣有的清晰度與敏銳性也看到了這個問題。在他和敏斯特倍格（H. Münsterberg）②的爭論中，談到科學的心理學以及「知人者」（Menschenkenner）之心理學的基本差異。韋伯不同意敏斯特倍格所主張的，知人者若非對人有全然的理解，便是一無所知，相反地他認爲：一個人只知道他人和自己的特定具體目的有關的部分，除此之外別無他物。「使人類在特定觀點下具有意義者，基於**邏輯上的**理由，不可能是追求法則的純粹心理學理論所能包含的。實際情況是，它不只依賴於我們所觀察的包含『心理因素』的生命現象之無窮多的組合，也不可能被任何世界上的理論當作『預設』而加以接受。」我們千萬不要被韋伯的用語給誤導了：在引言中所做的區分不僅僅涉及心理學的問題，更是關聯到一般日常生活經驗與科學經驗兩者之間的區別。

科學判斷之所以優於日常生活判斷的原因何在？胡塞爾有關形式的與超驗的邏輯之相關研究可以提供我們作參考。所有的科學判斷都以能夠清楚而明確地去認識世界爲目標。在科學判斷中，沒有任何的預設或預存要素可以單純地被視爲「現有的」而不需要進一步的解說。相反地，當我以科學家的身分去行動時，我必然要詳細地逐步分析那些日常生活中的判斷：我以爲毫無疑問的、無須進一步解釋的，或不精確思考過的自己的意見或他人的意見。致力於釐清與說明人們對社會世界的思考內容，是每一種社會科學，包括理解社會學，所設定的主要目標。韋伯在試圖分析社會世界中的人所做的意義詮釋與意義設定過程，也就是從「人類行動的意味意義」的基本論題（當然還是不夠清楚）著手去解釋時，預設了社會世界中的常識判斷所隱含的意義是可以、也應該透過科學方法加以闡明的。

我們稍後將會討論關於社會科學之可能區分（mögliche Einteilung）的難題。我們首先要藉助韋伯的社會學，探討每種社會科學對其研究對象的態度所形成的後果，也就是，觀察者對共同世界或前人世界的觀察態度所造成的影響。

我們已經知道共同世界並非以直接的形式呈現給觀察者，而只能在間接的經驗中被接近，而自我也只能把共同世界之他我當作一種類型去加以理解。日常生活中理念型的建構，也就是對被設定爲類型的、不變的要素的選取，完全取決於觀察者進行詮釋時的當下情境與觀點。另外它也依賴現有的知識儲存，以及對社會世界之一般與特殊認識的注意樣態。即使是建構科學的理念型，也必須回溯到科學經驗的整個脈絡，或是相當於對世界之明確判斷的整個脈絡。這些判斷都是科學的，必須被放入最高的意義脈絡，用胡塞爾的比喻[3]來說，這個最高脈絡，獨一無二地總括所有公理、基本原則、定理，以及科學演繹等表現方式。社會世界中的觀察者用來理解同時代人的詮釋基模，必然不同於社會科學家所用的詮釋基模。在共同世界觀察者的經驗裡，對這個特定個體的所有經驗都是從他的周遭世界而來的，無論他的經驗內容是在有立場的或中立的、明確的或模糊的判斷活動中被掌握，或只是在前述詞的「擁有」社會世界中被給予的，這是因爲活生生意識活動的意向性之緣故，而個體正是活**在這個意識活動中**。相對而言，整個社會科學的經驗脈絡是以明確的立場性判斷活動，以及已構成之理念化的對象性爲基礎，也就是說，以思想結果爲基礎，而不是以奠基於前述詞的，對他我的親身體驗爲基礎：社會科學的經驗脈絡從來就是共同世界（或前人世界）的，尤其是明確的經驗，絕不回溯到周遭世界的經驗。除此之外，關於世界的所有思想結果都必須放入科學經驗的整體脈絡當中，而在社會科學中所使用的詮釋基模必須與世界（不僅僅是社會世界本身）的科學經驗之整體脈絡相一致。所以原始的與基本的科學模式、命題的表達基模、說明的詮釋基模等等，本質上都屬於**形式邏輯**。依此看來，科學永遠是一種**客觀的意義脈絡，所有關於社會世界的科學論題**（das Thema aller Wissenschaften von der Sozialwelt）**都是針對一般的或特定的主觀意義脈絡去構作客觀的意義脈絡**。所以每一門社會科學的問題都可簡述如下：**關於主觀意義脈絡的科學是如何可能的？**④

在分析社會的共同世界時，這個問題已經得到部分的解答了。藉由日常生活當中以素樸自然的世界觀所建構的同時代人及前人的理念型，我們可以呈現以及描述主觀意義脈絡如何在客觀化與匿名化的建構過程中被理解。由於呈現在社會科學研究當中的社會世界從來只是共同世界或是前人世界，而不是周遭世界，所以社會科學只能類型化地去理解社會世界，無論是透過行動過程類型或人的理念類型，也就是說只能是間接的，而不可能在鮮活意向性的質樸的自身呈現當中（in der schlichten Selbsthabe der lebendigen Intentionalität）。作爲類型化經驗的社會科學經驗依舊是客觀意義脈絡，縱使它以類型化方式所掌握的對象乃是一種主觀意義脈絡（也就是在人的理念型之中進行的意識流程）。

我們接下來的任務是去描述，日常生活中的類型化法則如何在社會科學領域經歷特殊的樣態轉變，也就是當它們被放入帶有特殊性的科學經驗脈絡之中，因而不再存有任何社會周遭世界的特質時。

我們已知道共同世界的觀察者，爲了掌握共同世界的他人，可以建構和自己經驗相一致的理念型，同樣社會科學家爲了掌握主觀意義脈絡也必須建構理念型，這些理念型不僅必須和科學經驗的整體脈絡相一致，並且還必須和它們處在一種「被激發的」（motivierten），也就是有根據的、充分的意義脈絡裡。社會世界的理念型必須在社會科學裡如此被建構，以便它一方面不違背任何科學的經驗事實，另一方面則能夠落實之前根據充分證據所導出的意義脈絡而提出的設準。或者，用韋伯的話來說，**社會科學建構的理念型，特別是理解社會學建構的理念型，都必須同時符合因果適當性與意義適當性的要求**。以下將探討這兩個概念在理解社會學中所扮演的角色。

四十四、理念型在韋伯社會學中的功能

當我們將注意力轉移到分析韋伯的社會學範疇時，將依據他未完成的主要著作《經濟與社會》當中的相關論述作說明。韋伯的方法學觀點在其學術發展歷程中有過重要的轉變，這在像他這樣具有「豐富學術能力」的人身上並不稀奇。我們並不打算個別探討這些改變，一方面是爲了避免加重負擔，另一方面則是因爲在這個論題上已有許多精采的論著出現。⑤

讓我們引用韋伯的一些論述作爲開始：「社會學是一門企圖對各種社會行動進行詮釋性理解的科學。」⑥「社會學試圖構造**類型**概念，並尋找發生過程的**普遍**規則（*generelle* Regeln）。它不同於歷史學，歷史學所追求的是，對**文化**具有重要性的**個人**行動、結構，與人格等進行因果分析與說明。」⑦「社會學構造它們的概念並追求其規則，特別**也**是基於此項觀點：它是否因此可以有益於對文化重要現象作歷史因果說明。正如每一種進行普遍化的科學（generalisierende Wissenschaft），社會學概念的抽象特性的限制是，與實際的歷

史眞實相較起來，社會學概念是缺乏具體內容的。爲了彌補這項缺陷，社會學所能夠做的是提高概念的**精確性**。該精確性是經由適當地趨近意義層次而獲得的，這些可以……體現在**理性的**概念與規則之上。但社會學也試圖探討**各種**非理性的現象（例如：神話的、預言的、屬靈的以及情感的等等），並且根據理論的，特別是**意義**適當的概念來加以掌握。**所有的**案例，無論是理性或非理性的，都遠離眞實情境，同時以以下形式幫助我們理解這個眞實世界：透過這裡所顯示出來的歷史現象，並且可被放置在這些概念的其中一個或是多個概念底下。……爲了藉由這些語詞讓某些意義明確的東西被指出來，社會學者必須規劃行動形式的『純粹』（理念）類型，以使得每一個理念型盡可能具有完備的**意義適當性**，也因此，在其絕對理想的純粹形式裡，也許很難在現實世界出現，好比在絕對眞空的預設底下所達到的物理反應那般。」⑧

「『意義』（就理解社會學的定義而言）要不是指涉(a)被某個在歷史具體情況中的行動者，或是多位行動者以平均或趨近的方式所意味的意義；就是指涉(b)在概念建構的**純粹**類型中**被設想**的行動者之主觀**意味**的意義。」⑨

「『理解』在所有這些例子中都意味著詮釋性的掌握：(a)針對在個別情況裡的實際意味意義（在歷史的觀察探求中）；或(b)針對平均的與趨近實際的意味意義（在社會學的大量觀察探求中）；(c)針對時常出現之現象的純粹類型（理念型），需透過科學去建構的（『理念型的』）意義或是意義脈絡，國民經濟學的純粹理論之概念與『法則』都是這種理念型的例子。它們所要說明的是，**假存在特質嚴格**目的理性的、不受誤差或情緒因素影響的情況下，或更進一步地，**假存在特質**完全明確只指向單一（經濟）目的之情況下，會有哪一些特定類型的人類行動過程。在眞實世界中，行動只有在很少的情況下（例如，從事證券交易）才會表現得像理念型所建構的那般。」[10]

依照韋伯的說法，這些引言充分說明了理解社會學的理念型所扮演的功能。既然以下的研究往往必須超越韋伯的概念建構，並且與這些概念周旋，韋伯的貢獻對社會科學所具有的重大意義便需要被強調。韋伯一再指出，理念型問題是所有社會科學的核心問題。我們的研究也顯示，這個說法極有道理。因爲共同世界與前人世界都只能透過理念型方式被掌握。這個世界中的個別流程和事件已經和周遭世界社會關係當中可以在眞正的我們關係中被掌握的活生生的「你」脫離了。它們或多或少有些匿名，屬於類型性的意識過程，當然它們具有各種不同程度的具體內容，而且它們是介於個體意識流程的類型與一般他人（就是「每個人」或「某人」）的意識類型之間。

韋伯認爲理念類型領域內的各式各樣變異型態必須被區分開來，他所做的區分是：在歷史既存的個案內，個別行動者的意味意義；一群行動者平均的意味意義；以及一個理念型行動者的意義。韋伯的動機很明顯，他希望將理解社會學的方法跟歷史的方法以及統計的方法區分開來。這項區分是合理的，只要這些科學被視爲是對於客觀的意義脈絡進行研究的科學，亦即對眞實的外在行動過程進行研究，而不是去在意他人構成中的意識體驗的科學的話。如果我們認可這項區分，則歷史（至少根據韋伯的看法）所探討的是特殊的個體行動，統計學是處理一大群人的平均行動，而社會學則處理純粹理念型的行動。⑪然而韋伯所做的這項區別卻逐漸失去其理據，既然這些科學被詮釋爲探討意味意義的科學，也就是這些科學的注意力從外在行動過程轉移到主觀意義脈絡去。由於對社會學及其他有關社會世界的科學而言，只有共同世界和前人世界是主題式地被給予的，周遭世界則否，而根據之前我們所做的研究進一步可以說，共同世界或前人世界中的他我，只能在與你們關係，並且因此是作爲類型被掌握，故而共同世界中的個人之行動對於社會科學而言乃是類型化的行動。韋伯相當清楚這點，因而他明白地指出，這三種理解意義的方法對理解社會學都是有效的。如果更深入地去看這些區別，我們會發現這三種理解分別對應著外在行動不同程度的可檢證性。當然這個分界線並非固定不變的。但我們未嘗不能這麼說，例如我的「一般朋友A」的個體自我行爲的理念型乃是跟一個無可比擬的更豐富的經驗關聯起來的（也就是從我對我的朋友A的存在特質經驗中所得到的認識，正如同我在眞正的周遭世界之我們當中去掌握他那般），其經驗的豐富性遠比被建構的人的理念型之匿名的行動流程要來得多很多。我們在前一章已說明過這個現象。在社會世界中生活和行動的他人，是一個自由的存在者：他的行動是基於自發的主動性而產生。行動一旦產生、結束並完成，它就變成已然行動，不再具有自由，而是相當明顯確定的。然而在行動發生之際，它還是自由的；如果有關意味意義方面的問題是指向行動完成前，正如韋伯所言，那麼答案必然是，行動者總是自由地行動，即使我只是以間接的及理念型方式來認識他，也是一樣。另一方面，正確地被建構出來的人的理念型，也就是非超越類型的，本質上它是不自由的，無論行動者的行動是正在發生，或（發生後）被詮釋爲已構成的理想對象性，都是如此。

如同之前所做過的研究，我們想要嚴格區分理念型的建構，以及一個已經建構完成的理念型被當作眞實的、有待科學加以解釋的行動流程的詮釋基模之可應用性。我們就以使用既有的人的理念型來詮釋**未來的**行動當作例子吧！假定出現在我們眼前的是，被界定爲具有明確不變的理念型的動機，並由這些動機導出固定不變的行動流程與相同類型的行動。這個涵蓋整個意識流程，從動機（構想）到行動完成的典型模式，被我們運用在社會世界中某個有待我們去詮釋的行動流程中。就拿公務員的理念型來說吧！當我們運用此類型在一個具體的人身上時，我可以說「N這個人的表現符合於A的理念型（公務員），所以我們可以在他身上預期某項行動（會定期到辦公室）」，或「N剛執行一項行動a，a對應理念型A，而a'也是A的特質，所以我們預期N**也會定期**執行a'。」然而當我們說，一個預先存在的理念型模式可以被運用到特定的行動流程時，究竟這項判斷的確定性程度有多高？行動a或a'都還只是存在於未來的想像中，它們能不能落實成爲眞實的行動還是未知數，畢竟眞實的行動是自由而自發的活動。故而把人的理念型應用在他人的**未來行動**上，只能夠具有機會的特質而已。如果這個人未如預測般地行爲，則N符合理念型A的判斷便是錯誤的。我們必須建構其他的、符合目的的人的理念型，以使N的行動成爲可理解的。不論N是屬於周遭世界的，或只被視爲一個共同世界或是前人世界的類型，這個原則都適用。只要N擁有越多的自由、越不匿名、越接近我們關係，則他實際上的行動就越不會相應於我們爲他未來的行爲所建構出來的理念型。如果N本身就是一個存在於共同世界中的理念型，也就是不自由的，它只能依照被建構的類型模式去行動，那麼只要理念型是依照正確的方法被建構起來，也就是符合意義適當且因果適當之要求的話，那麼理念型的建構就是恰當的。

什麼叫做符合意義適當且因果適當之要求的理念型建構？根據韋伯，該問題首先不是牽涉到既有的理念型如何被應用到一個在社會中既有的人，他未來被期待的眞實行動上，而是強調共同世界與前人世界的一些人或是更多人的已經結束的行動，乃是與類型相關的（*typisch relevant*）行動。一項行動與類型相關，指的是假設它是從行動者的類型動機產生出來的，而該動機又可以被設定爲持續而不變的。但這無非是說關涉類型的行動是可重複的，換言之，理念型來自於它具有「而且如此繼續」及「總是一再如此」等理想性。所以意義與因果的適當性概念運用到動機的正確選擇上，只是因應這些動機而設定的行動。事實上，以上的目的動機都被設定爲固定的。找尋發生於過去完成式的眞實原因動機，是以已設定的目的動機爲基礎的。

誰能說明他人行動的動機？韋伯特別強調，動機就是意義脈絡，無論對行動者或觀察者來說，都是行爲的有意義之基礎。我們不斷地指出，在此有兩個完全不同質的事態在相互協調著。在周遭世界的觀察中，觀察者將構想設定爲行動意義的基礎，而該構想乃是藉由已完成的行動而獲得落實。於此情況下，觀察者是以設定行動確實被構想作爲起點的。但是在周遭世界的觀察中，行動者是隨時可以被詢問的，而行動者也可能會給出一個完全不同的意義脈絡作爲目的動機，而讓自己的行動構想跨度（Spannweite seines Entwurfes）以此脈絡爲導向。此一構想跨度完全不在觀察者的掌握之中。反之在共同世界裡，觀察者與行動者的意義脈絡之間的區別便被取消了。原因在於，人的理念型是如此被觀察者所建構的，那個對於觀察者而言，看似類型行爲的具意義理由之主觀意義脈絡，對於人的理念型而言，必須彷彿呈現爲其行動的主觀意義脈絡——這個個人也被看成彷彿眞人一般，具有眞實生命和生命流程，而不僅僅是類型而已。但這個理念型必須以符合因果適當性與意義層次的適當性之方式被建構——這是社會**科學**的基本設準。韋伯在他處理動機理論時所提出來的這些用詞所具有的涵義，值得我們進一步去探討。首先是這些專門用語的簡短說明：

社會學在詮釋具體的行動時，已經把已然行動看成是既有的，並由此出發回頭設定此一行動者的類型性動機。如此一來，回到人的理念型去談問題就顯得理所當然了。爲了不讓以下的說明變得困難，下面我們將都只提到類型性動機，並就此明確界定下來，當我們提到這個用詞時，指的就是在類型性他我的構成意識中的主觀意義脈絡。

四十五、因果適當性

韋伯在《經濟與社會》（第五頁與第六頁）之中，對意義適當性與因果適當性這兩個概念作了清楚的區別：

「所謂行爲過程的關鍵乃是『主觀上適當的』，或『意義上適當的』（sinnhaftadäquat），意指在關係中的各要素，根據我們感情和思考的習常模式（我們習慣上稱爲『正確的』），可被認爲構成了『類型的』意義關聯。相對地，事情前後序列的詮釋，如果我們根據經驗的規則發現它始終以同樣的方式進行，便是『因果上適當的』（kausal adäquat）。詮釋在意義上適當的例子，可見於算數問題的正確解法，如果它和我們所接受的推理原則、計算規律相符合。另一方面，因果上適當的詮釋指的是根據檢視過的經驗規則——從我們今天接受的規範來看——某個問題之『正確』或『不正確』之解答的發生機率，也是類型的『誤差』（Rechenfehler）或類型的『問題混淆』的發生機率。因此因果的解釋意謂著：根據任一可被計算的、在理想情況下可被量化的機率規則，一個被觀察的特定過程（精神的或物質的）會依序跟隨（或伴隨）另一個特定過程而發生。

一個具體行動的**正確**因果**詮釋**意謂著：行動的外在過程及動機可以被**如實地**（zutreffend）把握，並同時達到對其一切關聯的有意義之理解。而對一個**類型的**行動（可理解之行動類型）所作的因果性詮釋，意指其被宣稱是類型的過程，既可以在意義上適當地展示出來，又可以因果適當地（不論何種程度）確認。不管我們處理的是外在的或心裡的過程，也無論這種過程的規律性在精確估算下的機率有多高，只要是缺乏意義的適當性，它就仍然是個**不可理解的**統計機率而已。另一方面，對社會學的知識而言，即使有著明確意義適當性的行動，還仍須證明此一有意義之過程會以可給定的頻率或近似的方式發生——這種『**機會**』（Chance）的存在，才得以讓我們作出正確的**因果性**陳述。爲了達到這個目的，往往必須應用平均或『純粹』的類型來加以探討。只有在那些和某種社會行動之**可理解的**主觀意義相吻合的統計規則上，我們方可建構出可理解的行動類型，亦即——『社會學規則』（soziologische Regeln）。只有意義行動進行的理性建構（rationale Konstruktion），才算得上是在現實中多少可以趨近觀察的社會學類型。

這並非主張：行動表現出的意義適當性一**定**是隨著其過程實際發生之機會的頻率而增長。這種情形是否爲眞，只有依據外在的經驗來告訴我們。」[12]

接下來我們將嘗試把韋伯的這些看法和我們的理論協調一致。我們先從因果適當性這個概念開始。因果適當性是說事件發生的一連串過程有一定的規律性，也就是根據經驗法則，它有機會總是以同樣的方式發生。所以因果適當性這個概念目的在於客觀意義脈絡，它也可以是社會科學的經驗脈絡。當我們說實際發生的特定行爲前後相隨時，這是一種認識，而且此認識在社會生活的實踐中完全是奠定在「我」的自我詮釋之上，在社會科學之中則是奠定在科學的經驗脈絡裡頭；兩方面的認識都是在再認的綜合裡被獲得的。但是這種認識本身並不必然發生在他我的體驗之上，在體驗的過程當中，在實際發生行爲所在的主觀意義脈絡裡，或者是朝向一項行動的「意味意義」之過程中。**因果適當性是一個過程，當這個過程與經驗相一致時**，就不必管這個過程是基於人類行動而產生，或僅僅是自然世界中的事件系列。事實上，因果適當性概念最早是由生理學家克里斯（Johannes von Kries）⑬所提出的，這和計算或然率的一些問題有關，而其目的則在討論刑法中的法律責任問題，但他提出的這個概念，是思想的一般性範疇，與特殊應用無關。就作爲專門術語而言，有人反對將「因果」一詞放在社會學的脈絡裡。因爲當我們在社會世界作因果適當性的判斷時，我們所談的並非在原因—結果（Ursache-Wirkung）意義下的「出於必然性的因果」（Kausalität aus Notwendigkeit），而是在目的—手段關係（Zweck-Mittel-Relation）中所謂「出於自由的因果」（Kausalität aus Freiheit），也就是說社會世界的事件不能僅僅被當成事件的外顯過程、不能僅僅被置放在客觀意義脈絡裡頭，所以克里斯設定的一般思想範疇⑭可說是派不上用場。但如果以韋伯上面那一段話的意思來詮釋這個概念，那麼**因果適當性的設準**所指的無非就是**我們前面所提到的經驗一致性**（*Einstimmingkeit der Erfahrung*）**的設準。假如機會存在（首先無論何時、被誰或是在哪一種方式底下），而行動也是根據經驗的規則，實際上以相應於類型的建構而發生的話，則此一類型的建構便是因果適當的**。

不過這項描繪仍然不夠精確。如果我以眞實的行動作爲起點，那麼每個依據它所形成的理念型建構本身應該就是因果適當的，因爲它是從已然行動的客觀意義脈絡出發所顯示的

（以類型方式被掌握的）符合這個實際流程，或更精確地說，可以符合的主觀意義脈絡。對於以科學方式構成人的理念型來講，僅僅依靠事實上相應於這個構成而眞的發生過的某一項行動是不充分的，**而是除此之外，更要去要求這個實際行動具備「可重複性」**，也就是該行動是被重複過的，或是可重複的，而可重複性的設準又和我們的整體科學知識相一致。我們要再一次指出來，韋伯是從一個與意味意義結合的已然行動的外顯事實出發，並未考慮到，一旦意味意義的問題被提出來，行動的統整性概念便非得在主觀上找到根據。如果人們追隨韋伯的思路，這項錯誤倒也無可厚非。對韋伯來說，因果適當性主要應該是**社會科學**的一個範疇，只有社會學的或歷史學的對共同世界或前人世界的行動的理解才和它有關。但是這種理解只有透過提出理念型建構才行，也就是從一個外在的，但被社會科學任意擷取片段的行動流程這個事實出發，逐步建構起人的理念型。如果我們認定社會科學中的理念型建構是必要的，如果這種建構只能從具有特定發生次數的行動導引出來，**那麼這項設準的意思無非就是一種基於科學的經濟原因（思想的經濟原因）而來的一項具有啓發性的原則**。它的意義是，外在流程的類型建構，在被當作類型建構起點的已然行動，不是個別的，也不是不可回復的，而是擁有某種常態性的機會之時，對社會科學而言便只是具有推薦性，而且是爲了解決特定問題而存在的。依此看來，因果適當性的設準不是社會科學思想的本質法則。它的形成便好像只來自於社會科學的特定問題情境，而與歷史學的問題情境有所不同，也就是只能從社會學的興趣所在可以得到解釋。每個人都可自由決定從社會學者或歷史學者的角度去對社會世界從事科學研究。

但是韋伯對理念型建構之因果適當性的要求**除此之外**還有別的含意。基於一些我們還未討論的理由，社會學者比較偏愛**理性**行動詮釋基模，特別是以一般目的行動或以絕對價值理性爲取向的行動。每個一般目的性的行動，都發生在目的－手段的關係裡。只要能找出類型性目的與類型性手段如何相連在一起，就能建立起這種行動類型。換言之，行動者對目標的選擇，也就是行動者的「爲了－構想」（Um-zu-Entwurf），都是決定於理念型建構。行動者的目標一旦確定，那麼依據達到這個目標的客觀經驗脈絡去設定特定的手段就變得有必要了。此一手段－目的之設定必須與客觀經驗脈絡相一致。韋伯的因果適當性設準便意味著，在**目的理性行動的類型建構中，那個類型地被設定爲手段者，「根據普遍的經驗規則」，必須是適合於達到被類型地設定爲目標的**。在我們討論理性行動與理性方法時，將更加適當地說明因果適當性的第二個概念。

理念類型的建構之所以能夠被稱爲因果**適當的，固然是根據「所有規則」，也就是根據**出現次數頻繁（Häufigkeit）的「規則」來說的，但也不能說永遠都不會出差錯。韋伯曾經提出計算錯誤可能性的類型性例子來說明。假定我們希望以一個二位數乘以某一數字，如果我們在計算過程中將數字的位置放錯，我們就可以因果適當地認爲計算出來的結果是錯誤的。但這種結論並不適用於每一項計算程序。例如，如果兩位數的兩個數字完全一樣，則無所謂位置的對錯，因爲所有計算的結果都相同。這是韋伯所提到的用數字來說明的有關可能性的理想例子（Idealfall），在十個運算中，有九個不正確，只有一個是正確的。

然而如果我們更仔細地看，將看到被稱爲因果適當的與經驗流程相一致本身是奠定在以類型被掌握的意義適當的關係之上，就以我們所舉的例子來說，指的是在計算過程中被運用的算數理論的規則。我們可以針對這個命題進一步提出更一般性的主張，即**所有屬於人類行動的因果適當性，都是以意義適當性爲基礎**。因爲這種因果適當性是指人類的行動類型建構和我們整個過去的理論脈絡相一致，而既然每個人類行動的經驗都蘊含著朝向某個（無論主觀的或客觀的）意義脈絡，則只要跟人類的行爲相關，被當作因果適當性的關係便只不過是意義適當性的一項特例而已。⑮

只要我們進一步分析**意義適當性**的涵義，這項說法就更容易被了解。

四十六、意義適當性

根據韋伯的想法，一個連續的行動過程是具有意義適當性的，或者說在意義層次上是適當的，當行爲的構成部分彼此間的關係根據平均的思想及感覺習慣**被我們**肯定爲類型性意義脈絡時。這裡又再度顯示出存在於韋伯整個社會科學理論中的一個弔詭：韋伯認爲探討（行動者的）意味意義的科學的任務，可以透過建立對觀察者而非對行動者來說的客觀意義得到解決。用我們的話來說，韋伯的命題無非是指，當一項行動的過程可以被放置在一個客觀意義脈絡時，就已經具有意義的適當性了。經過深入的研究我們發現到，把行動放置到客觀的意義脈絡可以完全獨立於行動者意識中的多元構成活動，也就是不把製造品當作行動者意識體驗的證明。我們必須進一步研究的是，對於韋伯來說，行動被放置到客觀意義脈絡時是否已經算是意義適當的，或者毋寧說只有當它**不矛盾地**被放置到一個**主觀**意義脈絡時，才算是落實了意義適當性的設準。事實上我們將不得不認同第二項看法。⑯

這個區別對於韋伯的意義適當性理論而言，並非完全毫無關係的。因爲他所提出的問題乃是，這個行爲可否根據「**平均的**思想與感覺習慣」而被肯定爲類型性的意義脈絡。但韋伯藉由這個補充所要表達的卻一點也不清楚。「平均的思想與感覺習慣」的涵義並不是在意義適當的建構過程中，而只能在因果適當的建構過程中被確定。被我們社會學者看作意義適當者卻是根據平均的思想與感覺習慣去作判斷的，這一點似乎顯得充滿矛盾。除非韋伯將社會科學的明顯經驗，也就是對於任何一個在意識中的多元主題過程所進行的單一主題注視，理解爲平均的思想與感覺習慣的經驗。其實想要對他人的行爲作有意義的詮釋的話，只要我認定那個被我構想出來的理念型建構，同樣對行動者而言是位於某種意義脈絡之中就已足夠了。就算在我這個觀察者的意識中，不可能產生這個意義脈絡，只因爲這些多元主題的活動（或者對這些活動的單元注視）與我的經驗脈絡不相容之時，也都還是足夠的。例如，我可以把基於圖騰想像的原始部落行爲詮釋成意義適當的，即使整個圖騰的想像圈（Vorstellungskreis）對於我們這個時代的「平均的思想與感覺習慣」，或至少對於我們這個時代的社會學者來說是陌生的。但這不是韋伯所要表達的意思，因爲他很清楚，這些「平均的思想與感覺習慣」回溯到人的理念型，而且對他而言重點在於，根據我們的經驗，也就是根據社會科學的經驗，有些意義脈絡是否能以類型適切的方式（而不是超越類型的方式）被歸在特定的共同世界或前人世界之人的理念型下。所以在我們尋找對於意義適當之理念型的概念而言可用的判準當中，我們又再次指向主觀意義脈絡人的理念型，後者又是根據因果適當性設準而創立的。

反之，只有在當主觀意義脈絡能於一個他我的具體意識當中被預設時，或者更爲具體地說，**當這項預設與我們對這個意識的其他經驗不互相矛盾時**，理念型概念才可用在一個特定的行動上。如我們所知，主觀意義脈絡乃是行動之所以得以構成的多元主題活動所在之處。當然，這個意識是或多或少被確定下來的，而該意識的體驗乃是根據我們對它的經驗再加以詮釋的。**如此看來，意義適當性的問題只有跟用在具體行動上的已構成之理念型的問題有關，而社會學家在建構理念型時有著充分的自由**，因爲他可以如他所願地去裝置該理念型的意識，並且讓這個意識有能力去體驗作爲主觀意義脈絡的類型性行爲。

我們對因果適當性與意義適當性的分析顯示出，韋伯的這兩個概念是可以相互轉換的。任何意義適當的詮釋只有在因果適當的情況下才是可能的，反之亦然。這兩項設準和過去的經驗都不能相矛盾，而且，只要是從一個明顯特定的經驗儲存庫出發，也就是只要假定，詮釋是針對同一個人，以及在同一種狀態下進行的話，則結果必然是兩個設準都得到落實，或是兩個都無法落實。只有當詮釋者的經驗統整性基於錯誤的建構而遭到摧毀，或是因爲用在許多人身上，或是因爲後來的經驗跟之前完成的意義適當詮釋發生矛盾時，才會產生這種表面的問題（Scheinproblematik）。

因爲，即使被觀察的流程似乎是「不可理解的」，依據韋伯統計上的頻繁性來說，該行爲雖算得上是因果適當的，卻稱不上具有意義適當性，然而對於行動者本身而言，卻可能存在著意義適當性。例如，假定我們觀察某人在計算柏拉圖作品中特定文字的出現次數，則對我們來說，這項行動依照「平均的思想與感覺習慣」來看不能意義適當地被理解，用韋伯的話來說，是「不可理解的」。但是如果我們知道，語言統計學的出發點正是預設了每個人在一生中的某些時期會特別偏好使用特定詞彙，進行語言統計的人正是基於這樣的預設，而希望經由研究某個特定文字在柏拉圖作品中出現的次數，以建立柏拉圖作品年表的正當性的話，那麼，被觀察者的行爲對我們而言，便是意義適當而可理解的。我們馬上將看到，韋伯的意義適當性概念是多麼依賴理性行動的目的動機，而他的可理解性（Verstehbarkeit）概念和目的理性行動概念之間的關係有多麼密切。

首先讓我們針對因果適當性與意義適當性之間的重要區別，再行進一步說明。

理念型建構之適當性設準（包含因果適當性與意義適當性設準），指的無非是理念型必須被**純粹地**構造（也就是排除任何超越類型的行爲），[17]此外它也必須與我們對世界的一般經驗相一致，包含我們對「你」的一般經驗以及對特定的「你」的經驗，而這個「你」的行爲是被我們以類型的方式加以研究的。這項設準的另一個要求是，它只能夠拿重複性的行爲當做基礎。這便是適當性設準的要求內容，只要它處理的是理念型如何建構的問題。假定那些已經建構完成的理念型可以用之前所描述的方式被運用到具體的行動過程去的話，則適當性設準所指的便是，將具體行動歸到一個行動類型必須能**充分而不矛盾地說明該行動可歸到過去的經驗去**。但要透過理念型去**充分說明**行動，唯有在行動的動機能被理解爲類型性的動機時才有可能，所以說明本身必須是意義適當的。在此因果適當性所指的無非是，這些動機也有可能事實上是有效的，正確地說，這些動機曾經事實上有效的客觀機會必須存在。接下來我們要探討機會概念。

四十七、客觀的機會與主觀的機會

韋伯區別兩種機會，主觀的和客觀的。客觀的機會存在於，一個特定的流程或是特定行爲可以被認爲是因果適當性與意義適當的，而它之所以是客觀的，乃是因爲不去注意行動者的特別意識體驗。所以**客觀機會**是一個**詮釋**的範疇。反之，主觀機會只是就主觀意義脈絡而言，也就是依據「意味意義」而來。主觀機會是依行動者的立場朝未來看去，這未來是以未來完成式被想像成已完成的。主觀機會等同於最廣義的期待，並因此首先是構想的一項述詞而已，也是附著於此期待而朝向行動目的之前攝的述詞。是以對於行動者來說，行動的每一個被構想的目的動機會只有在下列情況下被賦予主觀意義，亦即他期待著，那個尚未執行的行動將會成爲自己的，而那個被構想爲將已完成的已然行動則會被帶到自我給予的實現中。於此含意下，那個在已然行動的定向（Orientiertsein）此用詞當中的機會特質已經被確切表明了。所以說所有的目的動機對於行動者而言莫不帶有主觀機會的特質在。

另一方面，眞正的原因動機只能具有客觀機會。換句話說，只有以意義適當性及因果適當性所建構的原因動機能夠成立時，原因動機才能被視爲是有效的。這項事實對於外在觀察者與對行動者本身來說並沒有不同，後者只有藉著自我觀察的過程才能發現自己眞正的原因動機，而總是從被構想的目的動機或是早已完成的已然行動回頭追問過去的體驗，也就是那些可以「適當地」被當作構想的原因動機的體驗。因此，藉以判斷眞正原因動機是否恰當的標準在於客觀機會，也就是被當作原因動機者與被激發者（亦即行動者的目的）是不是處在適當的意義脈絡裡。這項判斷本身就是一個客觀的意義脈絡，而被判斷者是恰當的機會也因此是客觀的。

相反的，當我們說目的動機帶有主觀機會的特質時，是指每個構想活動皆須經由實際行動才得以實現，而且行動構想者也料想到它可能實現。但這個判斷是奠定在行動者進行計畫時所擁有的經驗脈絡之上。因爲他從過去經驗「類似」行動曾經成功過，而得出他的行爲有機會成功的判斷。他將這個被構想的行動放入一個對他而言「適當的」意義脈絡當中，也就是具有過去早已完成的體驗之意義脈絡。

我們必須把焦點擺在機會概念和理念型的關係上。這些理念型是專指科學所建構出來的、也就是根據適當性之設準而建構的理念型。

就理念型的建構而言，一種要求是包含在適當性設準之中，也就是必須存在著一個眞實的他我事實上會以該類型的方式去行爲的客觀機會。客觀機會與類型適當性只要涉及已完成的行爲便是相互關聯的。如果要把類型的構成用在未來的或是仍未完成的行動上面，則只有在他的目的動機可以用來判斷他的主觀機會，而且在他的行爲也依此而發生的情況下，類型才具適當意義。換言之，那個目的動機將會被當作是不變的，從構想者的事先客觀被給予的經驗這個角度來說，在構想行動目標的當下，主觀上它被認爲是充滿機會的。當我們期待，行動的目標將會透過行動得到實現時，構想就是充滿主觀機會的，而如前所述，行動目標是以未來完成式被構想爲已經完成的。

無論是與客觀或主觀機會相關，潛在性的範疇（Kategorie der Potentialität）都包含在這個概念當中。自從胡塞爾的《觀念》⑱問世以來，我們就已經明白，潛在性可以有兩個根源。一方面它來自立場性，可以回溯到經驗者的題旨設定活動上，另一方面它源自轉換成中立意識內容的潛在性。⑲兩個範疇都包含被運用的客觀與主觀機會的概念。兩者之間的差異在於：在論旨的潛在性中，判斷的進行相對明確而清楚，而在由中立的意識內容轉換而成的潛在性當中，實現的機會仍然未定或者只是不受質問地被接受著。但所有這些問題的提出皆可回溯到在行動者意識體驗當中的注意模式（也就是對於所有的意義脈絡而言預先存在的注意模式），回到對生活的注意，以及由此而產生的注意樣態，在此注意樣態之中他專注於他自己的體驗。假如對生活的注意本身，以適當的方式被當作是類型的，因此自我對於他的體驗之特定注意方式在類型性的注意態度中被假設爲是不變的，則從中立的意識體驗所產生出來的主觀機會可以被排除掉，而只剩下從題旨立場產生出來的。我們可以假定行動者在題旨設定活動中衡量他的行動目標、他所擁有的手段以及透過這個手段達到目的的可能性，他下的判斷將具有相當清晰的程度，簡單說來，**他在理性地行動著**。我們將把釐清理性行動的概念當作研究韋伯基本概念的最後一部分。

四十八、理解社會學對理性行動類型的偏好

爲了這個目的我們必須再次回到我們對行動所下的定義去。我們把行動理解爲以事先構想爲基礎的自身—行爲（Sich-Verhalten）。因爲每個構想之中都有一個行動的「目的」或是「理由」，所以每個行動都是理性的行動。如果沒有這樣的構想，就沒有「行動」可言；當事者只能「做動作」或「擁有經驗」而已。每個被構想的行動都能夠被放置在較高層的意義脈絡中，在此脈絡中它只作爲朝向下一個目標的部分行動而已。可能出現的情況是，行動的最高目標是明確的，但達到目標的部分行動卻是模糊不清或是不確定的，或者相反地，一些達到目標的部分行動很明確，但是行動者對於最高的行動目標與目的動機卻不清

楚。第一種情況的例子就如：「爲了要到達A地點，我必須往這個方向前進。」它顯然與明確表達出來的判斷不同：「爲了要抵達地點A，我必須先從這裡走向B，再從那裡走向C。」第二種情況的例子則是：一位化學家正對一種性質不明的新發現物質進行一系列的分析與實驗，以求從中取得新知，但結果如何仍未可知。每一個對共同世界的社會觀察，以及每一個有關社會世界的科學，都是帶有目的性地從某個類型開始的，而在此一類型中最高的行動目標與所有的中介目標都是很清楚地被給予的。因爲這些類型中的目的動機都是固定不變的，對應的目的和手段也都具有最大的意義適當性，行動本身也因而具有被執行的最大機會。根據韋伯的看法，這種行動類型就是「**理性**行動」，[20]無論它是**目的**理性或是**價值**理性的行動。**這項**區別是**超出眞正的原因動機**之外，它可以被歸屬在類型性目的動機之下。所以行動目標乃是受目的理性（或是價值理性）所決定的，行動者依照他的興趣情境以行動目標爲導向，而他的問題情境也跟著受目的理性（或是價值理性）所決定，以及與尋求當下被提出來的問題之解答有關的體驗。[21]

這個手段—目的關係可以在客觀意義脈絡當中明確地被看到，而其客觀機會則能夠被估算。藉由適當地選擇類型，手段—目的的關係的客觀意義脈絡可以等同於主觀意義脈絡，而客觀機會也可等同於主觀機會。只要所提出的問題越具有普遍性，情況就越是如此。所提出的問題作爲眞正的原因動機可能可以被證實爲典型不變的目的動機。爲此緣故，理解社會學——並不是唯一的——才會偏好理性行動類型。假如出現非理性行動——要不是最高的行動目標就是部分行動混淆不清或不被理會——則從目的理性類型出發，並且經由被視爲典型的目的動機之變種，也就是經由不變設定的變異性而被視爲是偏離類型（Abweichungstypus），以便能夠掌握非理性的行動。如果我們注意到，實質行動關係就是社會學主要的研究對象，而這個關係總是根據雙方手段—目的的計量在進行著，則理性行動之所以被重視就不難了解，當然不是只有理性行動才是社會學唯一的對象，非理性的、情緒的，以及傳統的種種行動也是，韋伯本身對此是一再地加以強調，例如，他的宗教社會學就是用了上述這些類型來做研究而樹立起良好的典範。

我們必須嚴格區分理性的理念型建構與理解社會學所謂的理性方法，前者必須是理解社會學從被描述的基礎抽離出來的。這個常被使用的標題用語（Schlagwort）沒有道理將其中一個特定的社會學方法看得比其他科學方法來得重要。所有科學共同的標的，就是把日常生活中混淆的判斷內容經由闡明的過程變爲明確清楚的。如此一來，所有的科學都必定會用到形式邏輯作爲詮釋基模。根據理念，每一個科學的判斷都是清楚地在進行著，而相互隸屬的科學判斷對象所在的意義脈絡，也必須盡可能明確地被看清楚，也就是說，科學的最高行動目標，即提出問題以及能夠有助於達到目標的各個判斷活動都必須盡可能被說清楚。除非使用「理性」的方式，否則科學是不能運行的。必須被一再強調的是，韋伯社會學中的理解進行方式也是一個理性的判斷過程，所以它必須跟許多其他的嘗試對立起來，就拿狄爾泰的錯誤詮釋來說吧，他把嚴格的理性科學和一種所謂的理解科學對立起來，後者從形上學或是價值學的預設出發，或者是訴諸不能夠被證實的「直觀」以達到它的認識目標，也就是走一條與使用適當概念去整理預先給予材料的方式有所不同的道路。

從歷史進程來看，這種理解科學（Verstehenswissenschaft）的設準確實是從想要突破理性科學在處理人類的活生生體驗時所遇到的障礙而來的。但是在提出這種新方法時，卻忽略了生活與思想是兩回事；科學研究的對象雖然是生活，特別是社會世界中的生活，但科學畢竟仍是一種有關思想的事物。所以它不能奠定在含糊不清、未做說明的移情作用、價值的預設，或缺乏嚴謹學術規格的描述之上。這正是韋伯之所以堅持社會科學知識客觀性的核心所在。也正是韋伯的緣故，「理解的」社會學才首度被提升到具有科學的地位上。

四十九、社會科學中的客觀意義與主觀意義

分析過理解社會學最重要的基本概念後，我們可以回到在第四十三節所提出的問題，也就是日常生活中的意義賦予活動與社會科學對它的詮釋兩者之間的關係。我們也確定了，所有跟社會世界有關的科學都是關於主觀意義脈絡的客觀意義脈絡。直到現在我們才可以對這項主張作比較明確的解釋。

所有關於社會世界的科學經驗都是關於共同世界和前人世界的經驗，從來不會是關於社會周遭世界的經驗。因此，社會科學所理解的日常生活中的人，並非具有生命流程而活

生生的「你」，而是不具有生命流程或自發活動的，想像的（也就是無法被任何人體驗到的或曾體驗過的）人的理念型。加在這種理念型上面的意識體驗從來只能具有基於不變設定（Invarianzsetzung）而來的類型性相關動機而已。在我們對理解社會學的過程分析（Analyse des Verfahrens der verstehenden Soziologie）中，已經對這種不變設定所涉及的方法論問題加以說明：該設定必須兼具意義適當性與因果適當性，亦即，不斷地回顧預先給予社會世界與世界的經驗，並且與先前建構的理念型相一致，而這個理念型是生活於社會世界中的「我」理解其共同世界和前人世界時所使用的。

由於在社會科學之中被處理的對象，不是活生生的人，也不是在自身中（in Selbsthabe）被給予，而是僅僅間接地藉由人的理念型而被給予的人，因而此一科學也不是以理解在周遭世界關係中的人行動的主觀意義爲任務。我們已看到從周遭世界經驗過渡到共同世界或是前人世界的經驗時，主觀意義經歷過各種不同的樣態。在理念型的建構過程中，主觀意義脈絡已逐漸被一系列累積而相互重疊的客觀意義脈絡系統所取代。正是這個建構使得掌握構成過程成爲可能，在此過程中意義設定者的意義內容產生出來，而這項意義對於作爲詮釋者的我，或者從事詮釋的社會科學家來說，是以已構成的對象的客觀意義被給予的。這個藉由類型化的技術所揭示出來的構成過程並不是在活生生的意向性活動之中進行，不是前述詞地，也不是借助於一個具有活生生眞實的生命流程的意識，而只是藉助這種意識的模式，一個個人的理念型，只能夠述詞地以及在逐步的判斷中表現出來。

從我們對於人的理念型所做的分析顯示，各種不同程度的匿名性表現出相應程度的具體內容。在理念型的建構中，不論是個體的行爲，是共同世界中的他我的行爲或甚至於是匿名的「某人」（Man）或「每個人」（Jederman），總是可以從已經完成而被給予的結果那裡開始，回頭追溯產生的構成過程。相應地，社會科學的對象領域也包含了完全不同匿名程度和不同內容的領域。只要我們體認到，我們的社會科學概念既包含個人的歷史，也包含國民經濟理論以及法律學，則這項主張無疑是相當有見地的。除此之外，並不是所有的社會科學都以藉由理念型的技術去揭示產品的主觀意義脈絡爲目標。有些客觀意義脈絡的科學，純粹質料的理念型（行動過程類型）的科學，根本就不去回頭追問所屬的人的理念型。例如，描述法律的歷史形式的法律史、「無名稱的藝術史」（Kunstgeschichte ohne Namen），以及隸屬於非歷史性社會科學的「普通政治學」等等，這些學科都將意義設定的較低構成層級看作理所當然，完全不去留意它們。這些科學的主題並非研究意義設定的產生過程，而是意義設定的製造品，這些製造品本身被視爲富有意義，並被歸類到質料類型（行動過程類型）之中。

或許有人會提出反對意見，認爲所有的社會科學是建構類型的科學的宣稱，與社會科學乃是「單一主題的」（monothetisch），也就是「建構法則」的事實互相矛盾，後面這項事實意味著，社會科學應該能夠提供普遍有效且先於所有經驗的洞見與知識。關於這些科學的特殊性格，以及它們對社會世界的主觀及客觀意義所抱持的態度，我們將以理論的國民經濟學爲例簡短地加以分析。

奧地利的邊際效用學派、採取類似方向從事研究的英美學者，以及國民經濟學的數學學派都提出要從事精確理論科學的要求，也就是要求命題的普遍有效性，無論經濟活動發生於何處或何時。在採取這種研究取向的近代作者中，米塞斯（Mises）可說是對國民經濟學的理論特質特別具有重要貢獻的學者。他在〈社會學與歷史〉（Soziologie und Geschichte）這篇我們之前引用過的論文當中，在理論的與歷史的社會科學相對立這個問題上極力反對韋伯的立場。米塞斯認爲國民經濟學雖然只是社會學的一部分，但卻是最高度發展與最爲成熟的一部分。在對韋伯的批評當中，米塞斯提出這個問題：「經濟學的概念是否確實具有理念型的邏輯特質？」並得出以下的結論：「這個問題的答案絕對是否定的。事實上，我們的理論概念『就其概念的純粹性……而言，無法在眞實的經驗中被找到』。概念是絕對不可能在眞實中被接觸到的；它們不屬於眞實的領域，而是屬於思想的領域。它們是精神性的手段，透過這種手段我們在思想層次上掌握眞實。但這些經濟學的概念並不是『藉由單面地**強調**一**個或多個要點**所形成，或綜合許多分散的、個別的、就某種程度而言時而常出現、時而少出現，有時候則根本不出現的**個別**現象所形成的，它們只是依據這些被**單方面**強調的觀點組合而成的一個整體的**思想**概念』。[22]相反地，它們乃是透過抽象的方法所獲得，其目的在於選取存在於每個被觀察的個別現象中的特定層面而形成概念。」[23]「韋伯的根本錯誤在於誤解社會學的命題對普遍有效性的要求。經濟的原則、交換率之形成的根本法則、利潤

法則、人口法則，以及所有其他這種命題，只有當它們的預設條件出現時，才是普遍有效的。」㉔

米塞斯針對國民經濟的概念乃是理念型之說法所做的批判無疑是正確的，假如理念型眞如我們前面引用韋伯在最早期的描述所定義的那樣的話。理念型原則上，便只能適用於對歷史的既存資料的概念建構。它們和從**每一個個別**現象的層面所「抽象」出來的理論社會學概念完全相反。但是**在本研究中**對理念型所做的推論（Ableitung）卻是完全不同的，依我所見，該項推論在韋伯的晚期著作中已經出現了。㉕根據這項看法，理念型建構的本質，在於每一次自我詮釋的變異範圍內對特定動機所做的不變設定（Invarianzsetzung）之上，也在於當下狀態行動的「我」，對他自己的行動（行爲）的詮釋之上。當然該不變設定會回頭指涉過去的「經驗」，但不是膚淺的經驗主義所談的那種經驗，而是在前述詞的親身經歷的原始基礎（Urboden）上的，我們將自身當作經驗對象的那種經驗。如此看來，理念型一點也不侷限於任何一個特定的構成過程或是發生原則（genetisches Prinzip）。「經驗的」理念型和「本質的」理念型都可能被建構，所謂「經驗的」在這裡是指對外在世界經驗的總體概念（Inbegriff），而所謂「本質的」則是指「在本質直觀中所掌握的」。不變的法則可以在任何一種方式中獲得，不論是抽象的、普遍化的，或是形式化的，只要意義適當性的原則能得以維持就行。所以我們的理念型理論涵蓋了理論社會科學的概念與命題，也包括純粹經濟學所蘊含的那些。即使米塞斯所引用的例子——經濟學的原則、價格形成的基本法則等——也都是理念型的建構，當然這些原則必須奠定在一個已被設定爲固定不變之質料的完全形式化與普遍化上面，這個形式化與普遍化賦予理念型以「普遍有效性」。[26]這種理念型並不指涉任何個人或是在歷史上、空間上存在過的多數個人。它們是有關於某人的匿名行動（或行爲）的陳述：更恰當地說，對任何人的行動皆一概適用，無論該行動於何時何處發生。也因此它們是缺乏具體內容的。[27]米塞斯批評韋伯對邊際效用理論的詮釋過於狹隘是對的（頁四八六），韋伯所描述的經濟，完全根據售貨員的計算。米塞斯指出韋伯混淆了邊際效用模式和古典政治經濟學。後者具有較具體與較不匿名的「經濟人」概念。另一方面，現代理論經濟學並不是從銷售員的行爲出發，而是從消費者的行爲，也就是從「每一個人」的行爲出發去看問題。所以卡塔拉克提克（Katallaktik）的命題之所以具有較高的普遍性，乃是因爲作爲命題基礎的「理念型」帶有較高的匿名性。米塞斯一再強調，[28]卡塔拉克提克命題的客觀主義與客觀性就在於此。**這裡所說的客觀性和我們論述客觀與主觀意義脈絡中的客觀性概念沒有什麼不同**。「邊際效用法則」帶有一種定義上的特質，它標示一個不變領域的明確界線，在這個界線之內，被稱爲「經濟人」的行爲會發生。[29]

依我們的觀點看來，理論的國民經濟學正好是主觀意義脈絡之間的客觀意義脈絡的範例，也就是每一個從事經濟活動——與商品相關所發生的行動——的人的意識體驗之客觀意義脈絡。當然「類型性的」一詞在此具有特殊意義，如同米塞斯所強調，一個與「邊際效用原則」相衝突的行動（也就是「非類型性的」意思）本身是無法被設想的：但只有在當個人認爲邊際效用原則是純粹形式的偏好行動時才算有效，而在這個基模之中並沒有任何的實質行動目標被設定，例如，藉由「財貨」㉚的使用而被實現的目標。當我們的注意力轉到眞正個體的主觀意義上並將匿名的「任何人」擱置一旁時，那麼認爲行爲是非類型性的便具有意義了——對標準化的經濟目標來說是非類型性的。當然從經濟學的觀點來看，這種行爲是不相干的，理由是它們的命題，如同米塞斯所言，「所要表達的不是關於通常會出現的，而是關於必然總是要出現的」（頁四八四）。

所以米塞斯所提出來的批判並不適用於將理念型應用在經濟活動的事實上，因爲所有的科學知識本質上是類型化的，那麼理念型如何能被排除在這個領域之外？相對的，米塞斯的論述是在防止過於具體以及匿名性過小的理念型侵入經濟學中。這點我們是能夠贊成的。同時，我們必須指出經濟學知識的客觀性是將主觀意義脈絡（如主觀的評價等）組織爲科學知識的客觀意義脈絡而形成的。

我們現在仍然要透過另外一個例子，也就是藉由一門在方法論上完全不同類型的科學來探討客觀意義與主觀意義的對立關係，亦即凱爾森（Hans Kelsen）的「純粹法學」。我們所面對的問題如下：「憲法是屬於共和政體，僅僅由於它本身如此被標示嗎？一個國家是屬於聯邦制，只不過是因爲它在憲法中如此被宣稱嗎？由於法制活動通常具有語言形式，因此可以說出自己的意義來。這項事實正顯現出法學所研究的對象（也就是**社會科學**的研究對象）跟自然科學的研究對象之間的差別。一塊石頭不會宣稱自己是動物。某些人類的行爲主觀上宣稱自己具有法律意義，但這樣做只是將有待探討的問題，即它是否具有客觀的法律意義之問題，反過來當作證據去加以使用。這些行爲是否眞的是法律行爲，如果是的話，它們在法律體系內的地位爲何，它們對其他的法律行爲有何重要性——所有這些考慮都是依賴於詮釋基模所形成的**基本規範**。」[31]「法學[……]必須指出位於法律體系外的特定行爲是無效的行爲。這個問題的基礎在於此一事實，即作爲法學研究對象的人類行爲本身具有原初而內在的主觀意義，它和法律體系的客觀意義，以及**由控制體系之理論的基本規範所形成的客觀意義**可能一致也可能不一致。」[32]

社會科學與其研究對象之間的關係，也就是將主觀意義脈絡置入客觀意義脈絡裡，這點在前述引文裡已經表達得相當清楚了。根據凱爾森的看法，個體法律行爲的主觀意義，必須藉由詮釋性的法律科學中的理念型建構，而置入客觀意義的脈絡裡。法學中被形式化與普遍化的理念型建構，與理論的國民經濟學的作法並沒有不同。在理論的國民經濟學中，邊際效用原則是界定整個領域的原則，並代表了最高度的詮釋基模，光從這點來看，個體經濟行爲的主觀意義脈絡的科學系統化就已經是可能的，而在純粹法學領域中，猶如凱爾森所清楚認識到的那般，基本規範（Grundnorm）的假設對所有那些與法律學相關的，或者以法律術語來說，具有積極特徵的法律行動之主觀意義脈絡而言的不變領域。[33]凱爾森在另一份著作中[34]說明了自己的思想：「實證主義意味著，**僅僅只**承認透過程序所產生的法律，而不承認所有透過這種特定方式所產生的都是法律，特別是不承認只經過自我認定就成立的法律。以特定方法形成的材料，而也只有這樣的材料能夠被當作『法律』者，這項說法是以接受基本規範作爲最終預設，是它賦予法律產生的最高權威。而假如……客觀的意義賦予是可能的話——少了它就等於說沒有法律學——那麼它就必須是基本規範，從這裡出發，那些透過特定程序產生的材料——而且僅僅這些——才算得上是法律；同時從這裡出發也才得到，什麼樣的材料可以被稱爲『法律』以及哪一些是使得它得以有效的客觀意義，這個客觀意義也許跟自己的主觀意義處在矛盾中。**基本規範的假說無非意味著對法律認知的必要條件之表達。**」從我們所贊同的理論來看所有這些說明已經不需要再作任何補充。凱爾森相當清楚地把基本規範標示爲那些詮釋基模的理念型建構之基本原則，只有從這裡出發，法律行爲的主觀意義脈絡才能夠被理解爲法律的客觀意義脈絡。

透過上面那兩個例子，我們呈現了兩個最進步的「理論」社會科學——理論的國民經濟學與純粹法學——如何使用理念型概念，以劃定它們研究對象的範圍，以及建立客觀意義脈絡。只要對「理論的」社會世界的科學是可以證明爲客觀意義脈絡的構成原則的，對每一個社會科學也就都適用。[35]對主觀意義脈絡的掌握是透過預先給予的最高詮釋基模去進行的，這個詮釋基模擔負起將主觀意義脈絡納入科學的客觀意義脈絡的職責，而藉助於確認理念型建構的不變領域（Invarianzbereich），它也得以區別何者與科學相關，又何者不與科學相關。

每一種關於社會世界的科學——特別是歷史學科——對特殊問題的界定，以及對特殊研究方法的界定，都分別需要專文討論，並以這些研究成果爲基礎去對這些科學進行分類。分類的原則就在於各種社會科學使用理念型概念的匿名程度，以及各門社會科學對所處理的主觀意義脈絡所抱持的基本態度。進一步來看，社會科學可以分爲兩大類：一是，社會世界的**形式理論**探討社會關係與社會結構物的**構成**，後者包括生活在社會世界之個體的意識過程內的行動客體性與人造物，同時以純粹描述的方法來掌握這些事物。二是，社會科學也可以把已構成之社會世界的**眞實存有學的內容**（*real-ontologische Gehalt*）當作其研究對象，並研究它們本身的關係與型態，例如，已經存在的歷史或社會活動，以及人造物，而**不去**關心構成這些製造品的主觀意識流程。

對於理解社會學的領域和研究方法，我們必須再做一些補充。這門科學的主要任務是描述生活在社會世界內之個體所進行的意義設定與意義詮釋的過程。這種描述可以是經驗的或本質的；它的研究對象可以是個體的或類型的；它可以在日常生活的具體情境中進行，也可以在高度普遍化的情況中進行。除此之外，理解社會學旨在藉用所獲得的詮釋基模去探討文化對象，這些文化對象是在社會世界中經由意義設定與意義詮釋所構成的，而這些文化對象正是要透過回溯它們的意義構成而被理解的。

五十、結論：未來值得進一步探討的問題

我們已經來到研究的終點，當然這些研究僅僅處理了理解社會世界當中的意義這個龐大問題的一部分而已。這個以現象學原則爲基礎，並以它所提供的生命流程分析以及對分析意義與生命流程之關聯爲起點的社會學，仍然有著幾項任務等待完成，讓我們簡單說一下。在本研究中一再提及的一項範圍涉及**社會學的人**（*soziologische Person*）這個概念。在朝向你態度、朝向你們態度、我們關係、與你們關係、具有身體的他我，以及人的理念型等概念的基礎上已經做了一些討論，卻依然存在著一些未適當釐清的問題。其中未被處理的一個問題是，理解社會學究竟憑什麼相信對社會關係的形式可以做有效的說明？不論這些關係所包含的只是一個個體、多個個體、人的理念型，或是社會集合體。我們只要看一下我們對個體與理念型關係所做的說明，就會發現界線的劃分在這裡仍然是不穩定的，不論個體是以具有身體特徵的方式出現或是作爲理念型的化身，抑或每一個理念型可以被視爲個體在不斷的匿名化過程轉變而來。每一個關於人的理念型之行動的陳述，或多或少都是從「與你們關係」中抽離出來而將它置入共同世界的「我們關係」㊱裡去。每個有關個體的陳述，也會從周遭世界的我們關係脫離，從他的存在特質轉到同一化的存在（Gleichsam-sein），也就是類型性的共同世界關係中。

第二組問題遠超過社會科學的研究對象範圍。這就是我們一再碰到的**關涉性問題**，要

對它進行完整的分析固然在現象學的一般分析之基礎上才有可能，但總是可以先從社會科學領域著手。不論我們的起點是理念型、目的動機與原因動機的存在、行爲的「構想」特質、再生的可能性，或經驗的可區別性，我們總會碰到這個問題。這個問題就是爲何這些事實材料，會被思想從體驗的整體性中選取出來，被凸顯爲有所關聯的？探討這個問題對社會科學的所有範疇而言都是至關重要的，這些社會科學範疇都是建立在一個未被明白說出的假設上，也就是「興趣情境」（Interessenlage）以及受它決定而被提出的問題（Problemstellung）都已經藉著澄清關涉性問題而獲得充分的解說。

第三組問題包含**「你的構成」**、所有思想的互爲主體結構的闡明，以及從超驗自我構成超驗他我等等。隨著這些問題的解決，我們對世界一般經驗的互爲主體之有效性問題亦將隨之獲得解決。胡塞爾的《形式與超驗邏輯》已經爲我們解決這個問題開啟了大門，同時也預告了一項任務，將我們的焦點擺在這整個問題上面，而這個問題的解決則有賴於以現象學爲基礎之人類存有論（Ontologie des Menschen）。[37]

另外兩組被提出的問題，也就是社會學的個人以及社會世界內關涉性（Relevanz）的問題，可以直接從理解社會學著手處理，特別是扣緊韋伯的著作去進行。

【注釋】

① 在此請參閱胡塞爾，《邏輯》（*Logik*），頁二十九以下以及二〇六頁。

② 見韋伯，《羅舍與克尼及歷史國民經濟的邏輯問題》（*Roscher und Knies und die logischen Probleme der historischen Nationalökonomie*），於《科學理論論文集》（*Gesammelte Aufsätze zur Wissenschaftslehre*），頁八十一，Anm.1。

③ 見《邏輯》（*Logik*），頁二十三。

④ 在此請參閱第四十九節。

⑤ 見瓦特（Walther），〈做爲社會學家的韋伯〉（Max Weber als Soziologe），於《社會學年刊》（*Jahrbuch für Soziologie*）, *II. Band*，頁一—六十五；Schelting，《韋伯的歷史文化科學的邏輯理論：特別是關於理念型概念》（*Die logische Theorie der historischen Kulturwissenschaft von Max Weber und im besonderen sein Begriff des Idealtypus*），於《社會科學與社會政治資料庫》（*Archiv für Sozialwissenschaften und Sozialpolitik*）, 49, 1922，頁六二三—七五二；Hans Oppenheimer，〈社會科學的概念建構邏輯：特別是韋伯〉（Die Logik der sozialwissenschaftlichen Begriffsbildung mit besonderer Berücksichtigung von Max Weber），於《海德堡哲學論文》（*Heidelberger Abhandlungen zur Philosophie*）*V*, 1925；弗雷耶（Freyer），《作爲實在科學的社會學》（*Soziologie als Wirklichkeitswissenschaft*），頁一四五、一七五和二〇七以下。另外關於韋伯的性格發展，請參閱〈關於韋伯〉（Über Max Weber），於《德國文學理論季刊》（*Deutsche Vierteljahrschrift für Literaturwissenschaft*）Bd. III，頁一七七以下，及〈追思韋伯〉

（Gedenkrede auf Max Weber），於《科隆社會學季刊》（*Kölner Vierteljahrshefte für Soziologie*），Jahrgang IX，頁一以下；最後就是瑪莉安·韋伯（Marianne Weber）崇高且重要的作品《韋伯傳記》（*Max Weber: Ein Lebensbild*），（Tübingen, 1926）。

⑥ 見《經濟與社會》（*Wirtschaft und Gesellschaft*），頁一。

⑦ 前揭書，頁九。

⑧ 前揭書，頁九、十。

⑨ 前揭書，頁一。

⑩ 前揭書，頁四。

⑪ 有關韋伯對史學和統計學的見解，請參閱前揭米塞斯的引文〈社會學與歷史〉（Soziologie und Geschichte）。

⑫ 譯註：參考顧忠華譯本，頁三十—三十二。配合本書翻譯用詞，略作調整。

⑬ 〈客觀可能性概念與這些概念的一些應用〉（Über den Begriff der objektiven Möglichkeit und einige Anwendungen desselben），於《科學哲學季刊》（*Vierteljahrsschrift für wissenschaftliche Philosophie*），1888，頁一八〇以下；有關因果妥當性的概念，特別請參閱頁二〇一以下。關於韋伯在這方面的見解，請參閱相關論文於《科學理論》（*Wissenschaftslehre*），頁二六六以下。

⑭ 由於主題的關係，不能在此提出批判，不過其普遍適用性可以說是相當可疑的。有關對其在刑法理論中的適用性之探討，請參閱考夫曼（Felix Kaufmann），《刑法罪責》（*Lehre von der Strafrechtsschuld*），頁七十八以下。

⑮ 當然，這要是涉及到自然現象的過程的話，就又另當別論了，該過程基本上是「不可理解」且「無意義」的，

因爲它們具有超越意識與時空的特性。不過，關於人文科學與自然科學之間的區別，這種極爲複雜的問題也不適合在此詳加探討。

⑯ 既然「有意義的」只能是在某意識中某體驗的謂詞，所以這並不像我們在判別因果適當性的設準時一樣，需要在精神與自然的客體之間進行區別。

⑰ 有關這個概念，請參閱前文第三十八節。

⑱ 見第三十三節。

⑲ 有關這個概念，請參閱前文第十一節。

⑳ 關於這個概念的分析，請參閱賀爾曼・葛拉柏（Hermann J. Grab）極有價值的專著《社會學家韋伯的理性概念》（*Der Begriff des Rationalen in der Soziologie Max Webers*），（Karlsruhe, 1927），不過由於該分析是以謝勒的預先給予客觀價值爲理論根據，所以我當然只能部分贊同。

㉑ 有關合乎價值理性的事物對於合乎目的理性的行動之可回溯性（Rückführbarkeit）的見解，請參閱米塞斯〈社會學與歷史〉（Soziologie und Geschichte），頁四七九。

㉒ 引自韋伯的論文〈社會科學與社會政治認知的客觀性〉（Die Objektivität sozialwissenschaftlicher und sozialpolitischer Erkenntnis），一九〇四於《科學理論論文集》（*Gesammelte Aufsätze zur Wissenschaftslehre*），頁一九一。

㉓ 見米塞斯，頁四七四。

㉔ 前揭書，頁四八〇。

㉕ 「關於著名的一九〇四年對理念型的說明，韋伯自認爲是『簡略的，因而或許某部分是易受誤解的』，特別是

該說明是著重在史學理論的理想性時，就顯得極不完備。要特別強調的是，韋伯在過渡到社會學時，該理念型的構思就發生了大變化；可惜的是，在此對社會學的方法論只提示了寥寥數句《經濟與社會》（*Wirtschaft und Gesellschaft*，頁十）。」（瓦特，《做爲社會學家的韋伯》〔*Max Weber als Soziologe*〕，頁十一。）

㉖ 在前揭的引文中，米塞斯表示理論性語句是隨時隨地適用的，**只要存在著由該語句所預設的條件即可**。

㉗ 該術語可以在前文第三十九節的定義中，找到極爲精確的涵義。

㉘ 見〈社會學與歷史〉（Soziologie und Geschichte），於《社會科學與社會政治學資料庫》，頁四八二和四八六。

㉙ 參閱考夫曼（Felix Kaufmann），〈邏輯與經濟學〉（Logik und Wirtschaftswissenschaft），於《社會科學資料庫》（*Archiv für Sozialwissenschaften*）, Bd. 54，頁六一四—六五六，特別是頁六五〇。

㉚ 關於「經濟利益」（wirtsschaftliches Gutes）的概念，當然是可以進一步解決的，儘管它就像「需求」（Bedürfnis）的概念一樣，會觸犯理念型「經營者」（Wirtschafter）的匿名性，但還是蘊含了心理學家的朝向他們關係的另一個較富含內容的具體化階段之轉變（在此請參閱米塞斯，頁四七六），所以就是屬於國民經濟學的特定問題，而不必在此加以考慮。在此亦請參閱考夫曼對利益概念之分析〈邏輯與經濟學〉（*Logik und Wirtschaftswissenschaft*），頁六二八。

㉛ 見 Kelsen，《普遍國家理論》（*Allgemeine Staatslehre*），頁一二九（在原文中並未斷開）。

㉜ 前揭書，頁二七八。

㉝ 關於對「基本規範」（Grundnorm）的見解，請參閱 Felix Kaufmann，《法律學與社會學的法權概念》（*Juristischer und soziologischer Rechtsbegriff*）, Verdross（Hg.）,（Wien, 1931）頁十四—四十一，特別是頁

十九—三十以下。

㉞ 凱爾森（Kelsen），〈自然法理論與法律實證主義的哲學基礎〉（Die philosophischen Grundlagen der Naturrechtslehre und des Rechtspositivismus），於《康德學會的哲學演講》（*Philosophische Vorträge der Kantgesellschaft*），Nr. 31,（Charlottenburg, 1928），頁二十四以下。

㉟ 在此請參閱前文中第二十八節的闡述。

㊱ 譯註：舒茨在此疑有筆誤，該句若重新改寫爲「或多或少都是從『我們關係』中抽離出來而將它置入共同世界的『與你們關係』裡去」比較合理，因爲存在於共同世界裡的是「與你們關係」，而非「我們關係」。

㊲ 胡塞爾後來在《笛卡兒的沉思》（*Cartesianische Meditationen*）中部分地實現了該項承諾。

舒茨年表

年代	生平紀事
一八九九年	四月十三日生於維也納。
一九二〇年	畢業於維也納大學法學與社會科學專業，之後於維也納一家銀行擔任財稅專員。
一九二七年	轉到Reitler & Co.銀行服務，擔任法律顧問，時常往返於維也納與巴黎之間。
一九三二年	·出版《社會世界的意義構成》一書。 ·首次拜會胡塞爾，隨後至一九三七年為止，利用出差巴黎機會，多次前往德國弗萊堡拜會胡塞爾。
一九三八年	·舉家遷往法國巴黎。 ·於一九三八年流亡之前，持續參與維也納學術圈（例如：由Ludwig von Mises或Friedrich August von Hayek所主持的討論會）活動，與學術界保持密切關係。
一九三九年	六月前往美國，繼續任職於Reitler & Co.銀行。
一九四一年	擔任《哲學暨現象學研究》（Philosophy and Phenomenological Research）學刊的編輯成員。
一九四四年	開始兼課，任教於美國紐約的社會研究新校大學（New School for Social Research）。

一九五二年	受聘為美國紐約的社會研究新校大學的社會學暨社會心理學專任教授。
一九五七年	籌辦社會研究新校大學的哲學系。
一九五八年	完成《生活世界的結構》一書草稿。
一九五九年	五月二十日病逝紐約。

索引

十二畫

十三畫

十四畫

十五畫

十六畫

十七畫

十八畫

二十三畫

經典名著文庫 178

社會世界的意義構成

Der sinnhafte Aufbau der sozialen Welt

作　　者 —— 舒茨（Alfred Schütz）
譯　　者 —— 游淙祺
發 行 人 —— 楊榮川
總 經 理 —— 楊士清
總 編 輯 —— 楊秀麗
文庫策劃 —— 楊榮川
副總編輯 —— 陳念祖
特約編輯 —— 張碧娟
責任編輯 —— 李敏華
封面設計 —— 姚孝慈
封面作者繪像 —— 莊河源
出 版 者 —— **五南圖書出版股份有限公司**
地　址 —— 臺北市大安區 106 和平東路二段 339 號 4 樓
電　話 —— 02-27055066（代表號）
傳　眞 —— 02-27066100
劃撥帳號 —— 01068953
戶　名 —— 五南圖書出版股份有限公司
網　址 —— https://www.wunan.com.tw
電子郵件 —— wunan@wunan.com.tw
法律顧問 —— 林勝安律師事務所　林勝安律師
出版日期 —— 2022 年 10 月初版一刷
定　　價 —— 600 元

國家圖書館出版品預行編目資料

社會世界的意義構成 / 舒茨 (Alfred Schütz) 著；游淙祺譯 . --
初版 -- 臺北市：五南圖書出版股份有限公司，2022.10
面；公分
譯自：Der sinnhafte Aufbau der sozialen Welt.
ISBN 978-626-343-022-8(平裝)

1.CST: 社會學

540　　111010106